数字金融
前沿文献导读

▶ 谢绚丽　主编 ◀

Selected Readings
of Digital Finance
Literature

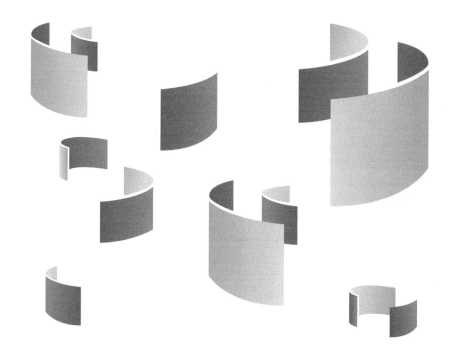

图书在版编目(CIP)数据

数字金融前沿文献导读/谢绚丽主编. —北京：北京大学出版社，2024.5
ISBN 978-7-301-35070-6

Ⅰ.①数… Ⅱ.①谢… Ⅲ.①数字技术—应用—金融业—研究—中国 Ⅳ.①F832-39

中国国家版本馆CIP数据核字(2024)第097041号

书　　　　名	数字金融前沿文献导读 SHUZI JINRONG QIANYAN WENXIAN DAODU
著作责任者	谢绚丽　主编
责任编辑	闫静雅
标准书号	ISBN 978-7-301-35070-6
出版发行	北京大学出版社
地　　　　址	北京市海淀区成府路205号　100871
网　　　　址	http://www.pup.cn
微信公众号	北京大学经管书苑（pupembook）
电子邮箱	编辑部 em@pup.cn　总编室 zpup@pup.cn
电　　　　话	邮购部 010-62752015　发行部 010-62750672　编辑部 010-62752926
印　刷　者	北京九天鸿程印刷有限责任公司
经　销　者	新华书店
	730毫米×1020毫米　16开本　16印张　270千字 2024年5月第1版　2024年5月第1次印刷
定　　　　价	65.00元

未经许可，不得以任何方式复制或抄袭本书之部分或全部内容。
版权所有，侵权必究
举报电话：010-62752024　电子邮箱：fd@pup.cn
图书如有印装质量问题，请与出版部联系，电话：010-62756370

本书得到国家自然科学基金(基金号:72273005;72091310;72091314;72271010;72241418)的资助。

目录

第一篇　数字金融的概念与影响

本篇导读 //002

《金融科技、大科技公司与银行的未来》导读 //009

《金融科技创新的价值》导读 //019

《数字金融：何为传承，何为创新？》导读 //027

《金融科技与家户抵御冲击的韧性：
　　来自肯尼亚数字贷款的证据》导读 //035

第二篇　P2P借贷

本篇导读 //044

《P2P借贷平台与银行：替代还是互补？》导读 //053

《个人投资行为中的用户界面与亲身体验》导读 //064

《决定金融科技平台贷款违约的重要因素：
　　来自LendingClub平台的证据》导读 //072

《社会资本、信任和可信度：来自P2P借贷的证据》导读 //080

第三篇　数字货币与移动支付

本篇导读 //090

《移动货币和风险分担以应对村庄层面的冲击》导读 //095

《性、毒品和比特币：有多少非法活动是通过加密
　　货币融资的？》导读 //106

《评估中央银行数字货币对私人银行的影响》导读 //115

《加密货币的风险和回报》导读 //126

第四篇　数据与人工智能

本篇导读 //136

《大数据作为一种治理机制》导读 //141

《区块链革新和智能合约》导读 //153

《金融科技与金融市场分析》导读 //160

《利用机器学习遴选公司董事》导读 //169

第五篇　科技信贷与影子银行

本篇导读 //184

《金融科技、监管套利和影子银行的崛起》导读 //191

《数字金融的崛起：
　　基于数字足迹的信用评分》导读 //203

《危机中的影子银行：来自新冠肺炎疫情中金融
　　科技机构的证据》导读 //211

《面对金融科技的自制力培养：基于数字消费金融
　　场景下的借贷者行为》导读 //219

学术用语翻译表 //227

参考文献 //231

第一篇

数字金融的概念与影响

本 篇 导 读[①]

数字技术的蓬勃发展,被称为自蒸汽、电力、信息技术之后的第四次工业革命,促进了人类历史上前所未有的创造力发展和创新浪潮的出现。数字技术的创新已经渗透到我们的个人生活,也从根本上改变了商业环境,并且正在成为重组全球要素资源、重塑全球经济结构、改变全球竞争格局的关键力量。数字经济也将成为我国高质量发展的新动能。2022年1月,国务院印发《"十四五"数字经济发展规划》,提出加强数字中国建设整体布局,2025年数字经济核心产业增加值占GDP(国内生产总值)比重由7.8%提升至10%,同时促进产业数字化转型,培育数据要素市场,释放数据要素潜力,提高应用能力,更好赋能经济发展、丰富人民生活。

在金融行业,数字技术已经产生了巨大的颠覆效应。2010年,中国人民银行公布《非金融机构支付服务管理办法》,并于2011年开始向审批合格的非银行机构发放第三方支付牌照,标志着互联网与金融的结合真正转向业务领域。在中国,手机支付已经在很大程度上替代了传统的现金和信用卡,不仅方便了人们的日常生活,也进一步助力了餐饮外卖、网络约车、共享单车等新商业模式的产生。2013年,阿里巴巴联合天弘基金在支付宝上推出的"余额宝"业务,则代表着数字创新进入了存款和理财领域。与此同时,个体对个体借贷(P2P)、众筹融资等互联网平台纷纷设立,第一家专业网络保险公司获批,首家民营互联网银行上线运营,金融产业形态被深刻地改变。

在数字金融创新频出的同时,传统金融机构也在积极地推进着数字化转型,努力借助新的数字技术提升交易效率、优化用户体验。我对中国商业银行的研究显示,商业银行的数字化转型指数从2010的14.20增长到2018年的

[①] 本篇作者:谢绚丽,北京大学国家发展研究院副教授、北京大学数字金融研究中心研究主管。

63.16,增长到将近 5 倍。其实在金融业,信息技术的应用开始于 20 世纪 60 年代计算机系统在银行的普及,但无论是 70 年代的自动取款机(ATM)、80 年代的电话银行,还是 21 世纪初的互联网银行和电子支付,信息技术与金融的结合主要体现为金融机构"把业务搬到网上",并没有改变金融的基本架构,也没有出现真正意义上的数字金融业态。真正的改变发生在近十年,随着移动互联网的普及以及大数据、云计算、人工智能、区块链等数字科技的发展,这些技术为金融行业"赋能",从而实现在融资、支付、投资等领域的新型金融业务模式。例如,借助大数据、云计算、人工智能等技术,可以实现低成本、更精准的金融风险评估,不仅降低了金融服务的门槛,也带动了金融业务的便捷化、高效化、智能化。2017 年 5 月,央行成立金融科技(FinTech)委员会,并分别于 2019 年和 2022 年两次印发《金融科技(FinTech)发展规划》。2022 年国务院印发《"十四五"数字经济发展规划》,强调要推动大数据、人工智能、区块链等技术在银行等领域的深化应用,发展智能支付、智慧网点、智能投顾、数字化融资等新模式。可以看到,数字金融创新已经对金融业产生了深入的影响。

风起云涌的外部环境为研究者提供了大量的研究机会。无论对于金融的实践还是金融的理论,需要迫切回答的核心问题都是:数字金融究竟是什么?它带来哪些价值?又对传统金融机构形成什么样的挑战?本篇的四篇文章便对以上问题做出了精彩的讨论。

一、 数字金融的定义

关于数字金融(或称为金融科技、FinTech)是什么以及包含哪些具体的领域,仍未有统一的答案。本篇第一篇文章(Stulz, 2019)根据标准普尔的《2018 年美国金融科技市场报告》,将金融科技业务分为支付、数字信贷、数字银行、数字投资管理和个人理财、区块链五种业务。本篇第二篇文章(Chen, Wu and Yang,2019)则将金融科技创新分为七类:网络安全、移动支付、数据分析、区块链、P2P、智能投顾和物联网。由于技术的发展是持续的,过去曾有不少(如计算机、电话)、未来也将有更多(如隐私计算、云原生)技术对金融产生影响。因此,金融稳定委员会(Financial Stability Board)为金融科技提供了一个极具包容性的定义:由技术推动、可能对金融市场、机构以及服务有重大影响的商业模式、应用程序、流程或产品创新(Financial Stability Board,2017)。

二、数字金融的价值

关于数字金融究竟提供了什么新的价值,本篇第三篇文章(Boot et al.,2021)提供了一个很好的理论框架。这篇文章指出,金融系统的基本功能在于将存款转化为投资,促进资金在经济体系里的有效分配。因此,金融机构的主要任务在于克服信息(例如逆向选择和道德风险)和沟通(例如客户需求匹配)中的摩擦。而解决信息和沟通的摩擦的能力,以及后续为满足监管要求及时间积累带来的品牌声誉和客户信任,也就成了传统金融机构的立身之本及其竞争优势的来源。

而数字技术在信息和沟通两个方面都带来了创新。首先,数字技术利用非金融信息,例如用户的"数字足迹",通过人工智能、机器学习等技术,改变了传统金融机构依赖传统硬信息(如财务报表)和软信息(如人际关系)的信息处理方式。其次,在沟通方面,移动互联网不仅降低了创业者接触顾客的门槛,也产生了如社交媒体、短视频等诸多新型的渠道。同时,互联网也降低了用户匹配的成本,催生了个体对个体借贷(P2P lending)以及大型网络平台,使得传统金融依赖的线下渠道的价值大大降低。因此,数字金融通过对信息和沟通两个方面的创新,对金融服务产生了巨大的价值。

从实证上,本篇第二篇文章(Chen, Wu and Yang, 2019)对金融科技的价值进行了定量的衡量。通过识别金融科技的专利对企业股价的影响,该研究发现一个金融科技创新的平均价值可达到4600万美元。可见,数字科技对金融确实是一种创新,并且产生了可观的市场价值。

Chen, Wu and Yang(2019)的研究对象是美国企业。如果从更为宏观的国际视角观察,可以发现美国在数字金融领域的发展其实并不占据优势。例如在2018年毕马威全球100家金融科技公司的前十名中,有一半是亚洲的公司,美国的互联网巨头,如谷歌、亚马逊等,并没有在金融领域产生占绝对优势的影响力(Stulz, 2019)。关于数字金融在全球发展进程的差异,虽然文章并没有详细剖析其中的原因,但相关研究发现,一国的数字金融的发展与该国的银行集中度、存贷差以及监管松弛度都呈现正相关关系。从这个角度可以看出,数字金融在发展中国家,同时也发挥了弥补传统金融发展不足的重要功能。

本篇第四篇文章(Suri, Bharadwaj and Jack, 2021)的研究正是针对肯尼亚的数字移动信贷进行分析。肯尼亚电信运营商 Safaricom 于 2007 年推出了 M-PESA 服务。M 代表移动,Pesa 在斯瓦希里语中意为"货币"。客户在手机上购买 M-PESA "通话时长",可以用来在非洲数百万家支持无现金支付的商铺买东西。只要知道对方的电话号码,就可以用 M-PESA 给朋友家人转账。除肯尼亚外,M-PESA 还覆盖了坦桑尼亚、莫桑比克、南非等其他非洲国家。根据肯尼亚中央银行的调查,有 79.4% 的成年人使用 M-PESA,远超传统银行账户的比例 29.6%。

M-PESA 这一金融创新之所以得到如此显著的市场认可,是因为它成功解决了肯尼亚不够发达的传统金融体系与经济快速发展催生出的大量金融需求之间的矛盾。作为东非地区经济最发达的国家,肯尼亚大量农村男青年到城市打工,每月需要将工资汇给家人。但因为银行少,所以只能让亲朋好友或是巴士司机把工资带回家乡。但如果遇到抢劫,一个月工资基本全泡汤。因此,可靠便捷的汇款业务是当时最大的痛点。Safaricom 利用其遍布肯尼亚的零售商作为代理,为用户办理 M-PESA 开户。用户的手机号就相当于银行卡号,用手机号就能进行存取款,这使得汇款变得安全、便宜、方便。

2012 年,非洲商业银行(Commercial Bank of Africa)与 Safaricom 进一步合作推出数字银行账户服务 M-Shwari。该账户与移动货币账户 M-PESA 绑定,银行将贷款以移动货币的形式发放到 M-PESA 账户,用户可以无成本地将移动货币转入或者转出 M-Shwari 账户。M-Shwari 则基于用户在 M-PESA 积累的历史数据评估用户的信用,为其提供有息储蓄和信贷等金融服务。服务的目标客群主要是没有征信记录、无法获得正规金融机构信贷、没有抵押品以及没有社会担保等的群体。贷款的审批取决于基于用户 M-PESA 账户积累的历史数据进行的信用评分,随着用户对额度的累积使用和偿还,授信额度可以不断提升。M-Shwari 已成为肯尼亚数字贷款服务的领头羊。根据 Suri, Bharadwaj and Jack(2021)的研究,M-Shwari 增加了居民信贷的可得性,在债务负担可控的情况下增强了居民家庭的韧性,提高了家庭抵御负面冲击的能力。

可见,数字金融创新除了可以为金融服务赋能,还可以弥补发展中国家金融普惠性的不足,为居民生活和经济发展提供有力的支持,具有很强的社会意义。

三、数字金融与传统金融的关系

数字金融创新产生了巨大的价值,这对传统金融意味着什么呢?传统银行会被替代吗?本章第三篇文章(Boot et al.,2021)认为,要从创业型的金融科技企业和大的科技平台两个角度分别进行讨论。创业型的金融科技企业的作用更多是金融细分领域的补位。借助新的沟通渠道,这些公司往往聚焦某种单一金融服务,只需要取得该业务的执照。这使得这些新企业相比于业务多元化的银行更为敏捷和高效,因而提供的服务可能会更具价格优势、速度优势以及便捷优势。

而大型的科技平台则更为特殊。它们更多地掌握客户的"数字足迹",这种大数据的优势是小型创业公司所不具备的。同时,这些平台借助网络外部性,可以产生较大的规模效应,并通过切入多种服务,增加与用户的触点,具有较强的用户黏性。由于金融服务往往不是孤立存在的,而是在其他的商品交易中附带产生的,因此这些网络平台往往也同时具有更强的沟通优势。作者认为,大型科技平台比起传统银行,在信息和沟通方面的优势都更强。并且它们完全可以与金融机构合作,而不需要自己提供金融服务,从而降低合规成本。但这种银行与平台的合作,使得银行即使可以成为平台生态的一部分,也面临着脱媒的风险。在作者看来,银行的前景似乎不那么光明。但是作者也指出,仍有一些不确定性存在,因为银行自身也可能发生变化。

作者总结了银行可能采用的几个策略:第一,银行也可以进行科技投资,甚至将自己建设成一个平台。关于这一点,Chen, Wu and Yang(2019)的实证结果也发现,金融科技初创公司的创新对传统金融行业价值产生了负面的冲击。但是如果金融行业的领导企业自己在研发上也投入大量资金,它们受到负面冲击会较小。因此,有实力的银行可以采取这类策略。第二,银行可以聚焦公司客户。目前,科技公司所擅长接触的更多是个人消费者,并未形成对公司客户的优势。这一策略的风险在于,大量科技企业(如亚马逊、阿里巴巴等)正在为企业提供云服务,可能因此建立新的企业联结,并进一步进入企业金融服务。因此采取这一策略的银行需要注意该策略存在不可持续的风险。第三个银行可采用的策略就是借助银行已有的信任优势以及多元化的业务范围,为客户提供更深度的咨询和定制化服务。这一策略意味着银行需要进一步向"关系型"银行发展,形成基于软信息及信任关系的竞争优势。不同资源基础的银行可能采用不同的应对策略,但无论如何,传统金融企业如果想要在新的竞争环境下存活下来,就势必要进行彻底的变革。

总而言之,数字金融是数字技术与金融相结合、仍在持续不断发展中的重大创新,对金融行业以及国家经济发展都具有重要的价值。分析数字金融的影响要注意区分金融科技企业和大科技平台。而面对这两类新进入者的竞争,传统的金融机构需要从战略上进行应对,才能立于不败之地。

《金融科技、大科技公司与银行的未来》导读[①]

原文详见 Stulz R M, 2019. FinTech, BigTech, and the future of banks [J]. Journal of Applied Corporate Finance, 31(4): 86-97。

一、研究背景与概念

在全球金融危机之后,数字技术带来的创新让很多人认为,银行正处于灭绝的边缘,即将被金融科技公司取代或从根本上被颠覆。如2018年高德纳(Gartner)集团曾宣称,到2030年,数字化将使大多数传统金融公司变得无足轻重。然而,从资本市场的反应来看,自2013年金融科技开始引起越来越多人的关注和兴趣,至2019年下半年,道琼斯美国银行指数翻了一倍多,涨幅超过同期标准普尔500指数。如果没有证据表明股市在对银行股定价时把银行看作一个"濒危物种",那么这是否意味着我们可以忽略金融科技对银行业带来的影响和冲击呢?抑或资本市场也对银行的前景感到困惑?在本文介绍的文章中,作者对金融科技可能如何影响银行业的未来进行了探讨。

在正式探讨金融科技和银行业的发展前,作者首先对"金融科技"和"大科技公司"的概念进行了界定。对于"金融科技",金融稳定委员会的定义是:由技术推动的金融创新,这种金融创新可能是对金融市场、机构以及金融服务供给有重大影响的新商业模式、应用程序、流程或产品(Financial Stability Board, 2017)。不过作者认为,基于上述定义,金融科技发展的黄金时代可能是银行开始广泛使用计算机并引进自动取款机的20世纪60年代。因此,作者在文章中对金融科技的定义是:基于数字技术和大数据使用的金融创新。

[①] 本文作者:董英伟,北京大学国家发展研究院博士研究生。

作者认为,数字技术的使用能提高许多现有金融服务供给的效率,并对服务有所改进。文章中对"大科技公司"的定义是在数字服务市场上已经占据市场份额、拥有非常成功的数字平台的科技公司(Frost et al.,2019),例如美国的亚马逊、脸书、谷歌,中国的阿里巴巴和腾讯等。在金融服务提供方面,中国的大科技公司已经在金融服务市场中获得了巨大的发展。

二、 银行的特殊性

什么是银行?银行和其他金融机构有什么不同?一个答案是,银行是吸收存款,并且有存款保险机制的金融机构。虽然银行也发放贷款,但监管机构并不会因为一个金融机构发放贷款而将它们视为银行。监管机构对于银行的行为有着比较严格的限制很大程度上是因为银行吸收存款,存款是银行的核心业务。根据 Hanson et al.(2015),从 1896 年至 2012 年,存款平均为银行提供了 80% 的资金。这一比例一直非常稳定,在 20 世纪 40 年代达到略高于 90% 的峰值,在全球金融危机前的 21 世纪初降至略低于 70%,之后急剧反弹。相比之下,以贷款为代表的银行资产比例则不那么稳定。

对银行来说,存款既是价值的来源,也是脆弱性的来源(Diamond and Rajan,2000)。前者是因为存款为银行提供了廉价而稳定的资金来源,后者则是因为存款给银行带来了挤兑的风险。除了提供资金,存款业务也为银行积累了宝贵的客户信息,使得银行在发放贷款和跟踪借款人信用水平时比非银行贷款机构更具有信息优势。

由于储户更有可能选择能够满足他们所有或者大部分金融需求的银行,在扩大存款业务规模时,银行有激励同时扩大所提供服务的范围,逐渐从主要提供存贷款业务的机构演变为提供各种金融服务的综合集团,从而同时拥有规模经济和范围经济。作者认为,由于银行拥有关于其客户的信息,银行产品线之间在理论上存在协同效应,但实际上许多银行并没有将这些协同效应有效地发挥出来。与专业化公司相比,综合性的公司有优势,也有劣势。当许多活动集中在同一个公司内部时,会产生额外的成本。比如大公司往往有更高的协调成本,因为经营业务较多的公司通常会有更复杂的等级制度,而信息会随着公司内部科层的增加而丢失(Stein,2002)。公司业务更多、规模更大之后,内部不同部门之间的利益冲突会导致代理成本的上升。此外,管理层可能选择从事一些企业不具有比较优势的业务。文章的作者把这些成本统称为"多元化的成本"。银行在合并不同业务时所利用的协同效应是否足以抵消多元化的成本,可能取决于银行自身的情况。作者认为从现有研究来看,整体而言,银行并没有从规模经济中获益(Laeven and Levine, 2007; Minton, Taboada and Stulz, 2019)。

三、银行牌照价值的下降

银行牌照价值的下降与监管要求的变化以及技术的发展密切相关。由于存款业务本身存在挤兑风险,很多国家都设立了存款保险制度,然而这一制度的设立可能反而激励银行通过承担更多的风险来追逐更高的利润。为了控制这种激励,监管机构需要制定一系列的规则,要求银行必须满足正式的资本要求。在全球金融危机之后,监管措施进一步收紧,变得更加严格。此外,银行可能还需要承担一些社会目标。比如,美国的一些银行需要按照指导要求向不太符合借款条件的弱势群体放贷,并遵照要求承担反洗钱的任务等。这些监管规则与保护存款资金的关系并不大,更多是为了实现各种社会目标或利用银行来执行各种法律。监管的变化也推动了"影子银行"等非银行金融机构的发展,这些机构可以绕过银行的监管提供银行服务,因此不需要承担相应的合规成本。比如,美国存款利率上限的监管规定促进了利率更高的货币市场基金的繁荣;再比如对银行资本的严格要求推动了资产证券化的发展,因为监管对于在银行外部通过各种结构性融资工具进行杠杆融资的资本要求比在银行内部要低得多(Acharya, Schnabl and Suarez, 2013)。

技术的发展也削弱了银行在信息方面的比较优势,借款人的信息变得更容易获取,量化分析的技术也使筛选借款人变得更加容易。比如,现在一名分析师在几小时内从公共渠道收集到的关于一家公司的信息,在过去可能需要数周或数月才能收集到。更好的技术和数据也提高了对债务违约的预测能力。这些发展意味着银行可获得的独特信息的价值越来越低。在学术文献中,银行具有一定特殊性的主要证据是上市公司在宣布其成功获得银行贷款时股价的变化(James, 1987),然而随着时间的推移,这种市场反应会消退。

2015年的一项研究表明,股价对贷款公告的反应强度随着时间的推移而下降,到21世纪初,这一反应已经接近于零,不过在全球金融危机期间和之后,市场反应又转为积极,表明银行的信息优势在危机时期可能变得(更)有价值(Li and Ongena, 2015)。

四、金融科技的现状

作者在文中对金融科技的现状也进行了介绍,认为金融科技的核心在于数据、计算和人机交互。作者借鉴了标普在《2018年美国金融科技市场报告》中对金融科技业务的分类,介绍了支付、数字信贷、数字银行、数字投资管理和个人理财、区块链五种业务。① 在这五类业务中,支付类的金融科技公司数量最多,这一业务领域中尤其受欢迎的服务是点对点支付,既包括国家内的支付服务,也包括跨境支付服务。根据标普的数据,2017年美国16家主要数字信贷机构共发放了411亿美元的贷款,这些数字信贷机构主要专注于个人贷款、小企业贷款和学生贷款三种类型,而数字信贷机构的大部分资金实际上仍依赖银行。数字银行包括手机银行及其基础设施,虽然有些对金融科技的分类会把数字信贷作为数字银行的一部分,但标普报告仍把数字银行作为一个单独的类别。目前,所有的大银行都有某种形式的数字银行服务,而新成立的数字银行正越来越多地受到监管机构对其风险管理和合规政策的质询。随着数字银行的监管政策越来越像传统银行,这类机构的成本也会上升,其相对于传统银行的优势将会减弱。关于数字投资管理和个人理财,很多金融科技公司在这个领域都提供了广泛的服务,智能投顾也属于这类金融科技公司。不过目前,所有顶级资产管理公司都开始提供类似的在线服务。关于区块链,2019年《福布斯》发布的美国金融科技初创公司11强中,有两家创业公司致力于加密货币交易,并为加密货币投资和交易提供服务。鉴于加密货币的主要用途被普遍认为是非法交易和投机投资,而不是作为正常交易的价值储存和支付工具,作者认为这种市场热情令人惊讶。银行间信息网络(Interbank Infor-

---

① 该报告中对金融科技的分类还有保险科技,但作者认为这一领域与本文主题的相关性有限,因此没有展开。

mation Network，IIN）可能是分布式账本技术最成功和最有前途的应用之一。

金融科技的发展与国家的金融发展水平和宏观经济条件密切相关,有研究表明,在欧盟国家中,银行更集中、贷款利率和存款利率之间的利差更高、监管更宽松的国家,金融科技投资更高。这些发现与金融科技在金融发展较低、银行赚取更多租金的国家更具优势的结论一致(Navaretti et al., 2018)。

五、金融科技的优势

（一）更低的监管成本

很多金融科技业务实际上都在试图绕过针对银行的监管,尽管金融科技公司并非完全不受监管,但银行需要承担金融科技公司没有的监管成本,这一点非常重要。最重要的银行监管规定之一是资本金要求,这使得银行所有涉及资产负债表的产品和服务都需要以高于市场所需要的资本水平运营,而这导致了银行成本的增加(DeAngelo and Stulz, 2015)。在全球金融危机之前,对于银行控股公司,只有其银行子公司需要遵守严格的资本金监管要求。不过近年来,美国的银行控股公司本身也开始受到杠杆率的限制。相比之下,金融科技公司则不需要遵循这些要求。

与银行的资本金监管带来的成本相比,作者认为银行所需要承担的各种其他合规成本可能更加高昂。比如,银行必须确保它们不会无意中卷入客户从事的洗钱或犯罪活动,不能在发放贷款时有歧视行为,还必须让监管机构相信它们的业务不涉及可能存在问题的冒险行为。此外,银行还需要根据它们的运营地点和客户所属地,满足不同地区的法规要求。

对银行的强监管意味着银行的成本高于非银行金融机构,因此如果非银行机构提供与银行完全相同的产品,它们最终将占领该产品的整个市场。不过对银行的监管也为银行带来了一些非银行机构所没有的优势,比如银行有更长的业务发展历史,向相当大且稳定的企业和零售型客户提供产品和服务,给人更可靠稳定的信任感,这种信任是非银行机构无法轻易复制的。因此,银行和非银行的产品在均衡下都会拥有一定的市场份额。作者认为,法规和监管应该改变供给方面的不公平竞争,在监管上更多地关注金融机构所提供的产品与服务,而不是机构的类型,才能创造更公平的竞争环境。这个方向上的改变会削弱金融科技公司在监管成本方面的优势。

(二) 没有信息技术(IT)系统的"历史包袱"

实际上,大型银行在科技方面的支出是巨大的,可能并不低于金融科技企业的支出,比如摩根大通(J. P. Morgan)2019年的科技支出预算为114亿美元,相当于2018年美国金融科技领域的风险投资总额。然而,这些预算中的很大一部分都被用于维护和修复五十多年前建立的系统。美国的银行从20世纪60年代至70年代开始广泛使用计算机,当时安装的操作系统仍然是目前很多银行IT基础设施的一部分(Protivi, 2019)。此外,很多大型银行是通过收购其他银行建立起来的,但不同的银行可能使用不同的IT系统,这意味着在同一家银行中经常运行几个不同的IT系统,银行内部不同的部门也可能使用不同的IT系统,比如德意志银行(Deutsche bank)在2015年时,内部总共有45个操作系统,十分复杂。银行的IT系统由于老旧和复杂,难以提供金融科技业务所需的分析能力和灵活性。

除了系统本身的老旧问题,大型银行所拥有的数据也没有按照机器学习技术可以挖掘的方式组织起来。因此如果想使用新的数据分析技术,银行必须大规模重新配置和清理数据。虽然银行也在尝试解决这方面的问题,但正如摩根大通的一位高管所言:"我们正在处理海量的数据,使数据干净、一致,变得可用……要真正清理这些数据,需要时间、金钱和努力。"

维护老旧系统对银行来说极其昂贵。对于一家真正的大银行来说,每年的成本可以达到数亿美元,很多银行仍然不愿意更换系统,因为系统的转换意味着巨大的成本和风险。不过,银行也并没有放弃使用金融科技,而是尝试与金融科技公司合作,或者投资成立新的金融科技机构,这样就不需要转换自身的系统,也不需要强行把新技术整合进老系统。例如,高盛(Goldman Sachs)成立的新银行Marcus就取得了比较好的发展。然而,只要银行的核心业务仍旧依赖老旧系统,它们就会在竞争中处于不利地位。

(三) 更低的多元化成本

大型银行是从事多种业务的大型多元化公司。理论上,这些业务具有的协同效应可以使业务多元化的公司比专业化的公司更具优势。然而在实践中,协同效应的价值并不总能得到体现。业务多元化的大型公司往往内部管理也比较复杂,有巨大的既得利益、冗长的规章制度和庞大的管理部门。有效地管理一个多元化的公司并非易事,特别是对于受到严格监管的公司来说。对于大银行来说,为了确保机构良好运转、业务符合监管要求,必须有完整的规章和程序,但这些程序也有明显的成本,可能会对创新造成一定的障碍,使得机构难以快速应对技术和环境的变化。相比之下,初创公司则没有复杂的管理机构和规章流程。

与新兴的金融科技公司相比,大型银行进行创新的利润可能也更少,因为业务的创新可能存在内部的利益冲突。比如,大型银行有庞大的分行网络,但线上业务的推广可能会"抢"了线下分行的生意,而由于分支机构有很大的固定成本,这会导致分支机构平均成本的提高,从而降低银行的利润。因此,对于已经建立大量分支机构的银行来说,成立网上银行的利润要低于没有分支机构的银行。这些因素也会拖累银行的创新速度。

大型的多元化公司所面对的另一个问题是复杂的部门利益。即使一个新产品可能非常成功,对银行整体未来发展更为有利,但如果有损于银行内部某个部门的利益,仍可能被抵制和掣肘。比如,摩根大通在2017年10月曾推出了一款名为Finn的纯数字银行应用,旨在吸引"千禧一代",然而最终这一应用程序中的账户被转换为传统账户。有报道认为,Finn的失败与缺乏组织认可有关,Finn是独立于大通银行的传统消费银行部门成立的,而银行内部认为Finn对大通银行的传统业务构成了威胁,两个部门之间的竞争属于零和博弈,在Finn上开设的新账户实际上是抢走了大通银行的潜在客户。

六、加密数字货币

尽管比特币和其他加密货币的弱点得到了广泛承认,但许多金融科技爱好者仍然认为,比特币的底层技术区块链可以引发一场金融革命。区块链本质上是以链式构建的交易记录,有不可篡改和去中心化的特性。最初的区块链就是比特币区块链。在比特币区块链中,人们可以通过解决复杂数学问题("挖矿")把新的区块添加到区块链中。智能合约可以集成到区块链中,在满足某些条件时自动采取某些操作。在实践中,大多数区块链应用其实与比特币区块链有很大的不同,它们并不一定是去中心化的,可以是私有链或者联盟链。作者认为,迄今为止,区块链技术取得的成功还相当有限。

七、大科技公司和银行的未来

与金融科技公司不同,大科技公司的业务主要是提供数字技术的开发和产品服务,如美国的亚马逊和中国的阿里巴巴。这些公司通常是一个双边平台,把商品供应商和商品购买者匹配起来,而买卖双方在平台上的浏览和交易创造了极其有价值的海量数据,这些数据使大型科技公司有可能了解商品的需求和供给是如何变化的,从而有针对性地向潜在客户投放广告和提供产品。

美国的大科技公司在金融服务领域一直不太活跃,这与阿里巴巴集团等中国同行形成了鲜明的对比。阿里巴巴集团旗下蚂蚁金服的子公司支付宝是世界上最大的移动支付公司,拥有超过 7 亿活跃用户。蚂蚁金服运营着全球最大的货币市场基金余额宝,其资产净值超过 1 500 亿美元。此外,蚂蚁金服还拥有互联网银行网商银行(MYbank)以及 5 000 万用户的保险公司。2018 年,蚂蚁金服筹集了 140 亿美元的风险投资,这与当年欧洲和美国的金融科技风险投资总额 159 亿美元相差无几。2019 年,蚂蚁金服的估值约为 1 500 亿美元,大致相当于高盛和摩根士丹利(Morgan Stanley)的市值总和。①

蚂蚁金服的业务模式很好地体现了平台数据如何有效地用于授信。网商银行对阿里巴巴旗下淘宝购物平台上的小微商家提供贷款服务,在机器学习模型的帮助下,网商银行可以利用平台上的历史数据和实时销售数据(包括消费者评分)自动给平台商户计算信用评分,并向信用评分超过阈值的商户提供信贷额度(Hau et al., 2018)。获得授信额度的商户只需要在线上填写一个表格,就可以获得贷款,整个流程只需要几分钟的时间。商户的信用额度可以动态变化,如果分数低于最低门槛,信用额度将被撤销。网商银行这一授信

---

① 近年来,中国金融管理部门加强了对该类公司的监管。例如,2023 年 7 月 7 日,中国人民银行、国家金融监督管理总局、中国证券监督管理委员会公布了对蚂蚁集团、腾讯的重磅罚单。其中,蚂蚁集团及旗下机构、相关控股股东、负责相关业务的高级管理人员合计被处以罚款(含没收违法所得)71.23 亿元。

模式下的违约率只有 1.2%,是一个很低的水平。

上述案例展示了大科技公司在与传统银行竞争时的潜在优势。大科技公司在数据分析方面有大量的投入,这种数据分析能力可以用来处理各种问题。当数据量很小的时候,这种分析能力价值不大,但大科技公司往往掌握着大量实时收集的数据。以网商银行和淘宝为例,它们用来做信用决策的数据显然比仅仅使用传统数据更为有利。

此外,大科技公司拥有可观的客户基础,如果成立平台的数字银行,将不仅是在某个特定业务上与银行竞争,而是会在所有以客户为导向的业务(从存款到支付和财富管理)上与银行全面竞争。目前,专业化的金融科技公司通常依赖银行提供许多服务,比如将现金存入银行账户、从银行获取资金、利用银行进行支付等。而大科技公司将不必依赖现有的银行,它可以有自己的附属银行,通过它开设存款账户,为客户提供信用卡,开展电子钱包业务,还可以向客户提供第三方的各种金融服务,并帮助客户挑选金融服务。与银行和金融科技公司相比,大科技公司具有潜在的巨大优势,它们既有金融科技公司追求的技术和新的系统,也有大银行的规模,还没有银行的"历史包袱"和组织问题,更重要的是,它们可以获得银行和金融科技公司都无法获得的数据。

八、总结和展望

金融科技公司的优势在于监管较少、组织更灵活、不受传统 IT 系统的束缚,而银行也有一些非银行机构不太可能成功复制的独特能力和优势。在竞争方面,金融科技公司往往只在特定业务中与银行竞争,比如在消费者界面和便利性方面,不过银行也有自己的优势,如庞大的消费者基础、与监管机构打交道的经验以及更广泛的产品供应。相比之下,作者认为大科技公司拥有独特的优势,有取代传统银行的潜力,也许美国的银行体系在向全能银行的模式发展之后,会转向一个由大型投资银行或商人银行和消费者银行组成的系统。

论文评价

文章于 2019 年发表在 *Journal of Applied Corporate Finance* 上,作者指出了银行在金融系统中的特殊性,对金融科技的发展近况进行了比较系统的梳理,并且对比了金融科技公司、大科技公司和银行在竞争中各自的优势和短板,分析了银行未来发展面临的竞争和可能的转变。这篇文章十分适合想要了解金融科技发展概况或者想了解金融科技与传统金融服务之间竞争关系的读者,并且轻松易读,颇具启发性。虽然不同国家金融科技的发展和业务模式存在一些差异,但文中作者提出的传统银行所面临的挑战在中国也同样存在,国内的商业银行也在积极进行数字化转型,努力拥抱技术浪潮。作者对金融科技和传统银行的优势与短板的分析框架对于我们分析国内金融科技发展如何影响传统金融服务,也具有很好的参考学习价值。

原作者简介

René M. Stulz,俄亥俄州立大学 Dice 金融研究中心主任,曾在麻省理工学院、芝加哥大学和罗切斯特大学任教,曾入选 2004 年 *Treasury and Risk Management* 杂志评选的金融领域最具影响力 100 人和路透社"世界最具影响力的科学人物"名单。他是美国金融学会和西方金融协会的前任主席,也是美国国家经济研究局(NBER)、美国金融学会、欧洲公司治理协会、金融管理协会和沃顿商学院金融机构中心的成员。René M. Stulz 曾在 *Journal of Finance* 担任编辑 12 年,在 *Journal of Financial Economics* 担任合作编辑 5 年,也是十多家期刊的编辑委员会成员,并在金融和经济期刊上发表了一百多篇论文。

《金融科技创新的价值》导读[①]

原文详见 Chen M A, Wu Q, Yang B, 2019. How valuable is FinTech innovation? [J]. The Review of Financial Studies, 32(5): 2062–2106。

一、论文背景和介绍

近几年来,金融科技的高速发展引起了相当多的关注。许多人认为金融科技使交易更便宜、更方便、更安全。但人们对金融科技将如何影响现有的金融公司及其商业模式了解很少。哪些类型的新金融科技对其创新者来说最有价值?金融科技的发展能否帮助现有金融机构降低成本,更好地吸引客户,从而带来更高的未来利润?金融科技是否会令新兴公司侵蚀现有公司的竞争优势,导致整个行业的利润和价值下降?在缺乏金融科技创新的系统证据的情况下,以上问题很难回答。

这篇文章使用2003—2017年美国专利申请数据集,应用基于文本的机器学习,对创新进行识别和分类,并采用股票价格响应与估计的专利申请数量强度相结合的新方法衡量了金融科技创新对企业和行业的价值。结果发现,大多数类型的金融科技创新都对创新者产生积极的价值。对整个金融部门而言,物联网、智能投顾和区块链是最具价值的创新类型。进一步地,文章发现当一项创新是来自非金融初创公司的颠覆性技术时,其对行业的负面影响更大。但如果市场领导者进行大量的研发投资,则可以避免非金融初创公司颠覆性创新带来的许多负面影响。

[①] 本文作者:佘可欣,北京大学国家发展研究院博士研究生。

文章的贡献在于以下四个方面:(1)补充了大量利用专利数据对企业创新活动的研究。以往大部分研究都依赖于专利授权数据,无法完全捕捉过去几年发生的金融科技创新活动,文章通过专利申请和批量数据存储系统(Bulk Data Storage System, BDSS)文本数据,可以缓解依赖专利授权固有的数据截断问题,从而更全面地了解金融科技创新的最新趋势和模式。(2)丰富了使用股票价格数据来研究创新价值的文献。文章用将股价反应与泊松过程预期强度相结合的方法来估计专利的内在价值,这将事件的内在价值和投资者的理性预期剥离开,从而能对专利这种无形资产的价值进行更准确的估计。该方法还可以用来研究其他类型的常规或突发事件,例如分析师评价的修改、公司公告的发布以及重组或破产信息的发布等。(3)有助于金融、战略和经济学文献探索创新在塑造行业竞争中的作用。理论研究已经为行业外的创新如何损害或有益于现有企业,以及现有企业如何利用自己的创新来保护自己免受外部威胁建立了模型。因为很难获得来自创新的竞争威胁的大数据样本,所以检验这些理论具有挑战性。文章采用了一个新的数据集,并为潜在进入者的创新如何影响行业内的单个公司提供了系统的证据。(4)补充了将文本分析和机器学习应用于金融和经济学的文献。近几年来,社会对金融科技的关注度不断提升,金融科技创新的潜在价值仍在不断挖掘,因此该领域极具研究价值。以往研究已经使用基于文本的方法来分析新闻文章、在线论坛发帖、公司文件和分析师报告。也有文献研究了机器学习方法在经济学中的应用。文章创新性地在金融领域采用文本分类的机器学习算法,这一方法可以广泛应用于研究与专利申请、法律文件、媒体报道和其他文本数据相关的一系列问题。

二、金融科技的定义和分类

研究金融科技创新的一个挑战在于,目前还没有关于"金融科技"是什么以及该术语包含哪些具体技术的标准定义。对此,文章为金融科技创新建立了一个客观的、基于数据的定义:金融科技是由一系列近期发展的、已经或未来用于金融服务的数字计算技术(digital computing technologies)组成。文章将金融科技创新分为七类:网络安全、移动支付、数据分析、区块链、P2P、智能投顾和物联网。

三、数据来源及处理

（一）专利申请数据

专利申请数据来源于美国专利商标局（USPTO）提供的批量数据存储系统（BDSS）。文章使用其在 2003 年 1 月 1 日至 2017 年 9 月 7 日之间发布的，由位于美国的上市公司、私人公司和个人提交的专利申请，同时根据国际专利分类（IPC）代码，将专利限制在 G 类和 H 类的申请，最终获得由美国公司或个人提交的 1 181 162 个 G&H 类专利样本。

（二）对金融科技创新进行识别与分类

文章建立了一个金融相关术语的新词典，是从 Campbell R. Harvey 的"在线金融术语词汇表"和牛津大学出版社出版的在线《牛津金融与银行词典》第 5 版两个词汇表中获取金融相关术语，再添加如"比特币""加密货币""众筹"等新金融术语，最终过滤列表共包含 487 个与金融相关的独特术语。过滤原则包含两点：一是在申请的标题、摘要、简介或声明要求中至少出现一个过滤术语；二是在文件中的任意位置出现另一个不同的过滤术语。使用这种过滤策略，最终获得 67 948 项与金融服务潜在相关的专利申请。

在使用机器学习识别和分类金融科技创新方面，文章首先进行文本预处理，对专利申请文档创建"标记化"文档，提取词干，去除停用词和通用术语，使用"词袋"（bags of words）方法，每个文档都形成一个数字向量，向量中的每个频率得分反映每个单词对文档的重要性。其次是构建训练样本，从六种不同杂志中获取金融科技公司名单，并添加 Compustat 数据库上公布的五个金融行业（商业银行、支付处理、经纪、资产管理和保险）中每个行业申请专利数量排名前十名的公司。提取以上公司在 2003—2017 年提交的所有 G&H 类专利申请，从中随机选择 1 000 个样本，审查并手动分为 9 个组（金融科技 7 类、其他金融类和非金融类）。以此作为基础使用最近质心（nearest-centroid）分类器将 67 948 个经文本过滤的文件归入 9 个组，然后从每个组中选择 200 份申报文件(共1800份),再手动重新分类,得到培训样本。最后是使用常见的机器学习算法,将表现较优的显性 SVM(支持向量机)、高斯 SVM 和神经网络模型聚合形成投票分类器进行最终分类,从而对金融科技的创新进行识别并分为7个类别。

分类后再将专利申请与公司数据匹配,采用名称匹配方式,将 BDSS 中报告的受让人名称与 CRSP 和 Compustat、公司网站、Google 及其他各种公共在线资源进行名称匹配,剔除申请人是大学、外国公司或外国公司在美国的子公司的文件。对于成功匹配的公司样本,从 D&B Hoover's、Standard & Poor's NetAdvantage、LexisNexis company profiles、Bloomberg、Bizapedia 和 Google 处获得行业代码和成立年份等相关数据,并从 CRSP 和 Compustat 处获得股票价格和财务数据。

四、实证和结果

(一) 金融科技创新的价值

为了估计金融科技创新的价值,文章使用股市对专利申请披露的反应与泊松模型的结合。V_0 为没有专利事件的公司的内在价值,V^* 为一个专利事件对公司的增值价值。假设在时间区间内将发生的专利数 N 服从泊松分布:

$$\Pr(N = m \mid I_t) = \frac{\lambda^m e^{-\lambda}}{m!}, \quad m = 0, 1, \cdots \quad (1)$$

其中,I_t 是 t 时刻市场参与者的信息集。如果恰好发生 m 个专利事件,则对企业时间 $t+T$ 的增量值为 mV^*。那么在任何专利事件发生之前,企业的事前市场价值为

$$\bar{V} = V_0 + \sum_{m=1}^{\infty} \frac{\lambda^m e^{-\lambda}}{m!}(mV^*) = V_0 + \lambda V^* \quad (2)$$

假设专利事件是独立的,那么一个专利事件的发生在所有到期专利上的条件分布实际上是一个零截尾泊松分布:

$$\Pr(N = m \mid N \geq 1, I_t) = \frac{\lambda^m e^{-\lambda}}{(1 - e^{-\lambda})m!}, \quad m = 1, 2, \cdots \quad (3)$$

因此，企业在一次专利事件发生后的事后市场价值等于

$$\bar{V}_1 = V_0 + \sum_{m=1}^{\infty} \Pr(N = m \mid N \geq 1, I_t) mV^* = V_0 + \sum_{m=1}^{\infty} \frac{\lambda^m e^{-\lambda}}{(1-e^{-\lambda})m!} mV^*$$

$$= V_0 + \frac{\lambda}{1-e^{-\lambda}} V^* \tag{4}$$

由式（2）和式（4）可知，一个金融科技创新专利事件为公司带来的价值增量：

$$V^* = \frac{\Delta \bar{V}}{\frac{\lambda}{1-e^{-\lambda}} - \lambda} = \frac{e^{\lambda}-1}{\lambda} \Delta \bar{V} \tag{5}$$

$\Delta \bar{V} \equiv \bar{V}_1 - \bar{V}_0$ 为专利事件发生时，企业市场价值的观察变化。式（5）给出了从观测数据计算专利 V^* 的增量值的直接方法。特别是观察到的市场价值变化 $\Delta \bar{V}$ 可以从反常的股票价格反应中计算出来。

创新强度参数 λ 可以使用关于专利申请数量的创新者—年度面板数据拟合泊松回归估计出来。因为创新强度可能会系统地取决于技术的性质和创新者的特征，因此文章对技术类型和创新者类型（上市公司、私人公司和个人）两两组合分别进行拟合，总共有 8×3＝24 种不同的回归模型，包括 7 个金融科技类别的 21 个模型和其他（非金融科技）金融创新的 3 个"基准"模型。

1. 金融科技创新的私人价值

结合创新强度和专利申请产生的累计市场调整异常收益（CARs），得到衡量上市公司从自身金融科技创新获得的私人价值：

$$V_{i,k,t}^{*,Own} = \frac{e^{\widehat{\lambda_{i,k,t}}}-1}{\widehat{\lambda_{i,k,t}} \cdot n_{i,t}} CAR_{i,t} M_{i,t} \tag{6}$$

$\widehat{\lambda_{i,k,t}}$ 是从泊松回归估计的企业层面的创新强度，$n_{i,t}$ 是企业在 t 年的申请量，$CAR_{i,t}$ 是在专利申请公布日期 t 前 2 个交易日开始的以 4 天为窗口进行计算得到的累计异常收益，$M_{i,t}$ 是该公司在日期 t 前 5 个交易日的市值。结果表明，金融科技创新创造了很高的私人价值，创新者的平均价值为 1 970 万美元，中位数为 3 500 万美元。其中，中位数最大的技术是区块链（9 810 万美元）、

网络安全(5 290万美元)和智能投顾(4 910万美元)。

2. 金融科技创新的行业价值

作者也以同样的方法估计了金融科技创新的行业价值。首先针对每个金融科技专利申请,计算各个公司在给定金融行业或整个金融部门中的4天价值加权CARs。然后,对行业 i 和由创新者 j 申请并于日期 t 公布的技术类型 k 的专利申请,使用下式估算行业价值效应:

$$V_{i,j,k,t}^{*,IND} = \frac{e^{\widehat{\lambda_{j,k,t}}} - 1}{\widehat{\lambda_{j,k,t}} \cdot n_{k,t}} CAR_{i,t} M_{i,t} \tag{7}$$

$\widehat{\lambda_{j,k,t}}$ 是从泊松回归估计的创新强度,$n_{k,t}$ 是日期 t 公布的技术类型 k 的专利申请量,$CAR_{i,t}$ 是在专利公布日期前2个交易日开始的行业4天价值加权CARs,$M_{i,t}$ 是该行业在日期 t 前5个交易日的市值。

结果发现对于整个金融部门而言,区块链、智能投顾和物联网是最有价值的创新类型,转化价值中值分别为60.53亿美元、116.25亿美元和183.48亿美元。但并非所有的金融科技类别都为金融业带来积极的价值。例如,数据分析类别价值效应的中位数为 -58.62亿美元。此外,同一个技术类型对不同细分行业的价值也存在差异,比如区块链对支付流程行业带来的是负价值。

(二)颠覆与竞争

作者进一步探究是什么因素决定了金融科技创新对行业和企业价值效应的横向差异。创新的价值效应主要取决于两个考虑因素:一是基础技术对行业中现有业务线的内在破坏力和颠覆性;二是创新者是否有可能使用创新进入行业并与现有企业竞争。

对于给定行业,如果它是非企业申请价值效应中的两个最负面类别之一,则将该金融科技类别定义为具有颠覆性。竞争者也即金融科技初创公司,是样本中具有非金融行业代码、成立时间不超过8年的专利申请公司。通过面板回归探究创新对五个金融行业的价值影响。结果表明,与其他类型公司的创新相比,金融科技初创公司的创新对行业价值的危害更大。而当创新背后的技术具有破坏性时,金融科技初创公司的创新对行业价值产生更大的危害。

也即当创新中同时存在破坏性和竞争进入的威胁这两个因素时，其对行业的价值影响更加不利。

作者进一步识别领导者。基于以收入为基础的市场份额进行划分，如果该公司在其行业中排在前四分之一，则定义为领导者。结果发现如果市场领导者对自己的研发投入大量资金，它们受到外部破坏性创新的伤害会较小。

五、 总结和展望

金融科技创新通常对创新者和整个金融部门有价值。但对于某些金融行业，某些类型的金融科技创新可能会产生不利的价值影响。当创新来自于一家年轻的非金融公司并带来颠覆性技术时，其对行业的价值影响更加不利。而且，如果市场领导者对自己的研发投入大量资金，它们往往会受到外部破坏性创新的伤害较小。

同时文章还存在一些局限：专利申请仅反映了公司创新活动的一部分，一些公司可能放弃专利申请以保护自身商业机密；研发支出对于衡量金融科技创新直接成本存在偏差等。另外，股价数据不太适合研究金融科技可能对非美国公司、私人持股公司、客户和员工产生的影响。

不同类型的企业偏好何种金融科技，或者不同类型的金融科技创新对不同类型的企业和个人带来何种价值，是十分值得讨论的话题。由于金融科技颠覆性的影响，其对行业变化趋势、不同利益主体的行为以及传统理论的影响都是可以讨论的问题。譬如，金融科技颠覆了传统金融服务的营业模式（交易成本更低、服务更方便快捷以及安全），在这种情况下，银行能否发挥资金多及客户量大的优势，通过积极地引进或自主研发金融科技来完成业务转型是值得关注的问题。这篇文章使我们初窥金融科技面貌，对回答上述问题有很好的启示作用。然而，由于证据太少，回归结果也未能排除内生性的影响，我们仍然无法很好地了解金融科技何以产生影响，后续研究除了可以观察中国的金融科技创新，还可多关注中间的机制渠道。

论文评价

文章为金融科技创新的发生和价值提供了证据,并采用了新数据集,为证明潜在进入者的创新如何影响行业内的各个公司提供了系统性的证据。有趣的是,这篇文章发现对一些金融行业来说,金融科技的某些类型的创新可能会产生不利的价值影响。此外,在看潜在进入者的创新对市场领导者的影响时,除了看市场领导者对研发的投资,还可以看其是否收购了其他创新企业。

原作者简介

Mark A. Chen,佐治亚州立大学罗宾逊商学院金融学副教授,博士毕业于哈佛大学。研究兴趣包括公司治理、创新、金融科技、高管薪酬和机器学习。

Qinxi Wu,贝勒大学汉卡默商学院金融学副教授,博士毕业于佐治亚州立大学金融专业。

Baozhong Yang,佐治亚州立大学罗宾逊商学院金融学副教授,博士毕业于斯坦福大学商学院。研究兴趣包括金融科技、公司金融、投资和资产定价。

《数字金融:何为传承,何为创新?》导读[①]

原文详见 Boot A, Hoffmann P, Laeven L, et al., 2021. Fintech: What's old, what's new? [J]. Journal of Financial Stability, 53:100836。

一、研究背景与概念框架

这篇文章是一篇带有综述性质的文章,通过建立一个概念框架,梳理了在技术进步对金融中介的影响中,哪些是既有趋势,哪些是数字金融带来的新发展。在过去的十几年间,金融机构历经了数次巨大的挑战,包括全球金融危机、监管制度改革、盈利能力降低、公众信任度下降等。在此背景下,金融行业的技术变革也正在加速。自新冠肺炎疫情爆发以来,对数字服务的需求快速增加,也加速了金融行业技术创新的步伐,行业内的金融机构面临着来自创新型初创企业和大科技公司的颠覆。

金融行业技术的快速发展引发了一系列重要问题。比如,金融服务创新的关键维度是什么?它们是真正的新发展,还是过去趋势的延续?银行将如何应对行业的变革?而这些发展又会带来哪些监管挑战?回答这些问题对于预测金融体系未来的发展变化以及制定相关政策都至关重要。

为了更好地分析技术进步的影响,文章的作者建立了一个简单的概念框架,将金融中介的核心职能分为了"信息"和"沟通"两方面。从金融系统本身的功能来说,作者认为它最主要的本质是把储蓄转变成投资,来保证资源的有效配置。在这个过程当中需要解决的主要有两类摩擦:一是信息方面的摩擦,

---

[①] 本文作者:董英伟,北京大学国家发展研究院博士研究生。

也就是逆向选择和道德风险问题；二是沟通方面的摩擦，也就是匹配问题。从缓解信息摩擦的角度来看，传统金融服务里面的做法包括对投资的筛选和监督，基于机构所有的资本或声誉做担保并承担部分信用风险等，并在与客户的多次合作与交易中积累和重复利用信息（Diamond，1984；Ramakrishnan and Thakor，1984；Holmstrom and Tirole，1997；Boot，Greenbaum and Thakor，1993；Boot，2000）。在缓解沟通摩擦方面，传统的金融主要做的是创造和保持与客户之间的关系，比如由于储户在银行存款，银行成为很多客户对金融服务的"第一接触点"（the first point of contact），可以发挥渠道的功能；再如证券公司和交易所也会在客户的沟通方面做很多努力。从文献的角度来看，已有文献对于金融中介在沟通方面的职能研究较少，相比信息方面的职能来说，沟通好像不那么重要。但作者认为在新的技术浪潮当中，沟通方面的创新对于金融行业结构影响的重要性变得越来越大。

依据概念框架来梳理此前的技术创新，在信息方面的创新包括20世纪80年代的被动投资、90年代信用分数的使用与"证券化革命"等，而在沟通方面的创新包括70年代的ATM机、80年代的"电话银行"、90年代超市巨头企业进入银行业市场、21世纪初网上银行和零售电子支付的使用等。总体来说，作者认为之前这几个技术浪潮的共同点是金融服务的提供者从银行开始慢慢地转向一些专业化的参与者，但以银行为核心的金融行业的整体结构仍然非常稳健（Philippon，2015）。从2000年左右开始，欧洲的数据显示出两个比较明显的趋势：一是计算机在金融行业中的使用越来越多，二是银行的雇员数量不断下降。作者认为，正在发生的这次技术变革比以前的更为根本，并可能导致金融业结构的更深层次的变化。

二、数字金融在信息方面的创新

在信息方面，金融行业近年来的创新在很大程度上可以视为过去已有趋势的加速发展。20世纪90年代的信息技术革命提高了金融行业创造和使用"硬信息"（hard information）的能力，金融行业中对于硬信息的使用日益增加。硬信息的主要特点是比较量化、易于存储、易于传播，背景对于理解信息相对不重要（Liberti and Petersen，2018）。比如用"信用分"的方式对借款人的水平进行量化,如果信贷员甲的评分是70和信贷员乙的评分是70所包含的含义是相同的,那么说明理解和使用信用分时背景信息并不重要,否则背景信息就是重要的。硬信息的特点使得信息在组织内外的传递转移变得更加容易和便捷,收集信息的过程和决策过程可以分离。

硬信息的使用既有积极作用,也有消极影响。从积极的角度来看,硬信息的使用催生了一些新的业务如信用评分、信息共享等,也推动了资产证券化。对于银行来说,硬信息的使用让银行有能力在不同地区扩展业务,更好地筛选借款人,也有利于银行增加应对危机的韧性(Pagano and Jappelli, 1993; Pierri and Timmer, 2020)。从消极的角度看,硬信息的普遍使用会增加硬信息缺乏的企业(如中小企业和创新企业)的融资难度(Petersen and Rajan, 1994; Berger et al., 2005; Dell'Ariccia et al., 2021)。对于抵押贷款来说,如果金融机构对借款人或借款企业有更全面的了解,可能会减少抵押资产的数量、放宽抵押品的限制,对抵押的依赖相对更小,以软信息为基础(如基于对个人或企业较为全面的了解)的客户关系可以缓解经济低迷时期的信贷紧缩,因而在经济波动当中相对更加稳定,而硬信息的使用可能会使信贷在经济周期中更加顺周期,导致金融系统的波动性变大(Allen and Gale, 1997; Bolton et al., 2016; Boot and Ratnovski, 2016; Beck et al., 2018)。由于硬信息在组织内部转移和传递的效率很高,所以硬信息的使用对规模更大的企业和金融机构更有利(Stein, 2002),会促进金融机构的合并,导致更大的系统性风险(Berger et al., 2005; Laeven, Ratnovski and Tong, 2016)。此外,硬信息可以被用来对顾客进行价格歧视(Shiller, 2013),并且可能由于统计误差而放大对少数群体和社会弱势群体的歧视(Fuster et al., 2018)。

那么在信息方面,哪些是区别于已有趋势的创新呢?作者认为,新的技术浪潮中,信息方面的创新主要在于互联网的兴起使得非传统数据的使用成为可能。这类数据不同于传统的财务信息,但可以和财务信息形成互补。而相对应的,拥有大量的数据之后,一些新的大数据算法和工具,如人工智能(AI)和机器学习,开始被用于数据分析(Athey and Imbens, 2019; Philippon, 2020)。这些创新一方面会继续增加金融行业竞争的激烈程度,比如对于大科技公司来说,拥有这些数据和数据分析能力就可以与银行直接竞争,甚至可以表现得比银行更好;大数据的使用也可能使得银行原有的在软信息方面的优势变得不再突出。信息方面的创新也会产生一些新的风险,比如数据垄断的风险、数据被过度分享的风险等。此外,非传统数据的使用还会影响搜寻成本(search cost)和数据挖掘(data mining),大数据可能提高信息使用的效率,但对于消费者和投资者来说,大家在面临海量信息时,需要大海捞针似的搜寻某个信息,所以对搜寻成本的影响是两面的。由于信息变成海量,就需要投入更多的技术和精力在数据挖掘上,更快地对信息做出反应,所以也可能使得资产价格对于新的信息和新闻更加敏感。

三、数字金融在沟通方面的创新

在沟通方面,已有技术创新的趋势是为客户增加便利,降低银行成本,并从实体银行向网上银行演变。从数据来看,2003年,欧盟15国在线银行服务的使用率仅为19%,但在2018年稳步上升至59%。相比之下,银行分行数量大幅减少,从1997年的每100万居民540个分行,到2018年只有331个。沟通方面的创新引发了银行整合的趋势,推动了大型全能银行的诞生。

那么,这一轮技术进步带来的新进展主要是什么呢?作者认为是互联网门户网站、移动终端和移动应用等沟通渠道为金融行业的新进入者提供了成本非常低的直接营销工具。比如,主要基于移动互联网开展业务的"新兴银行"(neo banks)可以直接在手机上开户,无需开户手续费,成本很低。我们非常熟悉的移动支付以及智能投顾、P2P网络借贷等都是金融行业的新竞争者。这些企业进入金融行业时,可以直接在线上非常快速地以低成本切入。对于拥有很多分支机构的银行来说,它们作为客户接触金融市场的"第一接触点"的优势很大程度上被动摇,而银行依赖这一优势进行交叉销售(cross-selling)的能力也被削弱。零售金融服务领域的竞争进一步加剧。

在总结金融行业沟通方面的创新与竞争时,作者特意提到了作为强大的信息和沟通中介的数字平台。与提供某一类金融服务的专业化金融机构不同,这些数字平台可以单纯作为渠道存在,它们具有很强的信息分发能力。总体而言,数字平台的特点有以下三点:一是它可以把金融服务很好地嵌入整个生态系统,这些数字平台可能原本并不提供金融服务,而是提供其他数字化的服务(比如网上购物),但其实金融服务对于这些平台本身的主营业务来说是一个很好的互补品,所以非常天然地可以引入金融服务,有很好的契合性,形成协同效应。二是对于这些数字平台来说,它们在信息和沟通两方面的优势有互相作用,可以形成正向循环。平台沟通和信息分发的渠道能力强,就可以获取更多的信息,而有了更多的信息,又可以增强平台的渠道能力,这样的循环可以推动平台进入发展的快车道。三是平台在市场中有很强的市场势力,因此拥有比银行还强的执行能力。比如对于平台用户来说,如果使用平台的金融服务并违约,可能被平台停止所有服务,那么这对于一个用户而言是很大的威胁。

四、 银行的前景

在新的技术浪潮中,作为金融行业结构中的核心的银行业面对着日益激烈的竞争,会有怎样的前景呢?银行本身既是一个纵向整合的金融中介,也是横向整合的金融中介。从纵向看,银行吸纳存款并进行放贷,承担着资金方与借款方之间期限转换的功能。从横向上看,银行可以直接接触很多客户,凭借"第一接触点"的优势也推销其他金融产品,提供其他非存贷款服务。数字技术的快速渗透使得银行在横向和纵向都面临着巨大的挑战。

在横向业务上,专业化竞争者的进入使得银行在表外业务上面临激烈的竞争,横向整合的业务结构面临瓦解的挑战。对于一些专业化的服务如财富管理、保险、移动支付等,由于不涉及表内业务,所以不需要银行这样很强的对资产负债表的管理能力。这些竞争者也不需要接受针对银行业的严格监管,不需要有庞大的组织机构,所以合规成本和组织运营成本都更低,不论在价格还是便捷性方面都会对银行构成威胁。此外,由于这些新进入者所做的创新基本都是沟通渠道方面而非信息方面的,不需要面对和解决复杂的信息摩擦,解决沟通方面的摩擦相对容易,所以这些竞争者的发展速度往往很快。

在纵向业务上,如大科技公司、价格比较平台等数字平台可能从根本上改变商品和服务的分配方式。数字平台有以下几个主要特点:第一是降低了用户的搜寻成本;第二是具有双边市场的网络外部性,也就是使用平台的人越多,平台对于每个人的价值就越高;第三是平台提供的服务和产品种类越来越多,用户对于平台的依赖性越来越强;第四是金融服务对于平台是天然的互补品,所以平台可以"插足"银行与客户的联系,成为连接用户与银行的中介。

相比于银行,大科技公司在信息和沟通两个方面都更有优势,因此是非常具有威胁的竞争对手。由于银行的横向业务依赖于纵向直接接触到客户的"第一接触点"优势,银行在纵向整合上的瓦解会使横向业务的发展雪上加霜。作者认为,在极端情况下,银行可能在激烈的竞争中被降级为提供期限转换服务的上游供应商,与客户之间的联系被数字平台掌控。

面临如此严峻的挑战,银行是如何应对的呢?目前银行也在做信息化和数字化转型的投入,以期增加自己在沟通渠道和信息处理方面的能力。不过作者指出,银行在这方面也有一些阻力,比如银行庞大复杂的组织结构会拖累转型进程,转型可能面临一些声誉风险和监管风险,转型带来的利润不够高,等等。此外,也有一些雄心勃勃的大银行在试图搭建自己的数字化平台,不过这需要它们对技术有开放的心态,拥抱技术变革,可能对于这些大银行来说也不乏挑战。因此,银行的转型有着各种内部和外部的困难。

不过银行也有自己的优势。相对于只提供某种专业化金融服务的新进入者来说,银行在竞争过程中还有一定的信息优势。此外,前文提到的很多优势都主要是针对零售端的。对于企业客户,银行仍有优势,并在这一领域与大科技公司展开了竞争。银行可以在关系型金融服务、投资银行服务等业务方面发挥优势,充当企业客户"可信赖的顾问",为有复杂需求的企业客户提供量身定制的解决方案。银行还有一个重要的优势在于它们可以接触到相对便宜、稳定的资金——储户的储蓄,储蓄受到存款保险制度的担保,有隐性的政府担保,所以民众会更信任银行。不过作者认为随着大科技公司的快速扩张,这些大平台也可能拥有类似的隐性担保,使得银行在这方面的优势被削弱。

五、政策挑战

文章在最后一部分讨论了数字金融发展带来的政策挑战。新技术的广泛运用给宏观审慎政策带来了不少挑战。数字技术的运用某种程度上是越来越多地使用硬信息这个趋势的一种延续,所以前文提到的硬信息带来的问题,比如更加顺周期、波动性增加等,依旧存在。数字技术的发展增加了金融行业竞争的激烈程度,导致金融机构的冒险动机增加。数字技术推动下诞生的新贷款技术的稳健性还没有经过完整的经济周期的检验,是否能在经济低迷时期依旧良好运转有待进一步观察。在数据处理上,新的技术的模型和金融行业使用的传统模型不同,很多人工智能、机器学习的模型并没有很好的理论解释,也导致在监管时有些风险很难观测和控制。由于数字化业务的开展非常依赖互联网,但网络可能面临黑客的攻击,网络风险值得重点关注。作者建议把网络攻击的场景模拟放到压力测试里面去,作为监管的一个指标。另外,监管机构也需要关注监管套利问题,以及在行业格局发生变化时,系统重要性机构现在应该如何定义。监管机构也需要跟上科技创新的速度,更加了解当下行业内正在发生什么。

对于货币政策来说,数字技术的运用可能会影响货币传导机制,比如数字货币的发行可能会使货币政策传导更加直接,并改变利率的有效下限,在操作层面上,货币政策利率的锚点也有可能会发生变化,因此货币当局需要根据现实情况做出一定的调整。在市场竞争相关政策方面,大平台可能会导致垄断问题,值得监管者关注。此外,公共政策的制定者应该考虑数据所有权以及数据使用和流动应该遵循怎样的标准,以便更好地保护公民的隐私权。

论文评价

文章于 2021 年发表在 *Journal of Financial Stability* 上,在总结已有研究主要结论的基础上,文章的作者提出了一个非常具有启发性的框架来分析归纳在当前的数字化技术浪潮中,数字金融的创新里哪些是对已有趋势的传承,哪些是新的特点,并对银行业如何应对技术发展和激烈竞争以及监管政策面临哪些新的挑战进行了梳理,在学术价值外也有很强的政策意义。作者对于数字金融如何影响金融行业的竞争格局及行业结构的思考,对于我们理解国内数字金融带来的影响和未来发展的前景也很有启发。

关于大科技公司与银行的关系,目前大科技平台的业务扩张迅速,但正如作者所述,其实受到冲击比较大的主要是零售业务,这是因为平台的渠道优势很明显。不过在企业端,不少大科技平台做的小微企业贷款业务仍是以零售逻辑为主,也就是看企业主的行为等。也许在可预见的未来,大科技平台在服务大型企业方面仍然很难超过银行,线上的信息也许对大型企业的贷款有帮助,但是大科技平台很难完全依靠线上的渠道和信息开展业务。另外,大科技平台和银行之间其实也可以有很好的合作,来实现线上线下数据的结合,各自发挥比较优势。

在信息创新方面,数字金融企业采集的非传统信息是否像传统的硬信息一样具有很好的迁移性也许值得思考。硬信息的一个特征是背景对于信息的解读来说不重要,但大科技平台使用大数据来评估借款人时,背景可能是重要的。不同的平台可能使用不同类型的数字足迹信息,而这些数据如果提取出来给第三方,比如银行,第三方可能是很难直接使用的。在大数据分析方面,人工智能和机器学习模型有时候可能只是相关性,这就意味着这个模型到底是否可靠很难从理论上去证明。在现实中,大数据模型有的时候就是一个迭代的问题,必须不断迭代,因而模型也是动态改变的。

原作者简介

Arnoud Boot 是阿姆斯特丹大学公司金融和金融市场教授,荷兰皇家艺术与科学学院(KNAW)研究员,欧洲金融协会(EFA)主席和经济政策研究中心(CEPR)研究员,金融经济学家圆桌会议的成员,荷兰政府政策科学委员会(WRR)的成员。Boot 教授在 *American Economic Review*、*Journal of Finance* 等期刊上发表多篇学术论文。

Peter Hoffmann 是欧洲中央银行金融研究部高级经济学家,巴黎高等商学院访问学者及讲师,2015—2016 年曾在欧洲系统性风险委员会担任经济学家,在 *Journal of Finance*、*The Review of Financial Studies* 等期刊上发表多篇学术论文。

Luc Laeven 是欧洲中央银行研究部总干事,蒂尔堡大学金融学教授,研究主要集中在银行、国际金融和货币传导领域,在 *American Economic Review*、*Journal of Finance*、*Journal of Financial Economics*、*The Review of Financial Studies* 等期刊上发表多篇学术论文。

Lev Ratnovski 是欧洲中央银行研究部首席经济学家,也在国际货币基金组织工作,曾在英格兰银行任职。主要研究金融领域的问题,包括数字金融、宏观保险、流动性、监管和危机,在 *Journal of Financial Economics*、*Review of Finance* 等期刊上发表多篇学术论文。

《金融科技与家户抵御冲击的韧性：来自肯尼亚数字贷款的证据》导读[①]

原文详见 Suri T, Bharadwaj P, Jack W, 2021. FinTech and household resilience to shocks: Evidence from digital loans in Kenya [J]. Journal of Development Economics, 153: 102697。

一、研究问题与主要发现

科技推动的金融服务显著提高了发展中国家家庭的金融可得性。与发达国家不同的是，发展中国家居民家庭的收入来源相对更易受到冲击的影响，因而金融科技创新对发展中国家居民可能产生重要影响的一个方面在于帮助平滑冲击对消费的影响（Jack and Suri, 2014）。虽然已有许多文献研究信贷可得性对平滑消费的影响，但信息不对称、较高的固定成本等因素长期阻碍了信贷可得性的改善。近年来，通过移动手机发放的数字信贷降低了家户获取贷款的成本，也降低了贷款方管理贷款的成本。随着金融科技的快速发展，银行可以对用户积累的非传统数据进行分析（Goldsteing, Wei and Karolyi, 2019），提高其对潜在借款人的风险评估能力，并利用现有的移动平台向既有的用户群体提供金融服务，缓解了信息不对称问题（Bjorkegren and Grissen, 2018），可以提供更小额和更低成本的贷款。因此，数字信贷可以通过提供即时可得的贷款帮助面临意外冲击的家庭平滑消费，同时，鉴于数字贷款的总体成本较低（与发薪日贷和民间贷款相比），其使得家庭陷入债务泥潭的可能性也相对较低。

[①] 本文作者：王雪，北京大学国家发展研究院博士研究生。

基于此背景,文章研究了肯尼亚的数字银行服务 M-Shwari 发放的数字贷款对用户的影响。文章发现,符合条件的用户对小额数字信贷的使用率较高,且对数字信贷的使用并未挤出其他形式的信贷,此外,数字贷款有助于提高家庭在面临负向冲击时的韧性。M-Shwari 是肯尼亚的非洲商业银行(Commercial Bank of Africa,CBA)和电信运营商 Safaricom 于 2012 年合作推出的数字银行账户服务,该账户与移动货币账户 M-PESA 绑定,银行将贷款以移动货币的形式发放到 M-PESA 账户,用户可以无成本地将移动货币转入或者转出 M-Shwari 账户。M-PESA 是 Safaricom 于 2007 年在肯尼亚等非洲国家推出的移动货币服务,用户可以通过手机短消息支付、转账、提现等。M-Shwari 则基于用户在 M-PESA 积累的历史数据评估用户的信用,为其提供有息储蓄和信贷等金融服务。M-Shwari 发放小额无抵押的信用贷款,贷款周期 30 天,费率 7.5%(即年化利率约为 140%)。贷款的审批取决于基于用户 M-PESA 账户积累的历史数据进行的信用评分,系统会对每个注册 M-Shwari 账户的用户自动给出信用评分,不管用户是否有借款需求,系统都会基于该信用评分为用户给出信用额度。用户不知道自己的信用评分,仅知道是否被授信以及授信额度。用户首次获得授信的额度最低只有 1 美元,随着其对额度的累积使用和偿还,授信额度可以不断提升。M-Shwari 信贷服务的目标客群主要是没有征信记录、无法获得正规金融机构信贷、没有抵押品以及没有社会担保等的群体。M-Shwari 数字银行服务的推出改变了肯尼亚的银行业务,截至文章数据可得的 2017 年,M-Shwari 成为肯尼亚数字贷款服务的头部提供者。

第一,文章基于 M-Shwari 的信用评分和评分的授信规则,采用模糊断点的实证策略估计了数字信贷对用户的影响,对于理解数字信贷可得性的影响具有重要的启示意义。文章首先分析直接与信贷相关的影响。在接近两年的时间周期内,M-Shwari 显著促进了信贷服务的扩张。对照组有过任何一种类型贷款的家庭约占 46%,而信用评分高于分界点的用户使用贷款(包含数字贷款或者其他类型的贷款)的概率较对照组显著高出 11 个百分点,使用 M-Shwari 贷款的概率较控制组高出 24 个百分点。此外,在样本周期末,开通账户时符合授信资质的用户的贷款额较对照组也高出 90%。其次,用户对贷款的使用概率和使用额上升完全是源于 M-Shwari 贷款本身的上升,而非对其他形式信贷的替代。在文章研究的两年时间周期内,符合授信资质的群体中使用

M-Shwari 贷款的比例约为34%,且在开通账户时符合 M-Shwari 授信资质的用户的贷款额较对照组高出180%。但文章并未发现获得 M-Shwari 贷款会显著挤出用户对其他类型贷款的使用。另外,鉴于政策制定者和许多媒体对数字贷款的高利率可能加剧家庭债务负担有所担忧,文章也探讨了此问题,但发现 M-Shwari 贷款并未导致家庭的利息负担有显著变化。

第二,文章认为数字贷款的可得性上升对于增强家庭面临冲击时的韧性具有重要意义。相同情况下,信用评分高于断点的用户家庭在面临负面冲击时,减少开支的可能性显著更低。具体而言,符合 M-Shwari 贷款资质的家庭在面临负面冲击时减少支出的概率较对照组低6.3%(对照组约有68%的家庭在面临负面冲击时不得不减少支出),且更不可能减少食物、药品和其他一些非食品项目的开支。鉴于样本中接近90%的家庭在过去6个月曾遭受过负面冲击,文章认为贷款可得性对于改善居民家庭抵御冲击的能力的影响不容忽视。

第三,文章试图讨论数字信贷对家户福利的潜在长期影响。文章未发现 M-Shwari 贷款可得性上升对于家庭财富相关变量(例如储蓄、持有的金融资产和实物资产等)具有显著影响,一个可能的原因是数字信贷的贷款规模较小。但也正因为额度较小,符合贷款资质的家庭在信贷可得性上升的同时不会面临过于沉重的债务负担,例如,在1年的时间周期内,获得贷款的家庭的利息支出占总消费的比例仅约为1.2%。

文章的贡献主要在于以下几个方面:

一是文章补充了对发展中国家数字银行业务影响的研究。基于已有文献对坦桑尼亚的 M-Pawa 对于女性企业家储蓄行为的影响研究(Bastian et al., 2018)、对孟加拉国的移动银行对于贫穷家庭和移民的转账行为的影响研究等(Lee et al., 2021),该文章的研究补充了移动银行对提高发展中国家居民家庭面临冲击时的韧性的影响。

二是文章对于家庭韧性的研究也有助于从更多角度理解小额短期信贷的实际影响。在发达国家,与该文章研究的信贷规模和即时性可以类比的业务为消费金融文献中广泛讨论的发薪日贷。对以发薪日贷为代表的小额短期现金信贷的研究大多发现,虽然信贷可得性上升可以帮助个体平滑意外的冲击,但较高的利率也使得借款人背负了沉重的债务负担。该文章的研究则意味着金融科技创新可以显著降低贷款成本,在债务负担可控的情况下提高家户的韧性。

二、数据介绍和实证设定

文章主要使用了三个数据集。一是从银行获取的 M-Shwari 用户的相关信息。银行根据信用评分进行贷款审批决策,评分高于某一分界点则授信,低于则不授信。但基于以下两点主要原因,文章使用的信用评分分界点仅可以作为用户使用信贷的模糊断点而非严格断点。首先,用户是否实际使用贷款是用户自行决定的,评分高于断点的用户也可以选择不使用 M-Shwari 信贷。其次,受数据所限,文章仅可以获得用户开通账户时的信用评分,没有用户信用评分的完整历史记录,在开通账户时不符合授信资质的用户的信用评分也可能在之后有所改善,之后用户便可获得贷款。文章的原始样本为 2015 年 1—3 月在银行开通 M-Shwari 账户的用户,作者首先使用用户开通账户时的信用评分和在样本周期内的贷款使用情况,计算了作为授信依据的信用评分断点的最优带宽,再从信用评分落在该带宽内的用户中随机抽取了 6 000 名作为最终的样本。

二是对抽取的样本用户进行的调查数据。调查时间为 2016 年 9 月至 2017 年 1 月,即用户开通 M-Shwari 账户约两年后。通过结合来源于银行的数据和调查数据,作者可以获得样本用户更全面的信息。

三是作者从 2016 年 1—3 月开通 M-Shwari 账户的用户中随机抽取了 10 000 名作为另一个子样本,并从银行获取了该子样本用户截至 2016 年 9 月的所有历史借贷数据和信用评分数据,但无法对该样本进行访问调查,因此该样本主要用于对 M-Shwari 用户的信用成长和贷款历史进行描述性分析。

文章主要采用模糊断点的实证设定,分析信用评分高于和低于断点的用户在各关键变量上的不同。断点回归背后的主要逻辑是,用户的信用评分是连续的,但存在一个外生划定的信用评分分界点,评分高于该分界点的用户可以获得授信,而低于该分界点的用户则无法获得授信。由于分界点附近某一邻域内两组用户的信用评分差别较小,两组用户的信用资质区别不大,因而可以在分界点附近选取合适的带宽,使用带宽内信用评分略低于分界点的用户作为略高于分界点并获得授信用户的对照组。文章基于该实证思想识别了数字信贷对用户的影响,但由于数据集的一些特征,文章使用了模糊断点的实证策略,即高于断点的用户使用 M-Shwari 贷款的概率更高,相应地,略低于断点的用户使用的概率更低。文章还进行了一系列的稳健性检验,例如,改变带宽、检验前定特征变量在断点处的连续性等。

三、实证结果

文章的实证结果主要有以下三部分。第一,获得 M-Shwari 贷款对用户获得各种来源的贷款具有显著正向影响。信用评分略低于断点的控制组用户群体中约有 46% 获得过贷款,而信用评分高于断点的处理组用户获得过贷款的概率较控制组用户高出 11 个百分点。由于控制组用户群体中有不少用户也可以通过其他途径获得贷款,M-Shwari 并非用户获得贷款的唯一来源,文章认为应当从信贷可得性上升的角度理解 M-Shwari 提供的数字贷款的影响,而非信贷从无到有对家庭产生的影响。这一点从处理组(即信用评分高于断点的组)用户较高的债务水平上也可以得到印证。

文章也分析了样本用户自开通 M-Shwari 账户至文章抽取样本时,过去近两年使用 M-Shwari 贷款的情况。开通账户时信用评分高于断点的用户有过 M-Shwari 贷款的概率较评分低于断点的用户高出 24 个百分点,且在 M-Shwari 账户的总贷款额也高出 140%~190%。虽然账户开通时低于信用评分授信分界点的用户当时的信用资质可能相对较差,但拉长时间周期来看,两类用户从 M-Shwari 获得的第一笔贷款的违约概率没有显著差异。此外,两类用户在 M-Shwari 账户的储蓄也没有显著差别。政策制定者较为关心的问题之一是小额数字信贷是否会加剧家户的债务负担。文章使用利息支出占总消费支出的比例衡量用户的利息负担,回归结果显示,M-Shwari 数字贷款并未显著加重用户的利息负担。另一个重要的问题是,M-Shwari 数字贷款是促进了信贷的广泛扩张,还是主要替代了其他形式的贷款。文章检验了获得 M-Shwari 贷款对各种来源的贷款的影响,结果显示,M-Shwari 贷款并未显著挤出其他形式的贷款,对于银行、小额信贷机构、储蓄和信用合作社(SACCOs)等的贷款无显著影响,对居民获得循环储蓄和信贷协会(ROSCAs)的以及非正规形式的贷款有显著正向影响。

第二,文章分析了获得 M-Shwari 数字贷款是否使得家户在面临冲击时更有韧性。具体而言,作者使用样本中过去 6 个月至少遭受过一次负面冲击的家庭作为子样本,研究了获得 M-Shwari 贷款是否使得家庭更少地削减开支,以及更少地进行其他可能影响家庭长期福利的调整,例如,让子女辍学、离职、变卖资产等。一个结果显示获得 M-Shwari 数字贷款显著降低了家庭面临冲击时减少开支的可能性。文章的样本中,约有 68% 的控制组(即信用评分略低于断点的组)家庭在面临负向冲击时减少了家庭支出,而信用评分略高于 M-Shwari 授信分界点的用户减少支出的可能性比控制组低 6.3 个百分点。另一个结果显示获得 M-Shwari 贷款对于用户进行其他应对冲击的调整措施无显著影响。

此外,基于过去 6 个月经历过冲击的家庭的子样本,作者还检验了获得 M-Shwari 贷款对于家户各类别支出的影响。结果显示,用户的信用评分高于可以获得 M-Shwari 贷款的分界点对于家户面临负面冲击时的教育支出具有显著正向影响。作者使用用户家庭是否有正的教育支出作为因变量,信用评分高于断点的用户家庭有教育支出的概率较控制组高出 5.8 个百分点。这与 Jack and Suri(2014) 和 Suri, Jack and Stoker(2012) 等的发现一致,他们发现在家户面临健康方面的冲击时,未使用 M-PESA 的家户会通过减少包含教育支出在内的其他非食品开支以增加健康方面的支出,而使用 M-PESA 的家户则可以通过其他亲戚朋友及时的转账避免减少其他开支。

第三,文章检验了 M-Shwari 贷款可得性上升是否会影响家户持有的金融和实物资产。结果显示,可以获得 M-Shwari 贷款显著促进用户使用更多的储蓄工具,但对用户的总储蓄额并没有显著影响,对于用户的总资产和生产性资产亦没有显著影响。

四、 总结与展望

总的来说,该文章的研究发现,符合 M-Shwari 授信资质的用户对贷款的使用率较高,且 M-Shwari 贷款并未显著挤出其他类型的贷款。从数字信贷的实际影响上,M-Shwari 促进的信贷扩张有助于缓解意外的冲击对家户的影响,增强家户的韧性。基于文章的样本发现的局部影响表明,相较于信用评分仅略低于授信分界点、未能获得数字信贷授信的用户,评分略高于分界点并获得授信的用户主要使用小额短期的数字信贷进行日常应急,而非用于商业经营或者增加营运资本。从家户福利的角度来看,由于 M-Shwari 数字贷款具有额度小和贷款周期短的特点,文章未发现其对用户的资产、财富以及整体的消费水平等有显著影响。但受数据所限,该分析限于用户获得贷款 18 个月左右的影响,文章无法评估数字信贷对家户福利产生的长期影响。需要强调的是,与所有使用断点回归进行分析的研究一样,文章的发现应主要被理解为对于局部用户群体的影响,即对于信用评分略微高于授信评分分界线、刚刚好满足授信资质的用户群体的平均影响。

作者认为,通过数字化平台发放的贷款可以在一定程度上降低传统信贷在贷款发放和贷后管理(例如还款)方面的成本,对于提高贷款可得性具有正面影响。但数字信贷的小额短期特征也限制了其对用户的资本配置产生更深远的影响,例如,促进个体创业等。但这种数字化的逻辑和机制是否可以用于更大额的贷款或者用于发放经营性贷款,并对用户的生产生活产生更多变革性的影响,是值得未来进一步探讨的方向。

论文评价

文章使用一套独特的数据研究了数字化形式发放的贷款如何帮助改善家庭应对意外冲击的能力,这对于理解金融服务可得性对发展中国家居民家庭影响具有重要的意义。正如作者提出的,文章的分析仅限于短期影响,无法分析数字信贷对家户福利的长期影响。此外,文章讨论到数字化平台发放贷款的优势可以降低传统信贷发放的成本,那么值得进一步讨论的问题是,数字信贷是传统信贷以数字化形式发放,还是相较于传统信贷,数字信贷在科技的助力下有其特有的优势。即文章发现的效果是数字信贷特有的影响,还是更广义上金融可得性的一般性影响?有关数字信贷和传统信贷二者之间的互动关系值得未来继续探讨。

原作者简介

Tavneet Suri 是麻省理工学院斯隆管理学院应用经济学 Louis E. Seley 教授。她的重点研究方向是科技在撒哈拉以南非洲发挥的作用。她是 VoxDev 的主编,J-PAL 非洲部的科学主任及数字识别和金融倡议、农业技术采用倡议联合主席,美国国家经济研究局教授研究员。Tavneet Suri 教授拥有英国剑桥大学经济学学士学位、耶鲁大学国际与发展经济学(IDE)硕士学位和经济学博士学位。

Prashant Bharadwaj 是加州大学圣地亚哥分校经济系教授、南亚研究项目主任。他的研究兴趣是发展经济学和劳动经济学,加入的研究机构包括发展研究与经济分析局(BREAD)、有效全球行动中心(Center for Effective Global Action)、巴基斯坦经济研究中心(CERP)、美国国家经济研究局。Bharadwaj 教授目前是 *Journal of Development Economics* 和 *Journal of Health Economics* 的副主编。Bharadwaj 教授拥有芝加哥大学的经济学学士学位和耶鲁大学的经济学博士学位。

William Jack 是乔治敦大学经济学教授及创新、发展和评估倡议的负责人,该倡议开展基于实地的实证研究,以评估发展干预措施的影响和有效性。William Jack 教授曾在美国国会税收联合委员会、国际货币基金组织、澳大利亚国立大学和悉尼大学任职。他拥有西澳大学的数学和物理学学士学位以及牛津大学的经济学硕士和博士学位。

第二篇
P2P 借贷

本 篇 导 读[①]

本篇的主题是个体对个体网络借贷(Peer-to-peer lending,P2P),导读第一节介绍其定义和特征,第二节介绍文献涉及的LendingClub和人人贷的发展历程,第三节对文献内容作简单介绍。

一、P2P的定义和特征

P2P是21世纪以来的一种金融创新,是指通过在线服务将贷款人和借款人匹配起来,向个人或企业借钱的业务模式。因为这类业务主要是在线完成,所以被称为个体对个体网络借贷;也有根据其英文称呼翻译为点对点借贷或者P2P。由于这一业务模式既不属于传统银行,也不属于非银行类金融投资机构以及保险公司的业务,P2P借贷被视为替代金融的一种。

P2P的兴起是数据收集、计算、存储、传输等方面的重大技术进步的结果。2005年3月Zopa正式上线,标志着英国率先出现了P2P这样借助互联网展开的借贷和投资模式。Zopa是"可达成协议区"(Zone of Possible Agreement)的简称,意指投资者和借款人在这一可讨价还价的区域内协商,以约定利率、期限和风险承担等各类安排的直接借贷模式。Zopa以多对一的方式匹配投资者和借款人,以分散风险,尽量减少任何单一借款人违约的影响。从费用角度看,投资者(出借人)需要支付贷款金额1%的费用,而借款人支付低廉、透明的费用来使用该平台。

这反映出个体对个体网络借贷通常的业务模式是,投资者都能在相应网站上搜索和浏览贷款列表,并根据P2P平台提供的关于借款人的基本信息、

[①] 本篇作者:沈艳,北京大学国家发展研究院教授,北京大学数字金融研究中心副主任。

信用情况、贷款金额、贷款等级和贷款用途等信息,选择他们想要投资的贷款标的,如果借款人成功还款可获得利息收益。平台则可以通过分别向借款人和投资者收取服务费获得收益。

就借贷类型看,P2P 借贷包括个人贷款和企业贷款。其中,根据贷款人的情况和平台的业务特点,个人贷款又可分为有担保贷款和无担保贷款。担保贷款需要抵押品,例如借款人将自己购买的汽车作为抵押的贷款就是有担保贷款。企业贷款则是由平台将散户投资者和(或)机构投资者的资金,投给相应行业的企业,一般以中小企业作为主要的投资对象。

P2P 借贷具有如下特征:一是交易通过网络完成,没有实体网点,因此运营成本相对于传统的金融中介较低;二是由相应的公司提供中介服务,让贷款人和借款人得以展开交易;三是贷款人和借款人之间事先可以互不相识,但贷款人通常可以选择投资哪些借款人;四是这类贷款可以有担保,但是大部分都是没有担保的;五是这类贷款可以转让给他人,但转让成本可能很高,并且并非所有的 P2P 平台都提供转让或自由定价选择。

P2P 借贷在一定程度上可以促进普惠金融,主要通过两种机制:一是利用互联网技术推动直接借贷,二是可以推动在建立风险分担协议方面的创新。直接借贷的模式让借款人可以从投资者那里以"成本价"获得资金,平台只收取少量的服务费,融资的成本因此降低。网络借贷可以充分地把资金投入不同的标的,因此可以帮助投资者充分分散风险,这是传统金融模式做不到的,也和金融理论契合。在理想状况下,P2P 借贷通过直接借贷的模式,让投资者可以直接选择借款人,可以降低借贷成本;基于大数据分析的风控也为解决信息不对称难题提供了新的解决方案,从而可以促进普惠金融。然而,需要注意的是,我国的 P2P 行业发展有缺乏配套的基础设施等情况,这造成与理想状况偏离的结果。一方面,在监管缺失的情况下,P2P 平台的资产运营缺乏透明度,一些不良平台可能存在违规操作、资金风险和投资者保护问题;另一方面,中国居民在投资理财方面的专业素养相对不足,投资者缺乏足够的金融知识和风险意识,容易受到高收益承诺的诱惑。因此,P2P 借贷酿成了大量的风险后果。

二、LendingClub 和人人贷发展简介

本篇的四篇论文中，有两篇以中国的人人贷数据为研究对象，其他两篇则以美国 LendingClub 数据为研究对象。这两家机构都经历了从上线到下线的过程，是 P2P 网络借贷发展历史的一个缩影。这里我们首先简单介绍它们各自的发展历程。

（一）LendingClub

美国 P2P 网络借贷出现于 2006 年 2 月。当月 Prosper 正式上线，"贷款的 eBay 模式"在美国开始运作。2007 年，LendingClub 也在美国正式上线，无担保个人贷款金额在 1 000 美元至 40 000 美元之间，标准贷款期为 3 年。

2008 年金融危机后，正规金融机构发放个人贷款风险增加，个人贷款体量收缩，这给 P2P 平台提供了发展机会，但硬币的另一面是贷款质量可能下降，从而推高不良率。创立初期的 LendingClub 借款门槛相对较低，这导致金融危机背景下逆向选择问题变得更严重，借款人违约率走高。另外，大多数贷款的期限为 3 年以上，投资者因此诟病这些贷款缺乏流动性。因此，金融危机也引发对 P2P 更为严格的监管。

2008 年，美国证券交易委员会（SEC）要求 P2P 平台根据《1933 年证券法》将其产品注册为证券。经过较为繁复的注册过程后，LendingClub 完成了美国证券交易委员会要求的注册步骤，向投资者提供由贷款付款支持的票据，此后在平台上发放的每一笔贷款都有对应的证券。由于这些证券可以在二级市场出售，流动性问题也不再突出。

LendingClub 曾是世界上最大的 P2P 贷款平台，其数据显示截至 2015 年年底，通过该平台共发放了 159.8 亿美元的贷款。但从 2016 年起，LendingClub 经历了不少挑战。由于难以吸引新的投资者，该平台在 2016 年头几个月曾三次提高借款人利率。当年开始，该平台的贷款也陆续出现篡改日期、实际贷款质量达不到银行要求的标准等丑闻，这导致股价大幅下跌。2020 年，LendingClub 宣布关闭其 P2P 借贷平台。

(二）人人贷

人人贷的发展、壮大和衰落与中国 P2P 网络借贷行业的发展历程息息相关。2007 年，上海成立拍拍贷，这可被视为我国第一个直接在线上连接放款人与借款人的借贷平台。人人贷则于 2010 年在北京成立，创始人为北京大学毕业的杨一夫、李欣贺与清华大学毕业的张适时，其中杨一夫负责风控、安全，李欣贺负责外联、商务与市场，张适时主抓产品、运营，三人一起商议决策公司大方向与战略问题。人人贷的管理团队学历高、背景好、重视风控，在网络借贷萌芽期也快速占据不少市场份额。2012 年年底，人人贷年度报告显示当年已实现 3.54 亿的交易额，是前两年交易额的 9 倍还要多。2011 年起，人人贷还开启线上线下相结合模式。2013 年，人人贷宣告其线下服务覆盖全国三十余个省的两千多个地区，注册用户突破 50 万，线上成交金额超过 20 亿元，同比增长超过 400%。2013 年年底，人人贷获得 A 轮 1.3 亿美元融资，是当时互联网金融行业最大的单笔投资。

2013—2015 年为中国网络借贷快速生长期。2013 年 6 月，余额增值服务和活期资金管理服务产品"余额宝"在推出不到一周时间内，用户就超过 100 万。随着公众网上理财热情的高涨，网络借贷也从小众产品进入公众视野。这一阶段，"互联网+金融"的发展理念得到了鼓励。2014 年和 2015 年，政府工作报告均提出要"促进互联网金融健康发展"。与此相应，这段时间 P2P 平台数量激增：2014 年新增 1 991 家平台，2015 年新增 2 451 家平台，到 2015 年年底，累计出现的平台数已达到 5 121 家。从规模来看，2014 年，中国 P2P 交易总额（2 530 亿元人民币，或 380 亿美元）超过了美国（66 亿美元）和欧洲市场（39 亿美元）。2017 年，中国 P2P 交易总额达到 2.8 万亿元人民币。在这个阶段，人人贷的规模也已经做到 P2P 行业第三。2019 年，人人贷平台成交金额 231.56 亿元，相较 2018 年的 301.92 亿元同比下降 23.3%，出现明显下降趋势。

但伴随行业的快速发展，也出现了大量的问题平台。2015 年 7 月，十部委发布的《关于促进互联网金融健康发展的指导意见》标志着监管部门开始规范网络借贷业务。面对经营环境的变化，当年人人贷管理团队开始出现大批高管离职的现象,当年财新网曾对此有所报道。

2016年起,网络借贷的监管被提上日程,并建立起网贷行业"1+3"(1个《办法》、3个《指引》)制度框架。其中,2016年8月24日,四部委联合发布《网络借贷信息中介机构业务活动管理暂行办法》(简称《办法》)。根据《办法》,原银监会会同相关部门分别于2016年年底、2017年年初和2017年8月,发布了《网络借贷信息中介机构备案登记管理指引》《网络借贷资金存管业务指引》和《网络借贷信息中介机构业务活动信息披露指引》。

2017年年底,大量P2P问题平台"爆雷"和"现金贷"的猖獗引发公众广泛不满,这使得监管部门决定对P2P市场采取更为坚定的监管态度。当年12月,互联网金融风险专项整治工作领导小组和P2P网络借贷风险专项整治工作领导小组办公室下发《关于规范整顿"现金贷"业务的通知》,后者下发《关于做好P2P网络借贷风险专项整治整改验收工作的通知》,标志着P2P网贷风险整治已成为监管工作的首要任务。从那以后,市场预期变得悲观,贷方的信任度大大降低。2018年年中,新一轮网贷风险爆发,监管部门再次宣布推迟对P2P平台的备案。2018年,有超过900家平台成为问题平台。

2018年8月,监管机构发布《关于开展P2P网络贷款机构合规检查工作的通知》,并附《网络信贷中介机构合规检查问题清单》(即"一百零八条"),正式启动行业合规检查。按照监管要求,网贷机构将按照"1+3"框架,采取包括机构自查、自律检查和行政检查三部分的监管流程,对资金池、自筹资金、支付、信息披露等进行重点检查。"一百零八条"列举了合规检查重点关注的内容,如违反禁令、违反法定义务和风险管理要求、未履行对贷款人和借款人的保护义务、违反信息披露要求、关键领域违反监管要求,以及其他违反有关法律、法规和监管规定等。2018年12月,P2P网络借贷风险专项整治工作领导小组办公室发布了《关于做好网贷机构分类处置和风险防范工作的意见》(简称"175号文"),针对P2P网贷机构的风险状况进行有效分类,并明确了一一对应的分类处置方案。

从2019年开始,至少有19个省市公开宣告全面取缔P2P业务。到2020年10月,所有P2P平台都已破产或被要求启动破产清算程序。人人贷也因此在十多年内,经历了出生、发展、扩张、危机、消亡的全过程。至2020年年底,全面实际运营的 P2P 网贷机构完全归零。

三、本篇论文导读

无论是在发达国家还是中国,P2P 网络借贷一方面有促进普惠金融的潜力,另一方面也带来风险,因此金融科技在网络借贷中的作用,成为学术研究的重要话题。本篇选取的四篇论文,分别从不同角度谈到了以网络借贷为其中一种重要业态的金融科技的作用。

第一篇论文《P2P 借贷平台与银行:替代还是互补?》讨论了一个重要问题,就是金融科技驱动的网络直接借贷模式与传统的银行作为金融中介的借贷模式之间,究竟是替代还是互补的关系。这一问题虽是采用 LendingClub 数据来研究,但是在中国网络借贷发展过程中,也是重要问题。但是,要回答这一问题并不容易,因为并不能从传统金融与网络借贷是否存在此消彼长,或者是否共同变多,来判断是替代还是互补。比如,如果看到传统金融下降的同时网络借贷增加,那么既可能是传统金融被网络借贷代替,也可能是传统金融撤出后网络借贷作为补充服务出现。作者首先构建理论模型分析在银行收紧贷款标准这一外生冲击情况下,借贷行为的变化;然后以实际发生的监管变化作为外生冲击来识别因果效应,巧妙地回答了两者之间的关系问题。

文章发现对美国来说,网络借贷和传统银行之间主要是替代关系,但不应简单直接将这一结论外推到其他网络借贷市场,尤其是中国市场。这是因为中国网络借贷市场的发展背景、驱动力等均与美国有较大差别。

第二篇论文《个人投资行为中的用户界面与亲身体验》则是采用中国人人贷的数据,利用随机控制实验来分别验证信息内容与硬件设备对投资者决策的影响。这篇论文是以网络借贷为蓝本,来研究金融市场中思考速度如何影响投资决策的实证文章,也开创性地运用了随机控制实验研究移动设备对融资决策的影响及其背后机制。作者发现,投资者决策容易受到界面内容的影响,被突出的内容往往会吸引投资者的注意。对于硬件影响投资决策的具体机制,作者的实验表明其差异主要是由界面上信息内容引起而非设备本身的物理属性差异。另外,投资者在亲身经历贷款违约后,会通过放慢决策速度和更加关注信用评级来改进他们的决策。

这一研究从实验的角度看非常精巧,不过文章的结论是否可以外推到整个金融市场或者外推到未来更长一段时间值得商榷。一来,文章的研究对象是网络借贷这一从出现到消亡历时十多年、商业可持续性存疑的行业;二来文章实验对象均为重点大学的金融专业研究生,与现实中的个人投资者组成相去甚远,实验结果在现实中是否依然成立也需要有更多文献来补充验证。

第三篇论文《决定金融科技平台贷款违约的重要因素:来自 LendingClub 平台的证据》研究了金融科技贷款的违约决定因素。作者在建模贷款表现时使用了更高维度的数据集,并利用机器学习技术进行了更稳健的分析。研究的结果提供了对金融科技贷款表现的证据,也评估了对参与这个创新市场的贷方和投资者的潜在影响。决定贷款成功偿还或违约和坏账的潜在重要因素被作者分为四类:合同贷款特征、个人借款人风险特征(截至贷款发放之日)、经济环境因素(可能影响 P2P 市场和违约频率),以及那些描述投资者和贷款机构参与 P2P 贷款市场性质的因素。贷款特征是贷款金额、贷款期限(3 年或 5 年)和贷款利率。文章的贡献主要在两个方面:一是风险因素比既往研究更全面丰富;二是采用有监督学习的最小绝对收缩和 Lasso 方法,让实证分析方法更稳健。这些方法的运用值得在类似研究中借鉴。

第四篇论文《社会资本、信任和可信度:来自 P2P 借贷的证据》采用网络借贷数据,研究了一个更为宽泛的问题,也就是对社会资本影响信任程度这一现象做更为深入的机制分析。具体来说,文章将信任(trusting)这一行为与可信度(trustworthiness)加以区分,运用网络借贷中颗粒度较细致的数据,来评估社会资本如何影响借款人的可信度,以及投资人信任借款人的程度。文章对社会资本、可信度和信任均给出了相应的度量方法。实证分析显示,社会资本高的地区,借款人的可信度总体上更高;他们更容易借到款,也被认为是贷款风险较低的人群;社会资本较高地区的投资人往往也更易于信任借款人,主要体现在其投资行为也更为积极。

文章的创新之处在于运用网络借贷数据,研究了一个通常量化过程中极具挑战的问题。文章的发现虽然非常有正面意义,但是在识别中仍然存在一些可以改进的空间。例如,这些发现有个暗含的假定,就是网络借贷平台的运营自身是规范的、商业可持续的,事实上在网络借贷平台"爆雷"之后,大批投资人成为受害者,所谓高社会资本会促进借贷的结论就值得商榷。另外,可能还是存在随时间变化、但是未被模型完全控制的共同要素在影响文章的发现,例如社会资本高的地区也是经济比较发达的地区,这些地区在网络借贷未出问题时,给予该行业的扶持力度较高,这导致投资人和借款人在借贷活动中都很积极。

总体来说,本篇选取的四篇论文,从金融科技新业态与传统金融的关系、金融科技对投资行为的影响、网络借贷风险因素以及社会资本与信任这四个角度展开,每篇论文都是该方向的代表性经典著作,值得一读。

《P2P 借贷平台与银行：替代还是互补？》导读[①]

原文详见 Tang H, 2019. Peer-to-peer lenders versus banks: Substitutes or complements? [J]. The Review of Financial Studies, 32(5): 1900–1938。

一、 研究背景及研究问题

文章于 2019 年发表在 The Review of Financial Studies 上，探讨了 P2P 借贷平台和银行之间是一种替代的关系，还是一种互补的关系。这个研究问题不仅在理论上具有重要意义，在实践上也具有重要价值。

P2P 借贷平台在 2008 年金融危机前后开始出现，这些平台为个人和小企业提供了传统金融机构以外的借贷渠道。经过几年的指数式增长，在美国，P2P 借贷平台已经成为消费者的一个重要的信贷来源。根据美国信用报告机构 TransUnion 的数据，2016 年，基于金融科技的贷款在无担保分期贷款领域中占比达到 30%。

然而，人们对 P2P 平台所服务的借款人群体知之甚少。P2P 平台是满足了银行无法满足的信贷需求，还是在与银行竞争相同的客户群？这个问题对于评估 P2P 的信贷扩张(lending expansion)效应至关重要。如果 P2P 平台是银行的补充，那么它们可以通过为难以获得银行服务的借款人提供信贷渠道，提升金融体系的包容性。如果 P2P 平台与银行是替代关系，那么它们带来的信贷扩张可能只限于那些本来就可以获得银行信贷的借款人。

但是，回答这一问题的挑战在于，研究者无法观测到 P2P 借款人是否有机

[①] 本文作者：王诗卉，北京大学国家发展研究院博士研究生。

会在银行获得同等额度的贷款。具体地,研究者无法识别借款人是自愿选择在P2P平台上获取贷款,还是被银行拒绝后在P2P平台上进行借款。已有一些学者对P2P和银行的关系进行探讨,但文章巧妙地通过一个对银行信贷供给具有负面影响的外生冲击,观察冲击带来的P2P借款人质量分布的变化,来试图回答上述研究问题。作者首先通过理论模型,推导出在P2P与银行的不同关系(互补、替代、混合)下,银行收紧贷款标准,对P2P平台借款人质量分布的潜在影响;然后利用2010年美国财务会计准则委员会(Financial Accounting Standards Board,FASB)实施的一项新法规FAS166/167作为外生冲击,使用P2P平台LendingClub的数据,实证地对这些预测进行检验。

文章的研究结论表明,P2P平台是银行的替代品,它们服务的借款人群体存在高度重合。P2P平台的技术优势可能使得P2P能够专注于提供比银行更小规模的贷款,因此在这部分市场中能够作为银行的补充。

二、理论框架

为了更清楚地分析P2P平台与银行之间借款人群体特征的差异,文章推导出了一个在不同情况下,当银行信贷供给收紧时,P2P平台上贷款的数量和构成可能发生的变化。首先,假设存在一个消费信贷市场,其中银行和P2P平台相互竞争,且每个借款人具有不同的质量γ。其次,银行和P2P平台会服务于所有达到了银行和P2P平台最低质量要求的借款人,即γ^{bank}和γ^{P2P}的借款人。最后,对于同时达到了银行和P2P平台贷款质量要求的借款人,有$\alpha(\gamma)$比例的借款人会选择P2P平台。文章通过探讨完全替代、完全互补和中间情况三种不同情形下,P2P平台上贷款构成的变化,来试图回答P2P平台与银行之间关系的问题。

(一)完全替代关系

如果P2P平台与银行是完全替代关系,那么P2P和银行将具有相同的贷款门槛(lending threshold),且满足贷款门槛的借款人中有一定比例会选择P2P。因此,将满足以下关系:

$$\underline{\gamma}^{\text{bank}} = \underline{\gamma}^{\text{P2P}}; \quad 0 < \alpha(\gamma) < 1, \quad \forall \gamma > \underline{\gamma}^{\text{bank}} \tag{1}$$

因此,在冲击发生前,P2P 借款人和银行借款人的分布将如图 1(a)所示。P2P 平台与银行共同服务于达到贷款门槛的借款人,且在每一个质量水平上,都有部分客户由 P2P 平台提供服务。当冲击发生后,银行收紧信贷供给,银行的信贷门槛将相应提高,从 $\underline{\gamma}^{\text{bank}}$ 提升至 $\hat{\gamma}^{\text{bank}}$。如图 1(b)所示,深色部分的借款人将无法获得银行贷款,只能从 P2P 平台获取贷款。这样的变化将导致 P2P 借款人中,低质量借款人的密度提升。因此,如果 P2P 平台与银行是完全替代关系,银行信贷供给的收紧将导致:① P2P 贷款量的增加;② P2P 借款人质量的平均值及各分位数值下降;③ P2P 贷款量的增加只体现在较低的借款人质量区间中。

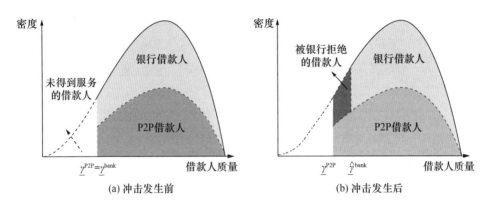

图 1 完全替代关系下的借款人质量分布

图片来源:Tang H,2019. Peer-to-peer lenders versus banks: Substitutes or complements? [J]. The Review of Financial Studies, 32(5): 1900-1938.

(二)完全互补关系

如果 P2P 平台和银行是完全互补关系,那么,将满足以下关系:

$$\underline{\gamma}^{\text{P2P}} < \underline{\gamma}^{\text{bank}}; \quad \alpha(\gamma) = 1, \quad \forall \underline{\gamma}^{\text{P2P}} < \gamma < \underline{\gamma}^{\text{bank}}; \quad \alpha(\gamma) = 0, \quad \forall \gamma \geq \underline{\gamma}^{\text{bank}} \tag{2}$$

也就是说,首先,P2P 平台的贷款门槛低于银行。这是由于 P2P 平台具有较轻的监管负担,P2P 投资者具有较强的风险偏好,且平台的运营成本相对较低。质量在 $\underline{\gamma}^{\text{P2P}}$ 和 $\underline{\gamma}^{\text{bank}}$ 之间的借款人将 100% 从 P2P 平台获取贷款,而质

量高于 $\underline{\gamma}^{bank}$ 的借款人则将100%从银行获取贷款。因此,如图2(a)所示,在冲击发生前,信贷市场存在两个不重叠的部分,分别由P2P平台和银行进行服务。而当冲击发生后,银行收紧信贷供给,银行的贷款门槛从 $\underline{\gamma}^{bank}$ 提升至 $\hat{\gamma}^{bank}$,如图2(b)所示,这将导致深色部分的借款人只能从P2P平台获取贷款。这将相应地对P2P平台的借款带来如下改变:① P2P贷款量的增加;② P2P借款人质量的平均值及各分位数值上升;③ P2P贷款量的增加只体现在较高的借款人质量区间中。

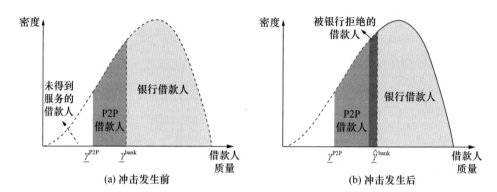

图2 完全互补关系下的借款人质量分布

图片来源:Tang H, 2019. Peer-to-peer lenders versus banks: substitutes or complements? [J]. The Review of Financial Studies, 32(5): 1900-1938.

(三) 替代与互补的中间情况

如果P2P平台和银行处于一种完全替代和完全互补的中间情况,也就是说,P2P平台在为能够获得银行贷款的人群提供了替代品的同时,也为那些无法获得银行贷款的借款人群体提供了服务。那么,将满足如下关系:

$$\underline{\gamma}^{P2P} < \underline{\gamma}^{bank}; \quad \alpha(\gamma) = 1, \forall \underline{\gamma}^{P2P} < \gamma < \underline{\gamma}^{bank};$$
$$0 < \alpha(\gamma) < 1, \forall \gamma \geq \underline{\gamma}^{bank} \tag{3}$$

如图3(a)所示,在这样的情况下,P2P平台比银行服务的借款人范围更大。而当信贷供给收紧后,如图3(b)所示,中间深色部分的借款人将只能从P2P平台获取贷款,从而带来中等质量的P2P贷款规模的增加。虽然这种变化可能对P2P借款人的平均质量没有明显影响,但通过分析借款人质量的分布频率的变化,能够对以上现象进行识别。具体地,如果P2P平台和银行处于上述中间情况,那么银行信贷供给的收紧,将导致:① P2P 贷款量的增加;② P2P 借款人质量的平均值及各分位数值的变化不明确;③ P2P 贷款量的增加只体现在中等的借款人质量区间中。

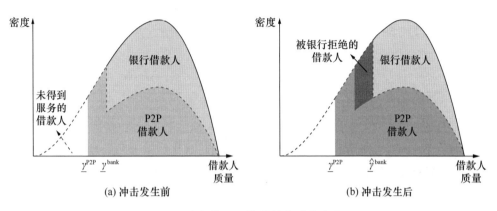

图 3 中间情况下的借款人质量分布

图片来源:Tang H, 2019. Peer-to-peer lenders versus banks: substitutes or complements? [J]. The Review of Financial Studies, 32(5):1900-1938.

总的来说,对于以上三种 P2P 平台与银行的关系,在银行信贷供给收缩后,P2P 平台的贷款总量、贷款质量和不同质量借款人的频率将发生不同的改变。总结如表 1 所示。

表 1 理论框架总结:三种不同情况

P2P 平台与银行的关系	贷款总量	贷款质量	借款人分布
完全替代关系	↑	↓	低质量增加
完全互补关系	↑	↑	高质量增加
替代与互补的中间状态	↑	不一定	中等质量增加

三、研 究 方 法

(一) 数据来源

1. P2P 借贷数据

本文使用了来自 LendingClub 的数据集,这是美国最大的在线 P2P 借贷平台。为了申请贷款,申请人会填报其姓名、地址、申请资金的用途和所需金额。该平台利用申请人的身份证件获取其信用报告的信息进行筛选,债务收入比(DTI)高于 0.35 或 FICO 分数(美国信用卡分数)低于 660 的申请人将被拒绝。对于通过这一筛选的申请人,LendingClub 会给出一个具有不同金额、期限(36 个月或 60 个月)和利率的贷款菜单。一旦申请人从菜单中选择了贷款的项目,该贷款请求就会在 LendingClub 的网站上列出,并可供投资者选择。

作者从 LendingClub 的网站上检索了 2009 年至 2012 年所有贷款申请和融资结果的详细信息。由于并不是所有的申请者都能够成功获得贷款,文章所关注的借款人,仅指提交贷款申请并成功得到贷款的人。收集的信息包括 FICO 分数、DTI、就业时间、居住城市、信用历史以及贷款表现(如已达到到期日)。最终的样本来自 880 346 份贷款申请,其中 93 159 份成功得到了贷款。平均而言,借款人平均获得 13 224 美元,FICO 分数为 711,DTI 为 0.147,约有 6 年的工作经验。平均利率为 13.3%。

2. 银行数据

利用从美国联邦存款保险公司(Federal Deposit Insurance Corporation,FDIC)获得授权的银行业绩报告(Call Reports)中资产合并的数据,作者共识别了 59 家根据 FAS166/167 合并资产的银行。然后,作者根据存款汇总(Summary of Deposits)来识别各银行的分支机构覆盖了哪些区县级市场。此外,作者还根据存款汇总中的数据,构建了一系列反映区县级市场结构的变量,包括市场集中度、小银行市场份额、国有银行市场份额和当地银行的地理多元性。

(二) 识别策略

为了对以上理论框架进行分析,文章选取了一项导致银行收紧贷款标准的监管变化作为外生冲击。2010 年,美国财务会计准则委员会实施了一项新的法规,即 FAS166/167,要求银行须将证券化的表外资产合并到其资产负债表上,并从 2011 年第一季度开始,将这些资产纳入风险加权资产。这一法规的实施,导致了银行在 2011 年总计将超过 6 000 亿美元的表外资产合并进入资产负债表,而其中超过 80% 属于消费贷款。这一会计准则的变化,通过扩大监管资本的范围,对银行的借贷行为产生了巨大的影响。已有研究表明,受影响的银行降低了它们的小企业贷款和抵押贷款的批准率(Dou,2017;Dou,Ryan and Xie,2017),同时提高了信用卡贷款的平均质量(Tian and Zhang,2018)。

在地区层面,这一法规的调整是否会对当地的信贷市场产生影响,是取决于当地银行是否受到了准则调整的影响。作者将持有表外资产的银行归为处理组银行,根据 FAS166/167 的规定,它们需要将表外资产并入资产负债表。相应地,处理组市场(treated market)则指的是至少有一家处理组银行的区县(county),其他区县则作为控制组。然后,作者对处理组市场中 P2P 借款人质量分布的变化进行研究。最终样本包括 1 908 个处理组市场和 1 025 个控制组市场,都是在区县一级定义的。所有的回归分析都控制了可能影响 P2P 信贷需求的市场特征。

(三) 模型设定

为了确定这种监管冲击对 P2P 借贷的影响,文章利用了当地市场上是否存在受影响的银行作为识别。回归方程设定如下:

$$y_{c,t} = \beta \text{Treated}_c \times \text{Post}_t + \text{Control}_{c,t} + \gamma_c + \sigma_t + \varepsilon_{c,t} \qquad (4)$$

其中,c 表示县,t 表示季度或年份(根据具体模型而定),Treated_c 是一个 0 或 1 的虚拟变量,当该县至少有一家属于处理组的银行时则为 1,否则为 0。Post_t 在 2011 年以后为 1,前面的年份为 0。γ_c 为县级固定效应,σ_t 为时间固定效应,$\text{Control}_{c,t}$ 代表其他控制变量,包括银行分支机构的赫芬达尔-赫希曼指数(HHI)、小银行市场份额、国有银行市场份额等,以及当地的人口和经济变量。$\varepsilon_{c,t}$ 表示残差项。

因变量 $y_{c,t}$ 是描述 P2P 借贷情况的变量。第一组因变量将对 P2P 借款量进行衡量,用于检验对数量的影响;第二组因变量则对 P2P 借款人的质量进行衡量,用于检验对质量以及分布频率的影响。

四、研究发现

(一) 对借款量的影响

如前所述,无论 P2P 平台和银行是互补关系还是替代关系,银行贷款标准的收紧都会引起P2P借款量的增加。作者首先直观地展示了法规变化前后,处理组市场和控制组市场在P2P借款总额和笔数之间的差异。如图4所示,在冲击前,处理组市场和控制组市场之间的P2P借款量没有显著的差异。但在2010年第四季度后,P2P的申请和发放量在处理组市场中明显增加。

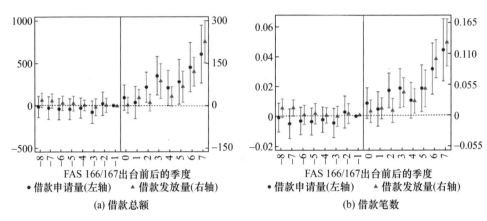

图4 法规变化前后处理市场和控制市场在P2P借款总额和笔数之间的差异

其次,基于回归分析,作者发现,与图4中的发现一致,相对于控制组市场,处理组市场在P2P借款的申请上平均增加了1 108美元,相当于冲击前平均水平的25.3%,平均每1 000名居民增加了0.07份贷款申请,相当于冲击前平均水平的38.7%。总而言之,关于P2P借款量的分析表明,当银行削减信贷市场供给、收紧贷款标准时,确实有一些借款人从传统信贷市场转向了P2P。

(二) 对借款人质量的影响

在对P2P借款人质量的分析方面,作者使用借款人质量的分布情况变化以及各质量水平段中借款人频数的变化进行分析。

首先,在质量的分布方面,如前所述,如果P2P平台和银行是替代关系,那么冲击引起的银行信贷减少应该导致:① P2P借款人的平均质量下降;② P2P平台各分位数质量水平的下降。如果是互补关系,则相反。作者的实证分析表明,当使用FICO分数进行质量的衡量时,相对于控制组市场,那些处理组市场的P2P借款人的质量无论在各分位数水平上还是平均值上,都有所下降。这与P2P平台与银行是替代关系的预测相一致。

其次,在各个质量水平的借款人频数方面,如果P2P平台和银行是替代关系,那么对P2P信贷需求的增加将主要来自低质量的借款人,从而将导致分布中低质量水平区间中借款人数量的增加,否则相反。作者基于对FICO分数为650至850的借款的研究发现,如果将其按照每20分一个区间划分为十组,则这种P2P借款量的增加是由最低三个FICO分数区间,即650至710的借款人推动的。具体地,在FICO分数为650至710的区间内,每1 000个居民的P2P借款数量增加了0.013,是冲击前的1.9倍。而在FICO分数在710以上的区间中,借款数量则没有显著的增加。这一发现也与P2P平台与银行是替代关系的预测相吻合。

总的来说,本节的结果表明,在银行收紧贷款标准之后,P2P平台在低质量借款人中的发放量有所增加。这一结果与P2P平台是银行的替代品的预测相一致。

(三) 在贷款额度上的互补性

上述分析表明,在借款人质量方面,P2P平台和银行是替代关系。但它们还可能在信贷供给的其他方面存在互补关系,特别是在所提供贷款的规模方面。因为P2P平台主要使用基于互联网的贷款流程,相比银行具有成本优势,因此更可能专注于提供较小额度的贷款。

作者采取了类似的方法,分别检验了冲击对于P2P借款额度的分布情况影响,以及各额度区间中借款人频数的影响。结果发现,在冲击后,处理组市场的平均单笔贷款额度增加了1 066美元,各分位数的贷款额度也都有所增加。此外,冲击后贷款的增加,主要发生在较高额度的区间内。因此,以上结果说明,P2P平台通过为寻求小额贷款的借款人提供服务,与银行形成了互补。

五、 文章结论与未来展望

2008年金融危机后,P2P借贷在美国的迅速兴起,引发了关于其对消费信贷市场影响的讨论。具体地,P2P平台是仅仅替代了银行原有的角色,还是填补了服务不足的信贷市场空白？文章利用一个导致银行收紧贷款条件的负面冲击，通过分析 P2P 平台借款量及借款人质量的变化，对这一问题进行了研究。文章发现，当市场遭受该冲击后，P2P 借款量将扩大，但 P2P 借款人群体的质量会出现下降。这一结果表明，P2P 平台和银行是替代关系，P2P 平台服务的是银行本来就覆盖的客户群体。但与此同时，研究也发现，在提供单笔贷款的额度上，P2P 平台确实通过提供小额贷款来对银行所提供的服务形成补充。

总的来说，文章探讨的问题不仅具有重要的理论意义，也具有实践以及政策启示。此外，文章在研究设计以及理论推导的方式上，都非常值得学习和借鉴。在中国的情境下，也可以通过寻找类似的外生冲击，对银行与金融科技新兴业态之间的关系进行探究。

论文评价

文章巧妙地选取了一个对银行的信贷供给具有负向影响的外生冲击，并通过理论推导非常清晰地探讨了如果 P2P 平台与银行是完全替代关系、完全互补关系以及中间状态下，这种外生冲击可能导致的 P2P 平台借款量以及借款质量的变化。这种较为巧妙的研究设计，一定程度上解决了无法观测到 P2P 借款人是否有机会在银行获得同等额度贷款的问题，对现有研究提供了补充。

但是，文章讨论的仅是无担保的消费贷款市场，P2P 是否对其他的贷款市场具有影响，仍有待讨论。另外，由于 LendingClub 本身在初步筛选上就具有与银行类似的"门槛"，即 FICO 分数大于 660、债务收入比小于 35% 等，这一因素也可能影响文章所发现的 P2P 平台与银行为替代关系这一结论。也就是说，这一结论可能与 P2P 平台本身的设计密切相关。如果 P2P 平台不进行初步筛选，而是由投资者和借款人自由在平台上进行匹配，可能会有不同的结论。最后，文章只关注了冲击发生前后，P2P 平台上借款量、借款人质量以及借款额度的变化，但利率差异的影响并未被纳入考量。从文章的描述性统计可以看到，借款人的利率从 5.4% 到 24.9% 不等。P2P 平台与银行之间的利率差异以及 P2P 平台上不同额度、不同期限贷款之间的利率差异，也可能导致借款人质量以及贷款额度的变化,这也值得进一步分析。

从美国 LendingClub 发展过程看,P2P 借贷平台和银行之间虽然有一定的竞争,但互补的关系更加值得肯定。例如,P2P 平台主要服务于那些急需资金或者缺乏信用记录、难以获得银行贷款的客户,而银行则主要服务于信用较好的客户。此外,P2P 平台在小额贷款和短期贷款方面具有优势,而银行在大额贷款和长期贷款方面更具竞争力。因此,两者可以在不同的市场细分领域共同发展,其实服务了不同的用户群体。当然,文中并没有考虑金融科技的发展和监管政策的调整,这对于上述关系会产生重大的影响。新兴业态对传统模式的替代或互补是永恒的话题,尤其在科技发展迅速、市场环境不断变化的背景下。随着科技和社会的发展变化,新旧两者的关系可能会不断调整。在这个过程中,发挥各自优势,寻求合作和互补,将有助于实现共赢发展。

原作者简介

Huan Tang,现任伦敦政治经济学院金融系助理教授,研究方向为金融科技、数字经济、银行以及家庭金融。她于 2020 年博士毕业于法国巴黎高等商学院,师从金融学教授 Johan Hombert。Huan Tang 获得了 2020 年 AQR 顶级金融研究生奖,该奖项每年奖励全球 6 位最佳金融学博士毕业生。2021 年,Huan Tang 的毕业论文"Three Essays in FinTech"获得了法国金融协会颁发的 2021 最佳公司金融博士论文奖。

《个人投资行为中的用户界面与亲身体验》导读[①]

原文详见 Liao L, Wang Z, Xiang J, et al., 2021. User interface and firsthand experience in retail investing [J]. The Review of Financial Studies, 34(9): 4486–4523。

一、研究背景

金融科技从根本上改变了家庭金融行业。这一趋势有两个特点:第一,虽然这个市场的总规模很大,但单一的财务决策涉及的金额往往很小,而且往往没有太多时间考虑。投资者在做出此类财务决策时在很大程度上依赖简单的决策规则。第二,大部分零售金融正在转向移动渠道,随着新领域完全在移动平台上开发,人们对移动渠道的使用可能会迅速增加。人们如何对触手可及的信息做出反应?这种变化的影响是移动设备本身的物理属性(例如,小尺寸、触摸屏、浏览困难)造成的,还是由移动应用程序的信息内容决定的?厘清这些机制对研究移动投资时代的财务决策过程具有重要的政策含义。然而,现实生活中人们获取的信息内容与设备的物理特性密切相关,这将对实证分析造成巨大挑战。

文章利用"人人贷"P2P平台来研究投资者的金融行为,在该市场中个人投资者对个人借款人列出的无担保小额贷款进行投标。该平台的两个独特功能使其成为分析前文提出问题的理想选择。首先,平台市场很大,但每笔投资都很小,决策很快。2017年,中国P2P市场的总规模为2.8万亿元人民币

[①] 本文作者:魏薇,北京大学国家发展研究院博士研究生。

(1美元价值约人民币7元)。在文章样本期内,人人贷的累计贷款本金超过7亿元人民币,而投资规模中位数只有500元。由于平台贷款利率远高于银行存款利率,在贷款人风险可控的前提下该平台产品对于投资者具有较强的吸引力。因此,该平台上的贷款可以快速获得资金,样本中25%的贷款在42秒内完成,90%在8分钟内完成。人人贷记录所有交易的时间戳可用于衡量投资者的决策时间,以分析时间压力下的投资决策。

文章设计了随机控制实验来分别验证信息内容与硬件设备对投资者决策的影响。例如,作者在不同设备(手机或电脑)上采用相同界面以检验设备本身对投资决策的影响,在相同设备上对界面加以调整来检验不同信息对投资决策的影响。此外,作者还对上述实验中不同投资结果的投资者进行对比,以探究"是否亲身经历违约"对后续投资决策的影响。文章发现,时间压力使得投资者专注于利率,在其决策中仅部分考虑信用评级,这一现象在使用移动设备的投资者中表现更明显。实证结果表明,这种变化是由界面上信息内容的差异引起的,而不是设备本身物理属性的差异。同时,投资者在亲身经历贷款违约后,会通过放慢决策速度和更加关注信用评级来改进他们的决策,观察到其他人经历违约则不会有这种影响。

二、 研究问题与核心假设

文章主要研究的问题为投资者的决策时间、信息偏好是由设备的物理属性决定的,还是由信息内容决定的。

文章假设在时间压力下,投资者的注意力会被利率所吸引,而对于其他信息,他们只会部分考虑,例如借款人的信用评级。这一假设是出于以下两个考虑:首先,人人贷保证如果借款人未能按月还款,它将在31天内偿还投资者未偿还的贷款本金。因此,当违约发生时投资者最多损失2个月的利息。由于人人贷评级优良,而且对每笔融资贷款收取前期服务费和管理费,这种担保是可信的。Kahneman and Tversky(1979)的研究表明,本金保证对厌恶损失的投资者特别有吸引力,这进一步减少了分析信用风险的必要。其次,利率在交易界面中被突出显示,字体偏大且显示在屏幕顶部和中央,更加吸引投资者的注意力。相比之下,信用评级则以小字体显示且位置不显眼。因此,投资者的注意力自然会被利率所吸引,他们可能会忽略不那么重要的信息,例如借款人的信用评级。

文章还认为,亲身经历违约与旁观他人经历违约对于投资决策的影响不同。这一假设主要基于 Malmendier and Nagel(2011,2016)的研究,研究指出人们倾向于根据历史信息中的亲身经历形成预期,而不是基于所有历史信息。

三、数　　据

作者于 2016 年 3 月 10 日从人人贷平台中提取数据,主要样本跨度为 2012 年 9 月 1 日至 2014 年 12 月 31 日。样本不包括 2012 年 9 月 1 日之前产生的贷款,因为人人贷没有记录在此日期之前的融资过程的开始时间。样本也不包括 2014 年 12 月 31 日之后产生的贷款,因为在提取数据时这些贷款中的大部分还款状态尚不可用。文章的主要样本包含由 205 724 笔投资支持的 10 385 笔贷款,对应于 25 314 名独立投资者。

样本中贷款利率的平均值和中位数分别为 12.70% 和 12.00%。贷款金额平均值和中位数分别为 25 372 元和 14 000 元。贷款期限为 3~36 个月,平均值为 10.3 个月,中位数为 9 个月。每笔贷款的投资者数量平均数和中位数分别为 19.8 和 14。贷款人违约风险分组从最低到最高分别为 AA、A、B、C、D、E 和 HR,其中 71.2% 的人人贷贷款被归类为具有高违约风险(HR),而 87.3% 的借款人为男性。借款人的平均年龄和中位数年龄分别为 32.9 岁和 32 岁。约三分之一的借款人拥有本科以上学历,56.7% 的借款人拥有 3 年以上工作经验。在财务上,41.3% 的借款人月收入超过 10 000 元。虽然 55.5% 的借款人拥有房产,40.8% 拥有汽车,但只有 21.7% 的借款人有抵押贷款,只有 8% 的借款人有未偿还的汽车贷款。

四、基 准 回 归

首先,文章将每笔贷款筹集完成的时间对其贷款利率进行 OLS 回归,探究投资者的利率敏感性。回归中还控制了贷款者的风险等级(高风险取 1,否则取 0)、贷款金额、期限、贷款人性别、年龄、教育程度、工作年限、收入水平、贷款人是否有住房、汽车、房贷、车贷,以及市场利率、无风险利率;同时控制了各种时间固定效应和平台是否认证了贷款人信息的固定效应。

此回归中利率系数的估计值为 -40.23（$t=-5.59$）,即利率每增加1个标准差（即2.20%）,贷款筹齐时间将减少89秒。相比之下,风险等级的系数估计值为-27.50（$t=-0.70$）。保持其他一切不变,如果投资者避免投资高风险评级的贷款,这个系数将是正数而不是负数。因此,文章证据不支持在其他条件不变时投资者不愿投资于高风险贷款的观点。

如果信用评级信息完全反映在利率中,即使投资者没有忽视信用评级中的任何信息,风险等级系数也会不显著。然而文章发现,信用评级中的信息并未完全反映在利率中:即使在控制利率之后,信用评级也可以预测贷款表现（内部收益率）。此外,贷款金额系数显著为正,因为较大的贷款需要更长的时间来融资。投资者对借款人的教育水平也做出了反应,如硕士及以上学历的系数为 -197.98（$t=-3.00$）,这表明如果借款人拥有研究生学位,其贷款将被认为风险较小并且可以更快地获得资金。

为检验平台兑付本金的影响,作者将因变量换成贷款的内部收益率来探究贷款利率与投资者收益的关系。若兑付本金使得投资者更加关心贷款利率,此回归中贷款利率的系数应显著为正。贷款内部收益率为满足下列公式的利率:

$$贷款金额 = \sum_{t=1}^{T} \frac{还款_t}{(1+利率)^t}$$

其中,t 为每个还款日期,T 为最后一笔还款日期,还款可以是按时还款、提前还款或平台兑付还款。事实上,贷款利率的回归系数为0.794（$t=30.27$）,即贷款利率每增加1%,内部收益率将增加79个基点。这一证据证实了文章的假设:在快速决策的压力下,人人贷投资者对贷款利率的依赖是理性的。控制贷款利率的情况下,风险等级仍然与贷款表现负相关,其系数估计值为 -1.068（$t=-19.95$）。也就是说,在其他条件相同的情况下,高风险贷款的平均内部收益率比其他贷款低1.068%。这与"信用评级中的信息没有完全反映在贷款价格（即利率）中"的解释是一致的。文章对贷款违约率也做了上述回归,得到了一致的结论。

其次,文章将每个投资者的决策时间等变量对其使用设备的虚拟变量进行回归,若投资者使用手机应用进行投资取 1,用电脑端投资则取 0,同时控制投资者固定效应和时间固定效应。结果显示,使用手机应用的投资者平均比电脑端投资者在决策时间上少用约 100 秒。类似的,文章还将每笔贷款中使用手机应用进行投资的金额比例对贷款利率进行回归,同时控制其他贷款人特征变量和时间固定效应。回归发现,贷款利率与使用手机应用进行投资的金额比例显著正相关。

再次,文章将贷款利率、信用评级等变量对投资者前三个月中是否经历过违约这一虚拟变量进行回归,是则取 1,否则取 0,同时控制投资者和时间固定效应。统计描述显示,经历过违约的投资者决策时间平均为 635 秒,而没有经历过违约的投资者平均决策时间为 93 秒。回归结果则显示,经历过违约的投资者相比于没有经历过违约的投资者选择的贷款利率高出 3.5 个基点,但选择高风险评级贷款的可能性降低了 3.1%。这些回归结果均与文章的关键假设一致。

五、 实验与研究结果

接下来作者设计了随机控制实验来探究用户界面与用户亲身经历对上述决策特征的影响。作者从清华大学和南京大学招募了共计 400 余名受试者,进行了 4 项随机控制实验。每项实验中受试者都被要求从 5 笔贷款中选择 1 个贷款进行投资,其中包含 3 笔高风险贷款(1 笔发生违约)和 2 笔全额偿还的非高风险贷款。这 5 笔贷款的高风险贷款比例和违约率与全部样本相当。做出投资决策前,受试者接受培训以了解人人贷的机构背景和实验流程,并有 30 分钟研究给定的 50 笔贷款,实验要求受试者考虑哪些类型的贷款可以带来更高的回报、哪些类型的贷款可能会违约,期间禁止交流。每项实验的不同分组均在不同房间进行(不同分组受试者特征对处理变量的回归结果显示分组保证了随机性),结束后受试者回答以下问题:

(1) 你在决策中最看重的因素是贷款的:A. 利率;B. 期限;C. 金额;D. 信用评级;E. 其他。

(2) 直觉得分:你在决策中多大程度上依赖直觉(1—7 由低到高)。

第一项实验用于验证时间压力对投资者决策的影响,其中处理组需在 42

秒内做出选择,对照组要求至少花180秒做出决定。结果表明,面对时间压力处理组的受试者更关注利率。处理组中的受试者选择利率作为最重要因素的可能性高出31.8%,选择信用评级作为最重要因素的可能性降低了25.4%。时间压力似乎对受试者对贷款金额和期限的关注没有影响,但时间压力使处理组的受试者报告的直觉得分提高了1.16($t=2.79$),占平均直觉得分4.26的27.2%。因此,受试者对利率的依赖和对其他信息的忽略的确部分来自于时间压力。

第二项实验用于验证设备的物理属性对决策的影响,受试者被分成三组,"移动组"使用手机客户端进行投资,"移动电脑组"在电脑上使用手机客户端界面进行投资,"电脑组"使用电脑客户端投资。随后,作者将前述的问题结果对分组虚拟变量回归,同时控制投资者特征,发现相对于"电脑组"受试者,"移动组"受试者选择利率作为其决策中最重要因素的可能性要高27%,而"移动电脑组"则与"移动组"在看重利率方面没有显著差异。从投资结果来看也是如此,"移动组"选择的贷款利率显著低于其他两组。因此,当浏览相同内容时,设备对于投资者决策没有显著影响。

第三项实验用于检验界面中字体的突出显示对投资者决策的影响。受试者分为三组,均在电脑端进行投资,第一组使用原始电脑界面(控制组),第二组将界面中利率字体缩小并从中间位置移动到旁边,第三组将界面中信用评级字体放大、用突出颜色显示,并移动至中间位置。类似的,作者将问题结果对上述分组虚拟变量进行回归,发现相对于控制组,第二组(小利率组)受试者选择利率作为其决策中最重要因素的可能性要低19%,而第三组(大评级组)受试者选择信用评级作为其决策中最重要因素的可能性要高24%。同时,第三组受试者选择高风险评级贷款可能性更低,选择的贷款利率也更低。这表明投资者受用户界面信息是否显眼的影响十分显著。

第四项实验用于检验亲身经历对投资决策的影响,每个受试者进行两轮投资。类似的,作者依然将问题结果和投资结果分别对投资者特征回归,将第一轮投资是否经历违约作为关心的自变量,同时控制固定效应。结果表明,相对于第一轮没有被违约的被试者,被违约者选择利率作为第二轮投资最重要因素的可能性要低41%,选择信用评级为最重要因素的可能性上升42.2%,选择高风险评级的可能性下降54.5%,选择的贷款利率平均下降1.8个百分点。这表明亲身经历违约会使投资者更加规避风险。

六、总结与展望

文章分析了投资者如何在没有太多时间考虑的情况下在金融市场上做出决策。在时间压力下,线上P2P借贷市场的投资者似乎只关注利率而一定程度上忽略了信用评级等其他信息。这个经验法则几乎是最优的,因为利率和贷款表现在这个市场上是高度相关的。尽管信用评级中包含的信息可以帮助提高收益,但幅度仅为每年1%左右。

文章的实验证据表明,与使用电脑操作的投资者相比,使用移动设备的投资者更可能关注利率。进一步的分析表明,这种差异的来源是界面信息内容的差异,而不是设备物理属性的差异。此外,当信用评级信息在界面中变得更加突出时,它会促使投资者更加关注信用风险,从而影响他们的投资决策。最后,决策规则受投资者亲身经验的影响:在亲身经历贷款违约后,投资者往往会增加决策时间,避免风险贷款。相比之下,观察其他人经历违约的影响可以忽略不计。该研究为如何设计线上金融市场的用户界面以改善金融市场的决策提供了参考。

论文评价

文章数据独特,实验设计严谨,是第一篇研究金融市场中快速思考对投资决策影响的实证文章,也是第一篇利用随机控制试验研究移动设备对融资决策的影响及其背后机制的文章,对于研究数字技术发展与金融市场参与者行为变化之间的关系具有重要意义。具体而言,一方面,投资者决策容易受到界面内容的影响,被突出的内容往往会吸引投资者的注意,为保护投资者利益,监管部门对各个机构的用户界面设计应增加关注,避免投资者被误导;另一方面,P2P平台的刚性兑付条款可能是使得投资者不理性行为增加的重要因素,也是平台最终发生大量违约的重要原因,为防范金融市场风险,监管部门需对金融产品创新严格把关。据人人贷官方统计,截至2020年9月30日,平台借贷余额约250.5亿元,借贷余额笔数6 001 711笔。自2020年10月起,平台开始暴露风险,出现兑付困难情况,11月起平台为有紧急资金需求的出借用户上线了应急转让通道,可以按本金6.5折、没有利息的价格自愿出售。此后,人人贷开始了漫长的债务清退,虽然本金折扣有所提升、挤提有所缓解,但至今仍有大量债务等待化解。

文章整体构思巧妙,实验设计合理,但仍有改进空间。首先,文章采用了代表性P2P平台数据,这一产品的参与群体有较强的特殊性。尤其在监管不足的初期,参与者投机情绪较强,与其他金融产品投资者相比可能更不理性,这一特点使得文章结论对整个金融市场的普适性有所削弱。其次,文章实验对象均为重点大学甚至是清华大学金融专业研究生,与现实中的个人投资者组成相去甚远,投资理性程度也相差较大,实验结果在现实中是否依然成立有待商榷。若将被试者更换为随机抽样的人群可能更有说服力。

原作者简介

廖理(L. Liao)是清华大学五道口金融学院常务副院长、金融学讲席教授、博士生导师,国务院政府特殊津贴专家,兼任清华大学金融科技研究院院长、《清华金融评论》主编。

王正位(Z. Wang)是现任清华大学五道口金融学院党委副书记、副院长、副教授、智慧金融研究中心主任,清华大学金融科技研究院副院长。研究领域包括金融科技、消费金融等多个领域,研究成果被接收于《经济研究》《金融研究》《管理世界》《管理科学学报》、*The Review of Financial Studies* 等多个期刊。著有学术专著《金融科技研究:前沿与探索》等。

炎宏军(H. Yan)是德保罗大学教授,于2005年毕业于伦敦商学院,获博士学位。曾执教于耶鲁大学和罗格斯大学,研究领域主要集中于资产定价,尤其是市场摩擦与行为金融。

杨珺(J. Yang)是印第安纳大学凯莱商学院金融学副教授,研究方向为公司契约、公司金融、公司治理及高管薪酬,曾于 *The Review of Financial Studies* 和 *Journal of Financial Economics* 等期刊发表文章。

向佳(J. Xiang)是清华大学五道口金融学院应用经济学博士,研究领域主要为金融科技和行为金融。

《决定金融科技平台贷款违约的重要因素：来自 LendingClub 平台的证据》导读[①]

原文详见 Croux C, Jagtiani J, Korivi T, et al., 2020. Important factors determining FinTech loan default: Evidence from a LendingClub consumer platform [J]. Journal of Economic Behavior & Organization, 173: 270-296。

一、研究背景

P2P 或市场借贷(MPL)中的消费贷款市场已成为改变整个金融格局的重要创新，金融科技通过匹配贷款人和借款人，试图消除多余的金融中介机构。之前大多数关于金融科技借贷的文献都关注对消费者的信贷准入、公平借贷、消费者隐私等方面的影响。金融科技 P2P 贷款始于个人贷款领域，现在也已扩展到小企业贷款(SBL)、汽车再融资和抵押贷款，这些也都成为研究方向。还有一些研究探讨了金融科技贷方使用非传统数据的作用以及对信贷定价的影响。对于这篇文章研究的金融科技贷款的表现和违约风险，一些现有的研究已经进行了检验：Carmichael(2014)应用离散时间风险模型来分析 2007—2013 年 LendingClub 贷款问题的样本；Serrano-Cinca, Gutierrez-Nieto and López-Palacios(2015)使用 2008—2014 年从 LendingClub 在线平台获得的 24 449 笔个人贷款作为样本，检验违约决定因素；Emekter et al. (2015)研究了 61 451 个 LendingClub 发行合同的贷款表现；Djurovic(2017)也使用 LendingClub 数据对贷款风险进行研究。

[①] 本文作者：陈妍汀，北京大学国家发展研究院博士研究生。

《决定金融科技平台贷款违约的重要因素:来自LendingClub平台的证据》导读

二、 研究问题与核心假设

文章研究了金融科技贷款的违约决定因素,作者在建模贷款表现时使用了更高维度的数据集,并利用机器学习技术进行了更稳健的分析。研究的结果提供了对金融科技贷款表现更深入的洞察,并评估了对参与这个创新市场的贷方和投资者的潜在影响。文章的贡献主要在两个方面:首先包含了比之前研究更全面的风险因素,由于个人财务状况报告的变化,LendingClub提供了更详细的统计数据;其次进行了更稳健的分析,其中包括一种机器学习过程,即监督学习的最小绝对收缩和Lasso方法,这种方法可以在大量潜在的贷款违约决定因素中找到重要的变量。

三、 数据与方法

作者利用了多个来源的数据并适当地将它们合并来构造数据集,随后对合并之后的数据采用逻辑回归进行分析。所有关于贷款特征和借款人特征的信息都来自LendingClub网站,作者使用了2007—2018年共1 345 549笔个人无抵押分期贷款观测值,有两种不同的期限(3年或5年)。这些变量包括合同贷款特征、申请人特征、机构投资者特征和其他相关统计数据等信息。除了LendingClub提供的数据,文章使用的数据还包括来自各种数据源的地方经济变量:圣路易斯联邦储备银行提供的统计数据用于获取有关现行每日国库券利率的信息;国际标准职业分类(ISCO-08)用于根据求职者的工作领域对其进行分类,根据该标准,作者将每位申请人归入十个基本职业类别之一;从美国国税局(IRS)获取申请人在可用年份中每个县/邮政编码区域的平均应税收入的变量,由于LendingClub以3位邮政编码报告借款人的地址(位置),因此可以计算每个3位邮政编码的平均应税收入;芝加哥期权交易所(CBOE)及其全球市场部分提供波动率指数(VIX)的每日价值;美国商务部经济分析局(BEA)提供县级当前地区生产总值和实际地区生产总值变量,能够将县转换为3位数的邮政编码级别,在美国有3 142个县共929个3位邮政编码。同时作者从网站下载罗素2000指数的每日回报水平来代表市场表现。

该研究的关键变量个人贷款的违约率平均为批准贷款的20%(在所有FICO范围内),2007年至2018年违约的贷款为268 043笔。P2P贷款的时间分布表明,2008年至2014年,金融科技贷款数量逐步单调增长。2014年发放的贷款达到433 872笔的峰值,然后开始下降。与2014年相比,贷款量的下降主要反映了这样一个事实,即分析中只包括了明确结束决议的贷款,并不表明LendingClub平台的整体发放量有所下降。例如,2014年年底发放的5年期贷款在研究时仍未做出决议,因此未包含在样本中。

作为申请人风险特征的关键变量,风险溢价为贷款的年利率(APR)与匹配的国库券利率之间的差值,从2007年到2013年单调增加,当达到14.42%的峰值后下降。如果将小额信贷视为可比的P2P贷款的前身,那么与小额信贷约30%的风险溢价相比,金融科技贷款的风险水平较低。当地经济环境相关的各种变量中,GDP增速在1.65%到2.59%之间,观测期平均为2.13%。贷款申请人是不是房主是另一个关键变量,大约50%的LendingClub贷款申请人拥有房屋,这低于之前文献中报告的结果以及圣路易斯联邦储备银行2018年年底公布的64.30%;大约40%的申请人是租房居住的。贷款的目的中,有两个类别在频率上脱颖而出——信用卡还款和债务合并,它们加起来约占2007—2018年通过该平台发起的所有贷款的80%。在根据更细分类特征对违约贷款进行画图时,发现整体来看同一年中评分越低,坏账率越高;同一年中利率越高,坏账率越高;平台给出的风险越低,平均利率水平越低。

决定贷款成功偿还还是违约和坏账的潜在重要因素被作者分为四类:合同贷款特征、个人借款人风险特征(截至贷款发放之日)、经济环境因素(可能影响P2P市场和违约频率),以及那些描述投资者和贷款机构参与P2P贷款市场性质的因素。

最重要的合同贷款特征是贷款金额、贷款期限(3年或5年)和贷款利率:平均贷款金额为14 370美元,平均贷款期限为41.8个月,平均年利率为13.37%。借款人的这些特征变量由借款人自行报告,并且越来越频繁地由LendingClub进行验证,其中包括截至申请日期的就业记录、年收入以及各种财务状况和信用特征。平均而言,62%的申请人拥有不到10年的工作经验,平均收入为75 582美元,平均债务收入比约为18%。有趣的是,在过去两年内,32%的申请人拖欠了其他贷款。平均申请人拥有近6年(平均70.5个月)

《决定金融科技平台贷款违约的重要因素:来自 LendingClub 平台的证据》导读

的信用记录,平均信用额度为 11.58,信用利用率为 52.8%。市场借贷机构收集的所有这些个人信息非常重要,因为从过去的金融学研究中,可以认识到个人金融信息和经验会影响风险承担水平。一组宏观经济变量解释了观测期间当地市场周围的环境,平均而言通过 LendingClub 消费平台发起的个人贷款的风险溢价为 12.94%。这些贷款中有 54% 完全由机构投资者而不是个人投资者提供资金。

接着,作者根据贷款样本的支付表现将贷款样本分为两部分:违约与坏账(268 043 笔贷款)和全额支付(1 077 550 笔贷款)。平均而言,较大的贷款更易出现违约与坏账,即坏账的贷款比全额还款的贷款金额大,违约贷款的平均发放金额为 15 475 美元,而良好贷款的平均发放金额为 14 119 美元。正如预期的那样,坏账贷款申请人基本上被确定为风险更高,他们需要支付更高的风险溢价。如果考虑到风险较高的借款人通常支付更高的费用,这两种利率之间的差异可能会更大。此外,根据期限选择报告贷款的分布时发现给定年份申请 3 年期贷款多于 5 年期,长期贷款与更高的违约可能性有关。对此的一种解释是,期限越长,个人财务状况受到各种冲击的时间间隔越长。具体而言,40% 的违约贷款为 5 年期,60% 为 3 年期。除偏好较长期限的贷款外,最终拖欠贷款的借款人自我报告的收入也较低(为 69 678 美元,全额还清的借款人自我报告收入为 77 059 美元),最近拖欠的比例较高(为 35%,偿清的为 31%),并且在过去 6 个月中接受了更多的信用调查。违约者未结信用额度平均数较高,负面公共记录平均数较高,总循环额度较小,平均信用利用率较高,支付更多滞纳金(平均 12% 的费用,相比之下全额还清的仅为 2%),且平均信用账户数量较高。违约者所有银行卡账户使用率超过 75% 的比例在统计上更高,公开破产记录数量更高,税收留置权数量更高。在宏观经济指标方面,最终拖欠贷款的贷款申请人的子样本显示,风险溢价比全额还清贷款的申请人高出近 3%。此外,违约借款人居住在当前和实际地区生产总值水平较低的县、地区生产总值年增长率较低的县,并且他们生活在较低收入的社区。

作为确定违约决定因素的第一步,作者将使用贷款支付状况的虚拟变量作为因变量,将合同贷款特征、个人申请人特征、宏观经济变量和机构投资者风险特征作为自变量。在逻辑回归中使用的最终样本包括 1 064 490 笔贷款,其中每个自变量都有一个观测值(无丢失)。

四、研 究 结 果

逻辑回归的结果表明,就合同贷款特征而言,违约的最重要决定因素似乎是贷款期限。研究发现即使在控制了其他风险特征和经济环境之后,决定获得长期贷款(5年期)的人也更有可能违约。同样逻辑回归的结果也证实,即使在控制了所有其他相关风险特征之后,被LendingClub收取较低利率的借款人实际上风险也更低,违约的可能性也更小。贷款目的也可以在确定违约方面发挥作用,如果贷款用于为小企业提供资金,则违约概率会增加;而如果贷款的目的是为婚礼支出提供资金,则违约的可能性会降低。上一年度报告收款水平(不包括医疗费用)越高,违约概率越高。此外,与联合申请相比,单独申请贷款的借款人违约的可能性更高。最重要的是,结果表明LendingClub用于预测借款人违约可能性的模型准确地反映在LendingClub分配的信用评级中——A(最佳)至G(最差)。研究发现,被归类为最高分的A级、B级和C级的申请人表现出较低的违约概率。这三个分项的系数大小单调递增,说明A级借款人的违约概率低于B级借款人,B级又显著低于C级。结果证实,LendingClub在评估借款人及其违约可能性时拥有正确的风险评估工具。

贷款发放时的借款人特征对贷款表现也有影响。属于专业人员的借款人违约的可能性较低。尽管统计显著性水平较低,但对于被归类为协理专业人员(associate professional)的申请人也报告了类似的结果。即使在控制了其他风险特征和经济环境之后,属于初级职业、机器操作员和装配工、服务和销售工人以及手工艺和贸易工人等类别的工人也都表现出更高的违约可能性。住房状况也会影响违约的可能性,作为房主(或有未偿还抵押贷款)的借款人违约的可能性较低,而作为承租人的借款人违约的可能性增加。过去两年债务收入比较高或信用调查较多的借款人更有可能违约。分析中系数最高的变量是记录申请人是否曾经支付滞纳金的变量,显然对于近期常常为他们的信用账户支付滞纳金的申请人来说,违约的可能性要高得多。宏观经济状况也会影响申请人违约的可能性,系数较高的宏观经济变量是罗素2000指数的回报,这意味着在控制了贷款和借款人的所有风险特征后,该指数的正回报与整体违约可能性的增加有关。同时结果还发现完全由机构投资者提供资金的贷

《决定金融科技平台贷款违约的重要因素:来自 LendingClub 平台的证据》导读

款违约的可能性更高。

为了进一步提高预测精度和变量选择精度,作者使用 Lasso 选择方法来帮助简化变量集。在最初的 99 个自变量集中,Lasso 选择方法只选择了 58 个要包括的变量。

接着,作者应用筛选后的自变量集进行逻辑回归,共有 1 095 012 笔个人贷款,其中因变量为是否违约,自变量为 Lasso 方法选择的 58 个独立变量,这些变量描述了合同贷款特征、借款人特征、宏观经济条件和机构投资者的参与。回归结果发现,大多数在基准逻辑回归中显著的变量继续保持显著,且经济显著性有所改进。回归结果中合同贷款特征结果显示了与之前回归结果中相似的系数和方向,而贷款目的对违约可能性的影响的统计显著性有所增加,几乎所有的贷款目的在 1% 的水平上都具有统计显著性。如果贷款的目的是为以下目的提供资金,则违约可能性会增加,包括房屋装修、大宗购买、医疗相关费用、小企业相关费用和搬家费用。相反,当贷款用于融资时,违约的可能性会降低,包括购买汽车、偿还信用卡债务、与购房相关的融资以及为婚礼支出融资。与先前未选择变量时的回归结果类似,当申请人在过去一年中不包括医疗费用的收款水平增加以及单独申请贷款时,违约的可能性就会增加。同时也发现 LendingClub 的评级仍然是决定贷款表现和违约可能性的重要因素,这也引发了对消费者隐私和公平借贷平衡之间的讨论。

借款人的职业和房屋所有权仍然很重要,与租房者不同,房主违约的可能性较小。大多数被视为对信誉有负面影响的变量,例如申请前的债务收入比、贷款发放前两年的拖欠次数、贷款前的信用调查次数以及负面公共记录数,与违约可能性的增加有关。与原始回归一样,支付滞纳金的申请人违约的可能性更高。同样,报告的公共破产数量增加会增加违约的可能性。在 Lasso 选择后的回归中,宏观经济变量表现出与先前分析相似的结果,在贷款申请月份的风险溢价和罗素 2000 指数回报增加了违约的可能性。虽然幅度不大,但贷款发放月份股权期权的较高波动性似乎与较低的违约概率有关。GDP 增长率的提升导致违约的可能性降低。最后,如果较高数额的贷款由机构投资者提供资金,那么违约的可能性就会降低。

文中使用的分析样本仅包括具有明确终止决议的贷款,即要么成为坏账,要么全额支付。这可能会产生样本选择问题,因为 2013 年之后的 5 年期贷款和 2015 年之后的 3 年期贷款可能会过多地被认作违约贷款。为了解决样本限制问题,作者进行了两个步骤的操作。首先,创建了一个仅包含最终确定结果的贷款的子样本。该子样本包含 651 555 笔贷款,没有可能存在的选择偏差,约占 Lasso 筛选变量后回归使用贷款的 59.51%。其次,作者将 Heckman 类型校正应用于样本选择。二元回归模型由一个选择方程补充,如果贷款具有明确的终止决议,则二元因变量等于 1,否则为 0。选择方程是从更大的样本中估计出来的,其中还包括在观测期结束时仍未解决的贷款,总共为 2 023 934 个观测值。选择方程中使用的回归变量是期限(从贷款发放到观测期结束)、到期时间和利率。事实证明,结果对于选择方程中回归变量非常稳健。

原始结果、子样本结果和 Heckman 校正结果比较来看,唯一的显著不同在于虚拟变量"LC 信用评级 F(Y/N)"。该变量在全样本估计模型中与违约可能性呈正相关,而使用子样本估计时则与违约可能性呈负相关。一种可能的解释是,在早期 LendingClub 分配信用评分与 FICO 等标准评分系统相较于现在更接近。对于带有 Heckman 校正的模型,除一个变量之外的所有估计结果都与全样本回归报告的结果非常相似。因此,前文检测到的贷款违约的重要驱动因素几乎不受构建样本的选择机制的影响。

五、 总结与展望

文章有三条主要的结论:选择长期贷款(5 年期贷款)的借款人具有较低的信用评分,正在租房、属于初级职业或机器操作员和装配工,并且使用贷款支付医疗费用或为小企业融资的借款人违约可能性更高;使用贷款收益为婚礼、购房相关和购车提供资金并且属于经理或专业人士的借款人违约的可能性较低;LendingClub 的评级在确定违约时很重要。

文章建议监管机构应允许贷方使用替代数据从传统的次级贷款池中识别优秀的借款人。银行应该能够记录它们如何做出信贷决策。基于金融科技分析的贷款应符合银行自身的所有标准,并符合公平贷款规定。然而,当它们有时依赖第三方供应商的分析时,可能无法完全理解或记录其决策过程的细节。在政策影响方面,替代数据在信贷决策中的作用影响了贷款人和借款人,因为他们面临监管不确定性。关于在做出信贷决策时应该或不应该允许哪些替代数据,一直缺乏明确的规定。最后,作者提出了一个未来可能研究的主题:考虑违约的时间而不仅仅是违约是否发生,使用贷款市场数据来检测违约时间的潜在驱动因素将对政策的制定和实施有益。

论文评价

文章对金融科技贷款违约与哪些因素相关进行了详细的分析,特别讨论了金融科技平台评级对违约概率的影响,使用的样本数据量和自变量集都较大,但与之前的研究一样都使用了 LendingClub 的数据,结论主要还是相关关系,并没有对因果关系进行探究。目前也有研究在考虑因果关系,但仍然有很长的路要走。同时预测的时效性在违约预测中很重要,需要注意动态性和数据的迭代。

原作者简介

Christophe Croux,博士毕业于安特卫普大学,目前是法国北方高等商学院数据科学、经济和金融系主任,主要关注预测、大数据、多元统计、营销建模、应用计量经济学等领域,研究成果发表在 *Journal of Applied Statistics* 等期刊上。

Julapa Jagtiani,博士毕业于纽约大学斯特恩商学院,目前为费城联邦储备银行的高级经济顾问和经济学家,研究成果发表在 *Journal of Financial Economics* 等期刊上。

Tarunsai Korivi,目前为亚马逊公司数据工程师。

Milos Vulanovic,博士毕业于纽约市立大学,目前是法国北方高等商学院教授,主要关注企业融资、风险投资、私募股权等领域,研究成果发表在 *Journal of Economic Behavior & Organization* 等期刊上。

《社会资本、信任和可信度：来自 P2P 借贷的证据》导读[①]

原文详见 Hasan I, He Q, Lu H, 2022. Social capital, trusting, and trustworthiness: Evidence from peer-to-peer lending [J]. Journal of Financial and Quantitative Analysis, 57(4): 1409-1453。

一、研究背景

Putnam(1995)将社会资本定义为社会组织特征,如网络、规范和社会信任,有助于协调和合作以实现互惠互利。以往的研究从多个层面论证了社会资本对信任具有促进与提升作用(Arrow, 1973; Guiso, Sapienza and Zingales, 2008; Knack and Keefer, 1997)。然而,少有学者深入探究社会资本影响信任的渠道。为了检验社会资本对信任的影响,作者借鉴以往文献,将可信度与普遍信任两个概念进行了区分(Colquitt, Scott and LePine, 2007)。可信度指人的一些客观品质,通常和诚信、能力相关。社会资本是一种监督机制,往往能提升可信度,降低成本,使得企业更易获得融资。而普遍信任指对潜在贸易伙伴诚实行事的主观信念,即对潜在合作伙伴的信任程度。高社会资本的环境则有助于培养合作的态度,使人们更倾向于合作而非投机。委托人对受托人的信任程度,同时取决于受托人的可信度和委托人愿意相信合作伙伴的程度。

对此,文章选用 P2P 借贷来验证这一假设,并通过人人贷网站(中国最大的 P2P 贷款平台之一)开展实证研究。自 2010 年 9 月正式启动以来,截至 2015 年 12 月,人人贷平台已有 250 多万会员,并提供了 130 亿元人民币(20

[①] 本文作者:詹承燕,北京大学国家发展研究院博士研究生。

亿美元）的融资贷款。文章数据时间跨度为 2011 年至 2015 年。

二、数据与方法

文章重点关注社会资本对受托人的可信度和委托人的普遍信任的影响。那么如何在数据中具象化这一影响呢？作者选用融资事件的事前结果（融资成功率、融资比例、融资规模、融资所有权分散程度）和事后融资结果（违约率）进行衡量。作者认为社会资本指数有四个组成部分：自愿献血、非政府组织（NGO）参与、企业调查和国民调查。自愿献血参考 Ang, Cheng and Wu（2015），是 2000 年每个省份每一千人的自愿献血量。2000 年是中国输血协会提供的省级数据完整的唯一一年。由于国家血液中心在所有省份都设有分支机构，并在所有地区采用相同的医疗程序，一定程度上减轻了各省之间医疗保健或医疗基础设施质量差异的影响。非政府组织参与是 2010 年每个省份每一千人中在 NGO 注册的人数，非政府组织参与比例高的地区的居民个人往往具有较强的合作精神。企业调查数据从公司经理层面衡量可信度，数据来自 2000 年对中国企业的全国调查（Burns, Myers and Bailey 1993；Guiso, Sapienza and Zingales, 2009；Zhang and Ke, 2003）。研究基于对问题"根据您的经验，您能列出企业最值得信赖的五大省份吗？"的回答，对各省份社会资本进行了评估。国民调查采用了 2003 年中国综合社会调查（CGSS）的数据。CGSS 是由香港科技大学调查研究中心和中国人民大学社会学系于 2003 年共同开展的。该调查共收到 5 894 份完整答复。研究基于对问题"你信任陌生人吗？"的回答，对各省份社会资本进行了评估。控制变量主要包含上市和贷款特征、借款人特征和省级环境三方面。作者首先获取每笔贷款上市（基金）的融资成败信息。对于每笔成功贷款，作者获取贷款规模（金额）、到期日（月）、利差（相对于中国人民银行基准贷款利率）、贷款人数量（所有权）、规定的贷款用途（在描述性文本中）、用于描述贷款的字数（文字）、违约状态（违约），以及每笔全额融资贷款的投标时间（分钟）等信息。对于每个借款人，作者获取其身份证、年龄、性别、居住省份、婚姻状况、收入范围、教育程度、工作经验、房屋所有权状况以及人人贷上的借款历史。作者还获得人人贷判定的他们的信用评级（分为七类，即 AA、A、B、C、D、E 和 HR）。对于省级变量，除了四个社会资本代理,作者用人均 GDP 来衡量其经济环境,用每万名居民的律师事务所数量来反映法律环境。贷款是银行贷款总额与省地区生产总值的比率,作者用它来衡量一个省的金融发展(Rajan and Zingales,1998)。在回归模型中,一个省份在 $t-1$ 年的机构变量与源自 t 年的贷款相匹配。

三、研究结果

在 61 577 笔完全融资贷款中,贷款规模的平均值从 3 000 元人民币(437 美元)到 300 万元人民币(461 538 美元)不等。平均而言,贷款利率为基准贷款利率的 2.13 倍,与基准贷款利率的显著差异为 0.76~5.38 倍。相对于中国基准贷款利率的稳定性,这些巨大的定价差异至少部分反映了借款人风险的差异。平均(中位数)贷款到期日为 18.79 个月。作者构造了一个额外的长期变量,这是一个虚拟变量,如果贷款期限超过 12 个月,则这个变量等于 1,否则等于 0。该变量显示 80% 的借款人要求长期贷款。不同贷款的所有权也有很大差异。平均贷款有 35.5 个贷款人,范围为 1~1 370 个贷款人。每笔资金充足贷款的平均投标时间为 69 分钟。最后,约 5.4% 的已完成贷款发生违约。

此外,大多数借款人都是年轻男性,已婚,没有学士学位,信用分数低。借款人的平均收入水平低于每月 10 000 元人民币(1 538 美元)。只有 44% 的借款人拥有住房,15.8% 的借款人报告有住房抵押贷款。借款人信息省级变量的汇总统计数据显示了中国各省在经济、法律和金融发展方面的巨大差异。作者在大多数回归中不包括省一级或借款人一级的固定效应,因为作者的社会资本指数对同一省份的所有借款人都是不随时间变化的。

(一)借款人可信度

作者首先从借款人省份的社会资本出发,衡量社会资本对受托人可信度的影响。回归结果显示借款人所在地的社会资本与其融资成功率、融资比例和融资规模显著正相关,证实了文章的假设。此外,借款人所在地社会资本与融资所有权分散程度呈显著负相关,即来自高社会资本地区的借款人,其贷款的所有权往往较集中,意味着贷款人认为该项贷款风险较低。值得一提的是,借款人所在地的法律环境与融资成功率呈负相关,对此作者解释为个人贷款人将一个省的律师事务所数量视为其执行权利的法律成本,因此法律环境得分越高,其维权成本会更高。接下来作者将衡量社会资本的四个指标进行了拆分,分别对融资事件的事前结果进行回归。关键指标的回归结果总体上仍是稳健的。

接下来,作者进行了异质性检验,针对借款人的教育程度、借贷经历和信用等级进行了分组回归。回归结果显示,借款人社会资本对其融资结果的促进作用,仅在教育程度低、信用记录少和信用等级低组显著。即这部分人群从社会资本的影响中获益,但是贷款所有权问题结果不太稳健。

作者进而采取了一系列稳健性检验的措施。首先,作者重复实行 Bootstrapping(自助法)1000次以减少 Type I 错误出现的可能。其次,先前关于贷款金额和贷款所有权的实证分析使用的均是来自融资成功贷款的数据,仅有融资成功的样本才会进入分析框架,而这些贷款仅占所有贷款清单的 24.9%。因此,作者使用 Heckman 二阶段处理这一自选择偏差。此外,因为社会资本是截面数据,需满足独立同分布假设。但是高社会资本的地区主要是重点省市,如上海和北京,社会资本较低的省份为甘肃、青海和宁夏。北京、上海地区的居民与甘肃、青海、宁夏的居民之间可能不会发生借贷关系,即不发生交互。因此,作者在回归时排除社会资本指数的头部和尾部地区,即上海、北京、甘肃、青海和宁夏。三种处理后的回归结果均是显著的。

作者进一步提出,社会资本指数与各省的经济发展显著正相关。如果社会资本促进信任的机制是由于经济繁荣地区的借款人更值得信任,则回归结果将失去意义。对此,作者首先根据地区经济情况对回归结果进行了分组,结果显示两组间并无显著差异。接着,作者围绕"郭美美事件"做了 DID(双重差分)分析:首先,该事件给中国红十字会带来了严重的信任危机,并导致捐款骤降。这是对社会资本的一种明显且暂时的冲击。(2012 年警方调查显示,郭美美的财富实际上并非来自中国红十字会。)其次,该事件与当地经济条件无关,成功将社会资本的影响与当地经济条件进行了隔离。回归结果显示,在郭美美事件发生后,融资成功概率和贷款规模下降,贷款所有权分散度提高。这一发现表明,在应对"郭美美事件"时,贷款人意识到了风险增加,进而撤回或减少了贷款。此外,回归结果显示,在"郭美美事件"后,社会资本高的地区借款人减少投资的幅度和规模较小。

　　进一步,为了更好地衡量潜在遗漏变量的影响,作者创新性地提出了两个工具变量。第一个工具变量是每个省份种植水稻的环境适配性。中国有种植水稻历史的地区比有种植小麦历史的地区更具有合作的规范。因为水稻需要灌溉,还具有高劳动力的需求,所以需要种植水稻的农民之间形成一种劳务合作交流。因此,紧密合作的社会发展有助于形成更加相互依存的文化。但是,这种依赖于土壤、气候和地形的水稻环境适应性并不会直接影响如今的城市消费信贷。指标的数据来源是联合国粮食农业组织的全球农业生态区数据库。第二个工具变量是各省的民族多样性。地区的民族多样性往往会增加沟通成本,提升社会分裂和内部冲突的可能性,从而降低社会资本。因此民族多样性与当地社会资本呈负相关。但民族多样性并不会对全国范围的借贷活动产生影响。工具变量的数据来源是2009年《中国统计年鉴》。两个工具变量通过了过度识别、弱工具变量、不可识别的检验。引入两个工具变量的回归结果显示,前文结论依然是保持的。

　　更进一步,作者将社会资本衡量细化到了城市层面,但是由于数据的不可得性,表格回归中社会资本主要是从公民调查层面衡量,包含了28个省份的125个城市,回归结果依旧是稳健的。作者又选取云贵川地区做细化研究,该地区历史上曾由统一地方政府进行管理,文化也更相近。作者检验在这样一个社会信任程度相近的大环境下,社会资本的细微差别是否仍旧会产生影响。回归结果依旧很稳健。同时,作者还选用了广西和广东的样本进行回归,结果依然稳健。此外,目前社会资本指数是截面数据,并不具有时间上的变化。对此作者将非政府组织参与这一指标单独回归,来测量时间变化的影响,结果依旧是稳健的。更进一步,作者从事后违约的角度探究是否高社会资本地区的借款人更值得信赖,并从违约率的角度进行了回归分析,采取了上述稳健性检验的措施,回归结果稳健。

　　接下来,不同于前文的处理,作者将每一个贷款人作为分析单位,即将每一个贷款人的每一次投标作为分析样本,共计61 577完全融资贷款由114 119名唯一ID(账号)贷款人进行的2 172 520次投标组成。模型中,因变量分别是投标金额(BID_AMOUNT)、投标占总金额的比例(BID_RATIO)与违约率(Default Rate)。回归结果显示,贷款人向高社会资本地区的借款人进行了更大规模的贷款,与前文假设一致。

(二) 贷款人的普遍信任

接下来,作者从贷款人的普遍信任这一角度展开了分析。但是人人贷平台仅有借款人的登记数据,借款人出于贷款需求才会在平台上登记如收入、是否有房、学历等信息。对此,作者根据借款人的 ID 和贷款人的 ID 进行了匹配,识别出一部分特殊贷款群体,他们既是贷款人,又是借款人,共计一千多名,进行了两万多笔投资。

作者接着分析了哪些因素会影响借款人成为平台投标贷款人,结果显示,来自高社会资本地区的个人很可能成为贷款人。此外,该投资者更有可能是男性、已婚、年轻且受过高等教育,常具有更多的工作经验,且更可能拥有房产。有趣的是,这类人群的信用评级和个人收入往往更低,也更可能来自欠发达地区或者银行贷款占地区生产总值较高的地区。对此,作者提出了一个可能的解释:欠发达地区且信用评级和收入较低的人群可能获得的投融资机会更少,那么一旦他们熟悉且认可了这一平台,他们更可能成为贷款人,利用这一平台去投资。同时私人债务比率较高的地区的人群更容易获得信贷,闲置资金较多,所以更有可能成为贷款人。

作者进一步对匹配后生成的借贷双方特征进行了描述性统计分析:与贷款人相比,借款人更有可能是女性、已婚、年龄较大、教育程度较低、工作经验较短,拥有房产的可能性较小。有趣的是,借款人往往具有较高的信用评级和收入,这表明还款能力的重要性。此外,贷款人更有可能来自法律和金融发展较好的富裕地区。贷款人投资的平均规模为 1 000 元人民币,中位数为 300 元人民币。大多数贷款是长期贷款,平均收取基准贷款利率的 2.22 倍。此外,作者还计算出贷款人和借款人之间的地理距离。其平均距离和中间距离分别为 969.73 公里和 970.03 公里,这表明大部分贷款发生在各省之间。

基础分析过后,作者进一步研究贷款人的社会资本如何通过影响其普遍信任,影响其投标的行为。类似的,作者对其投标行为进行了事前(投标金额)和事后(违约率)的区分。根据预期,来自高社会资本地区的贷款人往往有更高的普遍信任,会更积极地进行投资,回归结果也印证了这一假设。可见贷款人的高社会资本环境能够很好地促进其借贷行为。因为数据的不可得性,目前匹配到的仅仅包含既是借款人又是贷款人的人群样本,可能有一定自选择偏差,对此作者进一步引入Heckman二阶段模型,结果保持稳健。

进一步,作者衡量借贷双方社会资本的差异对投标金额的影响,相应的,控制变量转变为衡量借贷双方间的差异,包括性别、受教育程度、收入差异等。结果显示,贷款人对来自低社会资本地区的借款人来说会相应减少其投标金额,即出资倾向降低,可见他们在与来自低社会资本地区的受托人打交道时会更加谨慎。

然而,在对事后(违约率)结果的检验中,作者发现来自高社会资本地区的贷款人更加愿意投资,但是这也会导致高风险项目的出现,进一步导致高违约率。引入Heckman模型后,社会资本和违约率依然是稳健的正相关。引入借款人、贷款人双方的社会资本差异之后,结果显示高社会资本地区贷款人常常面临较高的违约率,可能是由于他们对低社会资本地区借款人的投资更容易被违约。

进一步,作者提出,如果贷款人过去有被违约的经历,是否会影响社会资本的传导机制呢？对此作者进行了一个分组,就是将贷款人分为经历过违约的贷款人和没有经历过违约的贷款人。结果显示,贷款人的社会资本对违约的影响仅在未经历过违约的贷款群体中是积极且显著的,对有经验的贷款人群体这一机制不显,即有经验之后,贷款人不会再根据社会资本高低去盲目出借贷款。此外,从系数上可以看出,有经验的借款人减少了对低社会资本地区借款人的投资金额。最后,作者对不同等级的社会资本地区之间的借贷流动进行了分析,可见63%的总投资从高社会资本地区流向高社会资本地区,而仅有4.2%的投资从低社会资本地区流向低社会资本地区。这说明对跨区域投资而言,如果信任度太低,可能会导致交易失败。

四、总结与展望

文章首次证实了关于区域社会资本在非机构贷款环境中存在显著效应。文章使用来自中国P2P借贷网站的高精度数据,证明了区域社会资本将通过其对借款人可信度和贷款人普遍信任的影响来改变贷款决策和结果。在其他条件不变的情况下,来自高社会资本地区的借款人融资成功率高、贷款规模大、贷款所有权集中且违约率低。这一影响在低质量借款人中尤为显著。相比之下,来自较高社会资本地区的贷方更倾向于进行大额投资,但成功率较低。社会资本的区域异质性也将影响投资流动。

文章选题新颖且分析角度独特,对现有文献进行了补充。未来研究者或许可以对社会信任机制在其他同样高度依赖信任的投资决策场景中的应用展开研究,以检验该机制的普适性。

论文评价

该文章揭示了非专业贷方如何在金融科技环境中处理信息。正如 Thakor and Merton(2018)所指出的,科技本身并不能替代信任。文章从社会资本的角度出发,进一步佐证了这一观点。此外,作者为信任对跨境交易的影响机制做出了贡献。分析结果表明:① 当交易伙伴来自低(高)社会资本环境时,贷款人出价更少(更多);② 高(低)社会资本地区之间的贷款交易往往更频繁(较少)。

原作者简介

Iftekhar Hasan,现就职于福特汉姆大学加贝利商学院,在休斯顿大学获博士学位。研究方向包括金融机构、企业融资、资本市场、新兴市场、网络和机器学习。他曾任芬兰银行的科学顾问、悉尼大学教师、沃顿商学院金融中心和德国哈勒莱布尼茨经济研究所(IWH)研究员、*Journal of Financial Stability* 的执行主编和其他几家学术期刊的副主编。

何青(Q. He),现就职于中国人民大学财政金融学院,博士生导师、货币金融系副主任,*Economic and Political Studies* 执行主编。在香港中文大学获博士学位。研究方向包括金融发展、金融政策、国际金融。他曾为香港金融管理局香港货币及金融研究中心、蒂尔堡大学金融系和芬兰银行访问学者。同时担任国家社会科学、自然科学评审专家,多种SSCI杂志审稿人,金融四十人论坛青年论坛成员。

陆海天(H. Lu),现就职于香港理工大学会计与金融学院。在新加坡国立大学获博士学位。研究方向包括风险投资、金融学、公司治理。他著有多本英文学术专著,并在法律、金融、会计与管理学期刊上发表了数十篇论文。他曾担任 Journal of Financial Stability 的副主编、香港理工大学企业发展院执行委员会委员、香港理工大学可持续城市研究院执行委员会委员以及会计及金融学院的博士评审委员会成员。

第三篇

数字货币与移动支付

本篇导读[1]

比特币诞生于2008年，十多年来，在比特币的启发下，诞生了分叉币、稳定币、以太坊、DeFi（去中心化金融）等新的加密货币和金融业态。据不完全统计，林林总总的加密货币总共有上万种之多，其中大多数交易量很少，价值也很低。加密货币的价值集中在头部几十种上。截至2022年7月21日，加密货币总市值达到1万亿美元，已经是非常大的数字。在此之前，曾经在2021年11月一度超过3万亿美元（见图1）。

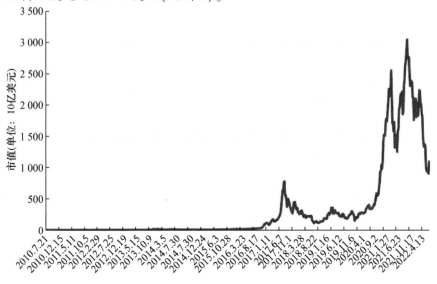

图1 加密货币总市值

数据来源：Statista（https://www.statista.com/statistics/730876/cryptocurrency-maket-value/，访问时间：2023年8月4日）。

---

[1] 本篇作者：徐建国，北京大学国家发展研究院金融学副教授（长聘），北京大学数字金融研究中心高级研究员。本文原标题为《加密货币的现状、问题和前景》。

经过十多年的发展,我们可以对于加密货币市场做一个梳理,研判存在的问题和未来发展的方向。本文的观点可以概括成三句话,分别涉及加密货币的现状、问题和前景。

第一,加密货币市场已经趋于成熟。

其理由有6条:

(1)加密货币已经为公众所熟知,深入了解加密货币的社区和人群也已经比较大。经过多年的发展,加密货币已经不是新生事物,而走入社会公众的视野,其底层技术也已经比较完善。

(2)加密货币市值已经比较大。一度超过3万亿的总市值超过绝大多数上市公司。事实上,达到这个总市值的上市公司在人类历史上屈指可数。这么大的总市值足以撑起无数的关注。

(3)加密货币已经被实体世界普遍接受,不仅是很多投资者,很多主流的大公司也已经接受加密货币的支付。其中不乏可口可乐这样的传统公司。

(4)加密货币已经被金融机构普遍接受,很多主流金融机构已经接受加密货币,开始为客户提供加密货币的服务,甚至自己持有加密货币。

(5)加密货币的基础设施已经比较完善,交易所、ATM、指数、ETF(交易所交易基金)、期权、期货等金融市场的基础设施在加密货币市场已经基本具备。

(6)监管已经接纳。很多国家的监管层已经把加密货币纳入监管,使其成为正规的金融产品。

第二,加密货币还有很多问题。

说加密货币已经比较成熟,不是说这个市场没有问题。相反,这个市场的问题很多,有的还很棘手。就像我们说一个人"成熟"了,不是说这个人没有缺点,更不是说这个人前程远大。而是说,这个人的发展进入了一个相对稳定、很难再有突破的时期。作为对比,一个人青年时期的特征则是还有很多变化,状态还不稳定。因此,当我们说"成熟",不是一个褒义或者贬义的评价,而是一个客观的描述。

那么,加密货币有哪些问题呢?很多,至少可以总结出6点。其中有一些悖论性质的问题,解决起来很棘手。

(1)加密货币的价格波动太大。比特币等加密货币的价格波动大,价值不稳定,是不争的事实。除了平日的大幅上下波动,更能够反映其价值不稳定的是大幅的回调。表1整理了2010年以来比特币的几次较大的回调。可以看到,比特币的回调有两个特点:一是回调幅度大,经常达到50%,甚至80%、90%,这样的回调幅度,在成熟的金融产品中很少看到。二是回调频率很高,经常发生。从比特币诞生至今,超过40%的回调就发生过10次,平均1年多就发生一次。和美股的长牛格局相比,比特币简直是"上蹿下跳"。比特币的回调频率比A股还要高很多。

表1 比特币几次大幅回调(更新日期:2022.07.05)

	起始日期	结束日期	起始价格	结束价格	下跌幅度
1	2010.11.06	2010.12.05	0.39	0.19	51.3%
2	2011.06.08	2011.11.18	29.60	2.05	93.1%
3	2012.08.16	2012.08.19	13.50	8.00	40.7%
4	2013.04.09	2013.04.16	230.00	68.36	70.3%
5	2013.11.30	2015.01.17	1 149.14	197.24	82.8%
6	2017.12.17	2018.12.25	19 535.70	3 209.76	83.6%
7	2019.06.26	2019.12.17	12 807.99	6 743.06	47.4%
8	2020.03.06	2020.03.16	9 067.81	5 134.60	43.4%
9	2021.04.14	2021.07.20	62 991.81	29 987.31	52.4%
10	2021.11.10	2022.06.18	68 518.76	19 291.69	71.8%

比特币价值的大幅波动和回调近年来并没有收敛的迹象。不仅波动率没有下降,回调的幅度和频率也没有下降。从波动的角度看,比特币离稳健、风险可控的金融产品还有不小的距离。对于风险厌恶的投资者而言,比特币的吸引力依然不大,更多是作为一种观察研究的对象而存在。除稳定币外,其他加密货币的价值波动也很大。

(2)加密货币的支付速度很慢,很难满足支付需求。比特币的最大支付速度是每秒7笔,这是比特币的内在算法决定的理论最快支付速度,实际的支付速度还要慢很多,一笔比特币支付很可能要几十分钟。以太币作为市值第二大的加密货币,支付速度依然很慢,经常网络堵车。为了改进支付速度而推出的比特币"闪电网络",则受到市场的冷落,没有起到加快支付的实际效果。

(3)加密货币的能耗很高。目前的主流加密货币使用的是"工作量证明机制"(Proof of Work,PoW),这是共识机制的关键。这个机制的实质是无数人比拼挖矿，竞争加密货币的记账权，以获得相应的奖励和交易手续费。这个竞争的实质是通过蛮力计算寻找符合条件的随机数，先找到的人得到记账权。这个过程没有巧劲，只能蛮力计算，这对加密货币的安全性是一个重要的保障。同时，这也意味着挖矿过程必须耗费了大量的算力和电力。根据英国的一份报告估算，比特币的耗电量超过挪威一个国家的耗电量。这份报告还估算，每一笔比特币交易的耗电成本高达100美元，同时排放800克的二氧化碳。如此高的成本、能耗、碳排放，意味着比特币只能是小众的奢侈品，而很难大规模普及、承载大规模的交易。不耗电难以保障安全，耗电又很不环保，这是一个难以破解的悖论。

（4）加密货币涉及灰色监管地带。由于其匿名性，加密货币往往和灰色经济甚至是非法经济联系在一起，比如毒品交易、黄色交易、枪支交易、逃税、洗钱、恐怖融资等。因此，如何将加密货币纳入监管，使之远离非法经济活动，对监管是一个考验。这里未知的是，如果加密货币阳光化了，其市场潜力会不会受影响，受多大的影响，以及还有多大的市场号召力。

（5）加密货币的潜在中心化倾向。加密货币依赖于去中心化的账本，很多参与者一起来完成记账的工作。账本分散于很多人的计算机，增加了加密货币的安全性。可以说，去中心化是加密货币的核心特征。可是，随着加密货币的发展，商业机制开始深入，加密货币出现了中心化的倾向。比如说，矿机的出现使得挖矿成为专业机构的事情，个人电脑挖矿早已被淘汰。实际上，比特币的矿池掌握了大量的算力，增加了合谋的可能性。再比如说，比特币的分布集中在少数地址上，增加了被少数人控制的可能性。加密货币到底是不是去中心化的，有没有被中心化机构控制的可能性，其实是一个问题。

（6）加密货币的安全性问题。加密货币原理上是安全的，但并非没有安全漏洞。比如，如果丢失密码，加密货币就找不回来了，因为没有一个中心化机构为你找回密码，或者重设密码。再比如，中心化交易所看起来是安全的，可是历史上有无数次黑客攻击，曾经最大的交易所"门头沟"（Mt. Gox）也不能幸免。当今最大的交易所币安也曾遭遇过黑客攻击。

第三，加密货币的未来依然充满不确定性，央行数字货币可能是未来。

说清了加密货币的问题，我们就能很容易明白，加密货币的未来依然充满不确定性。尽管已经被普遍接受，尽管算法上是安全的，但隐忧依然存在。我们无法排除这样的可能性：因为某种突发事件，人们对于加密货币的信念会崩塌，引起价格的大幅下跌，然后信心进一步崩塌，出现恶性循环。

我国对加密货币先后出台四个文件逐渐加强监管：2013年12月5日中国人民银行、工业和信息化部、原中国银行业监督管理委员会、中国证券监督管理委员会、原中国保险监督管理委员会联合印发《关于防范比特币风险的通知》，2017年9月中国人民银行等七部门联合发布《关于防范代币发行融资风险的公告》，2021年5月中国互联网金融协会、中国银行业协会、中国支付清算协会联合发布《关于防范虚拟货币交易炒作风险的公告》，2021年9月中国人民银行等十部门发布《关于进一步防范和处置虚拟货币交易炒作风险的通知》。

加密货币的核心问题可以归结为加密货币的"不可能三角"。加密货币的不可能三角指的是在纯粹意义的无许可公链上，无法同时实现去中心化（decentralization）、可扩展（scalability）、安全（safety）。比特币等加密货币强调了去中心化和安全性，但是交易速度很慢，牺牲了可扩展。这样一来，就放弃了成为交易媒介的可能性。

突破口在哪里？

加密货币要想成为货币，或者至少持续存在的资产，安全性是不可以妥协的。实际上，加密货币的世界已经出现了很多不安全事故，人们需要做的不是降低安全性而是增加安全性。因此，人们必须在去中心化和可扩展中间抉择。

去中心化是人们的一种梦想，其最终的来源是对中心化金融机构的不信任。可是，如果我们回顾金融发展史会发现，中心化是一种趋势，去中心化只在边缘地带存在。这是因为中心化具有巨大的效率优势，能够吸引绝大多数的参与者。而去中心化只对少数人有更强的吸引力。货币的非国家化，作为一种梦想，具有很强的吸引力，可是，在以国家为主导的现代社会，它只能是一种梦想。

所以，可以预期的未来主流趋势是人们将牺牲去中心化，专注于追求安全性和可扩展性。加密货币推广的区块链技术将被央行数字货币吸纳，成为未来央行数字货币的一部分。而加密货币将作为重要的数字资产继续存在，满足一部分人对于去中心化安全资产的需求。

在生物进化中，不能杀死一个物种的，会让这个物种更强大。一个很大的可能性是，加密货币并不会杀死主权货币，而是会使主权货币更强大。

《移动货币和风险分担以应对村庄层面的冲击》导读[①]

原文详见 Riley E, 2018. Mobile money and risk sharing against village shocks [J]. Journal of Development Economics, 135: 43-58。

一、研究背景

文章的研究背景是非洲移动支付的发展。移动支付允许用户在手机上实现转账、存款和取款,极大地降低了汇款的交易成本。移动支付在发展中国家迅速普及,较为典型的案例是2007年在肯尼亚首次推出的M-PESA,汇款的网络十分广泛。

与这篇文章研究相关的文献主要有两支:一支文献是关于风险分担,发展中国家的家庭一般利用非正式的风险分担网络平滑其消费,以应对疾病或死亡等意外的特殊冲击。另一支文献研究了发展中国家平滑消费的方法,比如通过储蓄或其他渠道进行转移支付,但这些不足以充分应对村庄层面的降雨冲击。然而,利用移动支付从外部获得汇款可以充分应对冲击,这是以一些研究与村外其他人的联系以及家庭如何在更大的网络中分担风险的文献为基础的。

文章的贡献在于:一方面,已有的研究多是关注异质性的风险,即遭受意外冲击的家庭从没有遭受影响的家庭那里获得转移支付,是横截面的风险分担。但如果关系网聚集在同一个地理区域,并且遭遇了一个总体性的地域冲

[①] 本文作者:崔荣钰,北京大学国家发展研究院博士研究生。

击,比如一整个村庄都遭遇了旱涝灾害,无法进行自我保障,那么该如何进行风险分担?文章发现,移动支付的使用可以使其他地区的汇款流入,从而帮助人们分担风险。另一方面,之前的研究着眼于移动支付对用户的影响,没有关注到家庭使用移动支付给村里其他成员带来的溢出效应。如果移动支付的用户获得汇款之后,可以与村庄中其他人分享,那么非使用者也可以平滑冲击的影响。但事实上,移动支付的使用者并没有与非使用者分享他们的汇款。一种可能的解释是,他们选择不与村内的人结成风险分担网络,而是依赖村外的网络和汇款获得保障,由于移动支付的引入,传统风险分担关系的结构可能发生变化。文章的发现对于新技术如何潜在地改变风险分担结构,以及谁可能从中获益和受损具有启示意义。

二、 研究问题与主要结论

地域性的冲击,尤其是旱涝灾害,会对发展中国家的家庭消费产生负面影响,目前从社会保障到小额保险等防范风险的措施是一个比较重要的研究领域。

文章主要讨论了快速发展的新技术移动支付的使用对于家庭在遭受整体性的冲击后平滑消费的影响。最主要的三个发现是:① 村庄层面的降水冲击会导致人均消费量下降6%;② 使用移动支付能够防止消费下滑;③ 对村里的其他非使用者没有溢出效应。

文章的写作思路如图1所示:研究对象是移动支付和降雨冲击,作者采用了双重差分的研究方法,并进行了冲击外生性检验和平行趋势检验,确保使用者不是在使用移动支付之前就能更好地平滑消费。由于存在内生性问题,作者使用了工具变量回归。此外,作者还探究了影响机制和异质性,并对降雨冲击为何会导致家庭消费的下降进行了说明——主要是通过影响作物产量。

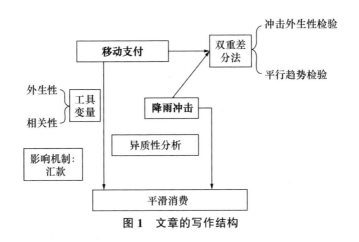

图1 文章的写作结构

三、数据与方法

(一) 研究数据

家户数据来自于坦桑尼亚国家统计局的全国性调查,加权之后可以反映坦桑尼亚的整体情况。由于移动支付的使用是在家庭层面上统计的,所以作者将数据按家庭进行了合并。

从文中给出家户数据的描述性统计结果来看,户主的平均受教育年限和年度人均消费在调查期间都有所增加,使用手机和移动支付的家庭也在不断增多。同时,至少有一个人使用移动支付的村庄从第2期调查时的47%增长到第3期调查时的83%。

关于降水冲击的度量,微观调查中本身包含了受访者自报的冲击:在调查年份是否经历旱涝灾害。为了避免主观性或者谎报带来的偏差,比如因为产量不好而刻意夸大降雨冲击的重要性,研究使用了美国国家海洋与大气管理局气候预测中心饥荒预警系统的数据,与历史平均值的偏差反映了降雨量与预期的差异,利用以毫米为单位的年降雨量偏差度量坦桑尼亚的降雨冲击。当降雨量的绝对值与距离村庄最近的降雨站15年的平均值相差超过1个标准差时,则认为发生了降雨冲击。文章关注的是极端干旱或洪水,比正常值高或者低超过 1 个标准差都是有害的。

(二) 实证策略

实证部分检验了村级降雨冲击对于使用和不使用移动支付家庭的影响。如果能够使用移动支付,在降雨冲击之后获得转账,那么消费将不会受到影响。

实证模型参考了 Gertler and Gruber(2002) 发表在 *American Economic Review* 上的一篇研究疾病冲击对于家庭消费影响的文章,利用家户固定效应的 DID 模型进行估计:

$$C_{jvt} = \gamma_a \text{Shock}_{jvt} + \mu \text{MM}_{jvt} + \lambda \text{MMSp}_{jvt} + \beta_m \text{MM}_{jvt} \cdot \text{Shock}_{jvt}$$
$$+ \beta_{sp} \text{MMSp}_{jvt} \cdot \text{Shock}_{jvt} + \theta X_{jvt} + \psi X_{jvt} \cdot \text{Shock}_{jvt} + \alpha_j + \delta_t + \varepsilon_{jvt} \quad (1)$$

C_{jvt} 表示第 t 期 v 村庄 j 家户的人均消费量(取对数);Shock_{jvt} 表示村庄层面的降雨冲击;MM_{jvt} 取 1 表示使用移动支付的家庭;MMSp_{jvt} 取 1 表示溢出家庭,即自身不使用移动支付,但居住的村庄中至少有一个家庭使用移动支付;X_{jvt} 是一组控制变量,包括家庭人口统计学信息、金融服务使用和职业状况,在后续的回归中加入了控制变量和冲击的交互项,旨在控制能够帮助家庭平滑冲击的可观测因素。α_j 为家庭固定效应,δ_t 为时间趋势,ε_{jvt} 为时变误差。

文章关注的系数为 γ_a、β_m 和 β_{sp},分别对应着三个理论假说:

第一,对于不使用移动支付的地方,降雨冲击会对消费产生负面影响,即预期 γ_a 为负。

第二,系数 β_m 衡量了使用移动支付对于家庭平滑冲击能力的影响,如果能够获得汇款,预期 β_m 为正。

第三,系数 β_{sp} 衡量了成为移动支付溢出家庭,平滑冲击的能力会有何影响。如果遭遇整体性冲击之后,汇款能够被分享,那么 β_{sp} 也应该大于 0。

这样的识别策略存在两个自选择问题,如果家庭对移动支付使用的选择和移动支付代理商的位置选择与未观察到的家庭平滑冲击的能力相关,就会产生伪正相关的结论。

从文中给出的移动支付与降雨冲击的相关性检验结果来看,移动支付的使用与家庭和村庄的特征显著相关,说明很可能存在自选择问题。

关于代理点的自选择问题,作者担心代理商会选择去更富裕的村庄,而这些村庄对于冲击往往更不敏感,从而会使结果被高估。但事实并非如此,大多数移动支付的代理,特别是在推出的初期,都是在已有 SIM 卡(用户身份识别卡)销售业务基础上运作的,对于代理商的资质要求并不高,所以没有动机向更富裕的地区移动。所有的协变量呈现不显著,尤其是潜在与平滑冲击相关的变量,比如教育、财富和贷款获取等;同时,代理商的选址与降雨冲击的情况也没有关系。

此外,文章还做了降雨冲击的外生性检验。由联合显著性检验的结果,自报冲击在 10% 的水平上联合显著,说明不是一个很好的度量指标;而 1 个标准差衡量的降雨冲击与家庭特征不相关,可以作为外生冲击的合适指标。并且,文章关注影响整个村庄的一次性冲击,通过组内相关系数检验冲击对于一个地区的影响是否相同。这个系数对于一个标准差度量的降雨冲击是 0.849,对于自报的降雨冲击是 0.13,系数不大是因为降雨冲击对家庭的影响取决于各自的家庭和地块特征,同样也说明自报降雨冲击并不是一个合意的度量指标。

四、研究结果

(一) 基准结果

表 1 展示了降雨冲击对于移动支付使用者和非使用者的消费影响的回归结果,第(1)列和第(3)列展示了家庭固定效应的 DID 模型回归结果,第(2)和第(4)列加入了所有控制变量与降雨冲击的交互项。

表 1 降雨冲击对移动支付用户和非用户消费的影响

	因变量:人均消费取对数			
	自报冲击		1 个标准差度量的降雨冲击	
	(1)	(2)	(3)	(4)
降雨冲击	−0.064**	−0.205	−0.068***	−0.040
	(0.029)	(0.164)	(0.020)	(0.144)
降雨冲击×MM 使用家庭	0.088*	0.042	0.121***	0.139***
	(0.051)	(0.058)	(0.041)	(0.045)

(续表)

	因变量:人均消费取对数			
	自报冲击		1个标准差度量的降雨冲击	
	(1)	(2)	(3)	(4)
MM 使用家庭	0.005	0.005	−0.003	−0.007
	(0.026)	(0.026)	(0.026)	(0.027)
降雨冲击×MM 溢出家庭	−0.057	−0.072	0.005	−0.012
	(0.049)	(0.052)	(0.040)	(0.040)
MM 溢出家庭	0.002	0.003	0.005	−0.012
	(0.027)	(0.027)	(0.025)	(0.025)
观测值	9 281	9 281	9 281	9 281
家户数	3 807	3 807	3 807	3 807
R 方	0.194	0.198	0.196	0.202
与冲击的交互项		是		是
负面冲击	−0.057**	−0.068***	−0.045***	−0.024
	(0.022)	(0.026)	(0.015)	(0.017)
(A) 冲击对 MM 使用家庭的影响	0.024	0.007	0.053	0.059*
	(0.044)	(0.045)	(0.036)	(0.033)
(B) 冲击对 MM 溢出家庭的影响	−0.121***	−0.126***	−0.063*	−0.043
	(0.041)	(0.040)	(0.033)	(0.034)
(C) 冲击对没有 MM 村庄的影响	−0.064**	−0.074**	−0.068***	−0.042*
	(0.029)	(0.032)	(0.020)	(0.022)
(D) 冲击对 MM 溢出家庭的影响|使用家庭控制变量的均值		−0.107**		−0.092***
		(0.032)		(0.048)
(E) 冲击对没有 MM 村庄的影响|使用家庭控制变量的均值		−0.035		−0.081***
		(0.053)		(0.029)
F stat (A)=(C)	3.00*	2.71*	8.80***	6.31***
F stat (A)=(B)	6.31**	5.88**	5.55**	4.63**
F stat (B)=(C)	1.37	1.14	0.01	0.00
F stat (A)=(D)		3.95**		9.36***
F stat (A)=(E)		0.53		9.77***

注:括号内数值为回归系数的村庄聚类标准误;*、** 和 *** 分别表示 p 值低于 10%、5% 和 1%。

A、B、C 三行分别给出了降雨冲击对于移动支付(Mobile Money,MM)的使用家庭、溢出家庭和村内完全没有移动支付使用家庭的总影响。D 行和 E 行是利用移动支付使用家庭控制变量的均值乘以交互项的系数,加总得到降雨冲击对溢出家庭和没有使用移动支付家庭的总体影响。

表1说明了几个结论：首先，降雨冲击会导致不使用移动支付家庭的消费下降约6%。其次，通过观察降雨冲击和移动支付使用的交互项系数和 A 行的结果发现，当降雨冲击发生时，使用移动支付的家庭不再经历消费的下降，甚至可能会有消费轻微的增加。并且，从 F 检验结果来看，无论是将 A 与 B、C 还是 A 与 D、E 的结果相比，使用移动支付的家庭在冲击中平滑消费的能力和不使用移动支付的家庭有显著差异。最后，B 行表明，在一次降雨冲击后，溢出家庭的消费大幅下降，降幅高达12.6%；对比 B 行与 C 行，两类家庭并无显著差异，即本身不用移动支付的家庭不会因为同村其他人的使用而受益。这反映了移动支付可能会影响传统的风险分担关系，村内移动支付的使用家庭选择与村外的人、而不是本村的人一起分担风险。以上验证了前文中提出的三个理论假说。

此外，第三行中移动支付的系数不显著且有正有负，说明使用移动支付本身并不会对消费产生影响，这与过去的一些研究结论相悖，存在争议的原因可能是研究的背景、数据不同。

（二）异质性分析

由于到最近的移动支付代理商的距离可能会影响人们利用移动支付汇款的难易程度；城市和农村的主要区别在于对农业的依赖程度和银行的通达性有所不同；此外，旱涝灾害产生的影响也不同，干旱主要影响农作物产量，洪水主要影响家庭财产，所以作者做了三组异质性分析。

文章给出了降雨冲击对移动支付用户和非移动支付用户消费影响的异质性分析结果，作者指出组间系数没有明显的差距，村庄附近是否有代理商不会影响移动支付使用家庭平滑降雨冲击的效果。同样地，这种影响的大小在城乡之间也没有明显的差异，可能是因为城乡之间存在互惠关系，并且城市中部分家庭的收入也是来自农业和畜牧业。最后，只有干旱会对人均消费产生8%的负面影响，洪水不会；也只有在干旱时，相较非使用者，使用移动支付家庭的消费会免受干旱的影响，但一系列 F 检验的结果表示组间系数不存在显著差异。

(三) 影响机制

接下来是机制分析,对于检验汇款这一渠道,作者只用了第三轮调查的数据,因为只有这一轮调查中有比较详细的关于汇款的问题。汇款中35%是通过手机转账,40%是来自子女,30%来自首都达累斯萨拉姆,这说明家庭通过移动支付与村外的人共同承担风险的故事是可信的。

$$r_{jv} = I_{jv} + \gamma_a \text{Shock}_{jv} + \mu \text{MM}_{jv} + \beta_m \text{MM}_{jv} \cdot \text{Shock}_{jv} + \theta X_{jv} + \varepsilon_{jv} \quad (2)$$

模型中,r表示是否有收到汇款,如果有,金额是多少;I是为了控制收入的影响。根据理论假说,如果汇款是移动支付缓解总体冲击的渠道,那么预期系数β_m应大于0。

遭遇总体冲击后收到汇款的 OLS(普通最小二乘法)回归结果表明,使用移动支付首先使家庭收到汇款的可能性增加了15%。当发生降雨冲击时,使用移动支付的家庭会多收到近29 600先令的汇款,相当于当年中等家庭人均收入的4%,验证了移动支付可以通过汇款这一渠道平滑降雨冲击的观点。

作者通过观察降雨冲击对作物产量的影响,进一步研究了降雨冲击为什么会对消费产生负面影响,主要是通过影响作物产量(每英亩作物产值)这一渠道,发现降雨冲击对于产量没有影响,而干旱会导致减产,洪水会导致增收。这与之前异质性分析结果相符,使用移动支付对于消费的平滑作用主要是发生在旱灾而非洪涝时。

(四) 稳健性检验

在稳健性检验中,作者先做了一个双重差分的共同趋势检验,来看移动支付的使用者和存在代理商的地区是否之前就已经开始平滑消费了。平行趋势假设为:除了移动支付的使用,没有其他影响使用和非使用家庭平滑消费的时变变量。作者构造了引入移动支付之前的两轮数据,MMF 和 MMSF 分别表示引入移动支付后,是否会成为使用家庭或者溢出家庭。如果平行趋势假设成立,那么两个交互项的系数β_m和β_{sp}就不应该显著。

$$C_{jvt} = \gamma_a \text{Shock}_{jvt} + \mu \text{MMF}_{jvt} + \beta_m \text{MMF}_{jvt} \cdot \text{Shock}_{jvt} + \lambda \text{MMSF}_{jvt}$$
$$+ \beta_{sp} \text{MMSF}_{jvt} \cdot \text{Shock}_{jvt} + \theta X_{jvt} + \psi X_{jvt} \cdot \text{Shock}_{jvt} + \alpha_j + \varepsilon_{jvt} \quad (3)$$

文中给出了安慰剂检验的结果,由 F 统计量的大小可知,将来会使用移动支付的家庭、溢出家庭和不使用的家庭在过去应对消费冲击的能力上并没有显著差异。但在安慰剂检验中,降雨冲击并没有导致消费的显著下降;此外,冲击与未来移动支付使用的交互项系数为正,冲击和未来成为溢出家庭的交互项系数是前者交互项系数的两倍多,说明溢出家庭在过去平滑冲击的能力甚至可能更强。

文章检验了代理商是否会在具有某些特征的地方选址,如果代理商存在的位置与某些风险分担的特征相关,就会导致结果的偏误。作者利用时间序列数据来检验代理商的出现是不是随机的。尤其是看这种地域性的冲击是否会影响代理商的位置选择。从代理商位置选择的相关因素分析结果可以看出,家庭或村庄特征的变化对于代理商的位置是没有影响的,只有一个系数显著,即获得小学教育的地方不太可能出现移动支付代理,但考虑到变量个数,这完全可能是出于偶然性。另外,F 统计量很小,说明在预测代理商是否会在某个村庄选址时,所有变量联合不显著,说明不能根据家庭或村庄特征的变化来预测某个地区未来一段时间是否会出现移动支付代理商。

之后,利用工具变量回归解决内生性问题,考虑到有两个潜在的内生变量,即移动支付的使用及其与冲击的交互项,所以需要两个工具变量。作者这里选择的一个工具变量是到最近的移动支付代理的距离。因为到最近的代理的距离和移动支付的使用相关,如果代理在附近,就更容易使用移动支付。并且这一距离变量不与家庭平滑风险的能力相关,理论上满足工具变量相关性和外生性的条件。另一个工具变量是村内是否有移动支付代理商,因为只有村庄中没有代理时,到最近代理的距离才较为关键。

工具变量的回归结果显示,除降雨冲击对人均消费有12%的负向影响外,其他系数均不显著。虽然降雨冲击与移动支付使用交互项的系数为正而且增大,但标准误同样也很大。总体而言,工具变量的结果不能拒绝前文的主要发现。

五、总结与展望

文章的启示在于:理解为什么移动支付的使用者能够平滑冲击有利于探

究发展中国家家庭非正式的风险分担是如何决策和运行的,以及新技术的引入会如何改变传统的风险分担网络,进而导致一些人受益、另一些人受损。

关于为什么在一次地域性冲击之后,汇款不会被村庄内的人们共享,文章给出的解释是,移动支付通过为远程汇款提供便利,使得使用者利用村外更广泛的网络应对冲击,因为这样风险相关性更低,进而不再参与村内的风险分担网络。

最后,文章得出结论:大规模的降雨冲击会对家庭消费产生负面影响,而移动支付的使用可以通过获得汇款来减轻这种消极影响,从而实现风险分担。

关于移动支付影响的研究仍处于起步阶段,后续可以进一步探索移动支付服务对于风险分担安排的改变,以及不同群体的利益会如何受到影响。

论文评价

文章对于国内数字金融和移动支付相关领域的研究存在一定参考价值,亦可探究中国移动支付的发展会如何影响地域风险分担情况和关系,从而为金融科技的发展和政策制定提供启示。

同时,文章也存在一些局限性,虽然作者提出了移动支付通过影响汇款进而能在冲击中平滑消费,但也可能存在其他的影响渠道。比如,移动支付使储蓄更为安全便捷,人们就可以将更多的资金存储下来以应对冲击。另外,使用移动支付的家庭可能被视为有更好的信誉度,从而在冲击发生时能够借入更多资金。文章只是验证了汇款这一渠道,但是没能排除其他机制的影响。

此外,移动支付的使用者更容易平滑冲击,可能是其本身具有与不使用者相异的特征和条件,因此文章刻画的到底是移动支付本身的作用,还是其他与之相关的更广泛的经济和外部条件的作用,有待进一步考察。当判断村内不使用移动支付的家庭是否能够平滑冲击时,单看汇款和消费量的变化并不合适,因为人们可能会直接获得实物的援助,而这不会反映在消费中。

关于工具变量的选择,虽然文章中结果的标准误很大,关键的系数并不显著,看似没能很好地解决内生性问题,但在没有找到其他更合适的工具变量时,使用"移动支付到最近的代理商的距离"是可行的。

文章可以从以下两方面进一步优化完善:其一,可以对使用移动支付和不使用的家户做一个描述性统计,来看使用移动支付的家庭是否存在某些特征对风险分担能力产生影响。其二,进一步阐释移动支付导致风险分担方式发生变化的本质原因,即为什么使用移动支付的家庭不与同村的人分享汇款。直觉上很好理解也合乎逻辑,村外的人可能和自己有特别的联系(比如为亲戚关系),村内的人只是邻居,当然会和村外的人结成风险分担网络、共担风险。

原作者简介

Emma Riley,华盛顿大学经济学系助理教授,牛津大学经济学博士,研究方向是发展经济学,关注撒哈拉以南非洲地区的问题,主要采用随机对照试验(RCT)的研究方法。目前,她正在研究村级扶贫项目对家庭福利的影响。

《性、毒品和比特币:有多少非法活动是通过加密货币融资的?》导读[①]

原文详见 Foley S, Karlsen J R, Putniņš T J, 2019. Sex, drugs, and bitcoin: How much illegal activity is financed through cryptocurrencies? [J]. The Review of Financial Studies, 32(5): 1798−1853。

一、研究背景

以比特币为代表的加密货币在价格、受欢迎程度和主流应用方面迅速增长。截至 2018 年 7 月,共有超过 1 800 种加密货币,市值超过 3 000 亿美元,线上加密货币交易所和市场的日交易量约为 500 亿美元,已经出现了 300 多支"加密基金"(仅投资于加密货币的对冲基金),吸引了近 100 亿美元的管理资产(Rooney and Levy, 2018)。

加密货币的迅速发展以及它们为用户提供的匿名性带来了相当大的监管挑战。出于对监管不足的担忧,2017 年 3 月,美国证券交易委员会(SEC)驳回了加密货币交易所提交的一项价值 1 亿美元的交易所交易基金(ETF)申请(2018 年还有几项申请被驳回)。2017 年 9 月,中国政府禁止居民交易加密货币,并宣布首次代币发行(ICO)为非法行为。英国银行行长马克·卡尼(Mark Carney)等央行行长也公开表达了对加密货币的担忧。虽然加密货币有许多潜在的好处,如支付结算更快、更高效,但仍存在监管方面的担忧,主要集中于它在非法交易中的使用(毒品、黑客攻击和盗窃、非法色情,甚至是雇凶杀人),它们有可能被用来资助恐怖主义、洗钱以及逃避资本管制。

[①] 本文作者:程丹旭,北京大学国家发展研究院博士研究生。

《性、毒品和比特币：有多少非法活动是通过加密货币融资的?》导读

区块链技术保证了交易的匿名性和安全性，因而受人青睐。而对交易的匿名性、安全性需求最大的却是非法交易，譬如买卖毒品、军火交易、雇凶杀人等。过去这些行为往往采用现金交易，但是携带大量现金既不方便也不安全，而比特币完全是数字化交易，不需要涉及任何现金，所以犯罪分子成为比特币的最大拥趸。毫无疑问，通过提供一种数字和匿名支付机制，诸如比特币的加密货币促进了线上"暗网"市场的发展，在这类市场中，非法商品和服务得以进行交易。美国联邦调查局从一个名为"丝绸之路"（Silk Road）的暗网市场中缴获了价值逾400万美元的比特币，这让人们对监管机构面临的问题有了一些了解。因此这篇文章试图对比特币促成的非法交易进行量化和描述，以便更好地理解比特币非法市场的性质和规模。

二、数据与方法

这篇文章从公共比特币区块链中提取2009年1月3日第一个区块到2017年4月最后一个区块的完整比特币交易记录，从每一笔交易中收集独特的交易哈希、交易金额、费用、发出者和接收者的地址、时间戳和区块数量。文章使用 Cormen et al. (2001) 和 Ron and Shamir (2013) 开发的 Union-Find（并查集）算法将地址数据映射到个人用户。Union-Find 算法倾向于将较少的地址连接到一起形成聚类，但相比将多个用户错误地加入一个聚类，这种偏差不太可能对估计结果产生严重影响。文章对这种偏差做出了如下处理：选择一个不包含已知非法用户样本地址的更小样本；将绝对数表示为相对数以缓解整体度量偏差。

这篇文章的区块链数据集包括了465 093个区块，共2.196亿笔比特币交易，将复合交易拆分后为8.154亿笔交易。作者的研究兴趣是量化使用比特币的非法交易数量，因此从样本中删除了部分交易以避免扭曲交易数量，比如交易费用和区块奖励交易、不涉及买卖商品或服务意义的比特币兑换所交易、找零交易和当天价值小于1美元的交易。经过筛选，样本数量为3.028亿笔交易，且每笔交易都只有一个发送者和一个接受者。因为文章研究用户级的统计信息，因此使用双重计算的交易数量，得到了6.057亿笔比特币交易。样

本共有约1.06亿位比特币用户,总共进行了约6.06亿笔交易,转移了约1.9万亿美元。统计数据显示,典型(中位数)用户大概率不会重复与同一个交易对手进行交易,少数用户非常活跃,其中最活跃的有近1 140万笔交易和440万交易对手。交易的平均规模约为5 000美元,交易额最大值超过了9 000万美元,但是典型(中位数)交易仅112美元。尽管有些用户存在多年(最长存在时间为101个月,略多于8年),但是对于大多数用户而言,他们第一笔和最后一笔比特币交易都发生在同一个月内(用户存在时间的中位数为1个月)。

文章使用了以下三种方法确定参与非法活动的地址样本。

方法一:被执法机构没收的比特币。第一个方法通过新闻报道和美国法庭记录手动识别美国联邦调查局等执法机构没收的比特币。作者从法庭记录、执法机构披露的信息和公开拍卖比特币提供的详细信息中提取与任何已确定的比特币地址或交易(金额和日期)有关的信息,与从比特币区块链中构造的用户级数据相匹配,识别参与非法活动的用户。这一方法共识别了1 016名已知的非法用户。

方法二:非法暗网市场及其用户。第二个方法主要利用非法市场已知的"热钱包",这些"热钱包"都是中央账户,其中许多账户的运作方式类似于托管账户,暗网市场的用户可以在这些账户存款或取款。因此"热钱包"会进行大量的交易,所以作者利用类似于Meilejohn et al.(2013)的方法,即基于对给定实体进行小型的"探测"交易,通过钱包搜寻服务识别出了17个非法暗网市场。从这些"热钱包"中,识别了600多万参与暗网市场交易的比特币用户。

方法三:在暗网论坛中识别的用户。第三个方法利用暗网中包含的信息,特别是在暗网论坛中被标识为销售商品或服务的用户的比特币地址。作者系统搜集了从2013年至2017年主要暗网论坛所有涉及交易的帖子,用户经常在诈骗、质量检查以及私人谈判时公布比特币地址。这一方法识别了另外448名从未被执法机构抓获的非法用户,以及那些未通过暗网市场交易识别出来的非法用户。

总体上,共有6 223 359名"被观测的"非法用户,占所有比特币用户的5.86%,共计1.96亿笔交易,约占所有交易的三分之一(32.38%)。在整个样

《性、毒品和比特币:有多少非法活动是通过加密货币融资的?》导读

本期,被观测的非法用户所持有的比特币的平均美元价值约为13亿美元,接近所有用户所持有的比特币的平均美元价值的一半(45.28%)。被观测的非法用户控制了大约四分之一(26.33%)的比特币地址,占所有比特币交易总美元价值的12.96%左右。

被观测的非法用户已经占用户和比特币交易活动的相当大的比例,但主要是在暗网市场中参与在线买卖非法商品和服务的用户,缺乏其他形式的比特币非法活动,比如洗钱、逃避资本管制、勒索软件攻击和比特币盗窃等,这很可能会导致对其他比特币非法活动普遍性的低估。考虑到非法活动的性质会随着时间而改变,被观测的非法用户样本应跨越不同的时间段且不完全集中在某个时间点。统计结果显示,被观测的非法用户样本在所有时间点都存在,活动高峰(2012年至2015年年底)与暗网市场活动高峰同步。"丝绸之路"于2011年1月成立,并很快成为买卖非法商品和服务的热门场所。2013年10月"丝绸之路"被美国联邦调查局关闭后,大量其他非法暗网市场开始运营。

在确定了大量参与非法活动的比特币用户样本后,文章使用两种独立的方法将用户分为主要参与非法活动的用户("非法用户")和主要参与合法活动的用户("合法用户"),来估计比特币非法活动的总数。两种方法基于完全不同的假设并利用不同的信息,提供了对非法活动及其特征的独立估计,交叉验证为识别结果提供了稳健性。

方法一:网络聚类分析(Network cluster analysis)。网络聚类分析算法利用了网络拓扑结构,根据用户之间的交易来确定用户的"群体"。这种算法将用户集(网络术语中的"点")和用户间的交易(网络术语中的"边")作为输入,将用户分配到群体作为输出,通过这种分配使得群体的"模块性"(群体内部链接的密度以及群体间链接的稀疏性)最大化。如果用户与非法(合法)群体成员的交易份额过大,该方法将会把这名用户标记为非法(合法)用户。

文章使用了由Waltman and Jan van Eck(2013)开发的SLM算法的一种变体:当把节点从一个群体移动到另一个群体时,如果这种移动可以提高模型的拟合度,则通过这种移动来寻找网络中的底层群体结构。主要分为以下三个步骤。步骤一:将所有被观测的非法用户分配到非法群体,所有剩余的用户分配到合法群体。步骤二:循环遍历每个用户,如果该用户与当前被分配在的群

体的成员进行过多的交易,则将该用户留在当前分配的群体。否则,将该用户移动到其他群体。步骤三:重复步骤二,直到完整遍历每个用户且没有用户在群体间转换为止。

由于该算法的迭代性,并非所有被观测的非法用户都必然会留在非法群体。比如,一些被当局没收了比特币的用户参与了一些非法活动(因此被没收了比特币),但这些用户主要出于合法目的而使用比特币,这种情况是可能存在的。这种情况将在步骤二中被算法识别出来,并且将该用户移动到合法群体。

方法二:检测—控制估计(Detection-controlled estimation,DCE)。该方法利用比特币合法用户和非法用户的特征差异,以概率方式识别非法用户的数量。两阶段 DCE 模型分为违反(从事非法活动)和检测(例如比特币被没收)两个过程,可观察的分类为检测到的非法用户和其他用户(包括合法用户和未检测到的非法用户)。第一阶段模拟了比特币的合法用户和非法用户在特征上的差异,第二阶段对非法用户被"发现"概率的决定因素进行建模(比特币是否被执法机构没收、是否在暗网论坛中被识别,或者是否在区块链数据中被观察到与已知非法暗网市场进行交易),使用最大似然法同时估计这两个阶段以选择可能性最大化的参数值。

并且,文章使用只影响一个过程而不影响另一个过程的工具变量来实现更稳健的分类。主要分为以下七种工具变量。

(1)翻滚(Tumbling)工具变量:计算用户交易中翻滚或洗售(wash trades)的百分比,用来衡量用户使用方法隐藏其身份或混淆其交易历史的程度。

(2)暗网(Darknet sites)工具变量:计算用户交易时正在运营的非法暗网市场的平均数量,用来衡量比特币用户参与的活动类型。

(3)不透明加密货币(Shadow coins)工具变量:计算用户交易时不透明加密货币市值对数化后的平均值,用来衡量不透明加密货币(Dash、Monero 和 ZCash)流行程度。

(4)比特币市值(Bitcoin market cap)工具变量和比特币谷歌趋势搜索强度(Bitcoin hype)工具变量:计算比特币的市值对数和关键词"比特币"的谷歌趋势搜索强度,用来衡量比特币的流行程度。

(5)其他加密货币市值(Alt coins)工具变量:计算将比特币和"影子"加密货币排除在外的加密货币的总市值对数,用来衡量其他加密货币的流行程度。

(6)暗网冲击后的交易价值(Darknet shock volume)工具变量:计算用户在每次主要暗网市场受到冲击后的一周内发生交易价值变化的比例,因为对暗网市场的冲击不可能显著地影响合法用户的活动。

(7)"丝绸之路"被查封前的用户(Pre-Silk-Road user)工具变量:虚拟变量,用来判断用户是否在执法机构对"丝绸之路"进行第一次比特币查封行动之前就开始使用比特币,因为在第一次查封后加入比特币网络的用户很可能有更低的被检测概率。

尽管基于不同的假设和信息,SLM 和 DCE 的估计在各种活动度量中都非常相似。研究发现,非法活动在比特币用户和交易活动中占有相当大的比例。大约四分之一的用户(26%)和接近一半的比特币交易(46%)与非法活动相关联。在 2017 年 4 月,约有 2 700 万比特币市场参与者主要将比特币用于非法用途。这些用户每年进行总价值约为 760 亿美元的近 3 700 万笔交易,总共拥有价值约 70 亿美元的比特币。以美元计算,比特币的非法活动也是一个具有经济意义的数额。

三、研究结果

文章发现比特币在非法交易中的使用随着时间的推移而发生变化。自 2016 年以来,尽管绝对数量持续增加,但与非法贸易相关的比特币活动比例有所下降。非法活动的份额下降主要归因于两个因素:第一个是比特币的主流兴趣和投机兴趣快速增长,第二个是替代品"影子"加密货币的出现。主流兴趣的增加降低了非法份额,使用比特币进行非法活动的比例与关键词"比特币"的谷歌搜索强度成反比。"影子"加密货币更不透明,可以更好地隐藏用户的活动,成为非法活动中比特币的替代品。

参与非法活动的比特币用户与其他用户在一些特征上有所不同。使用比特币的非法用户倾向于在更小规模的交易中进行更多的交易,通常会反复与特定的交易对手进行交易。非法用户之间的比特币交易网络密度是合法用户网络的三到四倍,因为非法用户交易更多并且主要将比特币作为购买或销售商品的支付手段,也说明非法用户之间通过交易建立的联系要紧密得多。而且非法用户因为面临被当局没收比特币的风险,持有的比特币往往更少。

文章还发现了其他几个强有力的预测非法活动的因素。如果在用户交易的时候,有更多的暗网市场在运营,"影子"加密货币的总市值较低,以谷歌搜索强度衡量的比特币主流兴趣较低,并且交易是在暗网市场查封或欺诈事件发生之后立即进行的,那么该用户很有可能参与非法活动。如果用户使用"翻滚"(tumbling)和"洗售"(wash trades)这两种可以帮助他们隐藏自己的交易技术,那么该用户也更有可能参与非法活动。

加密货币将现金的匿名性与数字化结合起来,从而实现了有效的匿名在线和跨境商务。因此,加密货币有可能导致非法市场运作方式的重大结构性转变。文章的研究结果说明了非法市场采用加密货币进行电子商务和数字支付过程的动态性,并表明在第一种加密货币问世 8 年后,非法市场已经推广了这种形式的电子支付。因此,作为一项新兴的金融创新,加密货币及区块链技术对非法市场和金融系统的运作方式都产生了重大影响。

四、总结与展望

与许多创新一样,加密货币也有其阴暗面,这篇文章通过量化在非法活动中的比特币使用来揭示其阴暗面,文章结论有多种启示。

第一,这项研究有助于监管层面了解这项创新带来的负面后果和风险,减少监管的不确定性,从而在综合评估成本和收益的基础上做出更加明智的决策,进而使这些技术能够充分发挥其向善的潜力。

第二,文章提出的技术有助于更有效地利用稀缺的监管和执法资源,可以通过多种方式应用于加密货币监视,使当局能够掌握非法活动的脉搏,监测其趋势、对监管干预的反应,以及其特征如何随时间变化。这些技术也可用于识别非法网络中具有战略重要性的个体,当与其他信息来源结合时,这些用户可以与特定个人联系起来。

《性、毒品和比特币：有多少非法活动是通过加密货币融资的？》导读

第三，这篇文章补充了有关加密货币经济学和区块链技术在证券市场的应用的文献，表明加密货币作为一种支付手段，其内在价值的一个重要组成部分来自它在促进非法交易中的作用。在非法交易中使用比特币的需求变化（例如，由于执法打击或在非法交易中更多地采用其他更不透明的加密货币）可能会影响比特币的市场估值。

第四，这篇文章回答了线上非法交易增长带来的福利后果这一重要问题。比特币由于匿名降低了风险，为大量非法活动提供了便利，在线贸易让非法商品更容易获取、更方便购买，线上非法活动鼓励了黑市总量的增长而不仅仅是线下非法活动的迁移。

论文评价

这篇文章量化描述了比特币促成的非法交易，以便人们更好地理解比特币非法市场的性质和规模。文章采用三种方法识别比特币非法活动，尽量保证数据的完整性；采用 SLM 和 DCE 两种方法交叉验证识别结果，基于完全不同的假设、利用不同的信息并采用多种工具变量，提供了对非法活动及其特征的独立估计。

但是这篇文章估计的准确性比较受算法的限制，存在不可避免的统计偏误。尽管作者对此做出了一定处理，但识别结果仍会受到显著影响，因此后续相关研究可以对算法做出改进。

2017 年以来，加密货币的市值不断增长，比特币也有了更完善的监管和更系统的交易方式。因此，可以延长数据范围，检验非法活动的市场特征和用户特征是否随时间变化，对目前的监管体制提出政策建议。加密货币将现金的匿名性与数字化结合起来，从而实现了有效的匿名在线和跨境商务。但是作为一项新兴的金融创新，加密货币在为金融系统提供便利的同时，也有可能为非法市场的运作提供便利。文章结论将直接关系到监管机构对待数字货币的态度，以及数字货币未来的命运。

原作者简介

Sean Foley,悉尼大学博士,麦格理大学应用金融学副教授。他的研究兴趣是金融科技、交易、市场设计和监管,研究成果发表在 *The Review of Financial Studies*、*Journal of Financial Economics* 等期刊上。Sean 正在积极研究加密货币的金融应用,他还是数字金融合作研究中心的关键领导者。

Jonathan R. Karlsen,2014 年 6 月获得了悉尼科技大学经济学和工商管理学士学位,2016 年 7 月在哥本哈根商学院(丹麦)获得应用经济学和金融学硕士学位,研究领域是加密货币和市场微观结构。

Tālis J. Putniņš,悉尼科技大学金融学教授、数字金融合作研究中心首席科学家、商业智能和数据分析研究中心成员。他曾在爱丁堡大学、斯德哥尔摩经济学院、哥伦比亚大学和纽约大学担任教师和访问职务,研究兴趣包括金融市场微观结构、分散金融和区块链。他的研究成果发表在 *The Review of Financial Studies*、*Journal of Financial Economics* 等期刊上。

《评估中央银行数字货币对私人银行的影响》导读[①]

原文详见 Andolfatto D, 2021. Assessing the impact of central bank digital currency on private banks[J]. The Economic Journal, 131(634): 525–540。

一、研究背景

中央银行数字货币(CBDC)的设立使得每个人都可以使用央行的存款账户,支持者们认为 CBDC 作为一种开放给公众的储蓄选择,能够提供目前只有银行才能提供的一些便利,但反对者存在一些担忧,例如央行数字货币可能对银行的信贷行为产生不利影响,甚至危害金融稳定。部分政策制定者从 CBDC 对银行融资成本、银行放贷规模等角度出发讨论了其潜在影响途径。基于此,作者结合 Diamond(1965)的政府债务模型和 Klein(1971)、Monti(1972)的垄断银行模型,构建了一个由工人、企业家、垄断私人银行及中央银行组成的 OLG 模型,试图研究:① CBDC 如何影响银行的存贷款利率设置,从而间接影响工人和企业的消费和投资行为;② CBDC 对于银行的资产负债结构及利润产生了怎样的影响;③ CBDC 的设置是否会威胁金融稳定。

由于央行制定银行存款准备金利率(IOR)和 CBDC 利率,作者认为需要进一步讨论的是如何恰当安排这两个利率的设置。如果 CBDC 的利率独立于 IOR,那么其引入并不会影响到银行贷款行为。当 CBDC 利率设置低于 IOR,垄断银行会匹配 CBDC 利率以保证可以吸收到居民存款,同时为储蓄者提供

[①] 本文作者:张文,北京大学国家发展研究院硕士研究生。

优惠并且增加存款供应。如果银行受到流动性监管约束,CBDC竞争导致的存款增加会造成银行放贷的扩张。此外,CBDC的安全特性可能导致储户倾向于将资金存到央行的数字账户,从而引发银行部门的挤兑。鉴于CBDC尚未实践,目前还没有直接的经验证据来回答它对于金融稳定性和银行业的总体影响。作者试图找到一些间接的证据,例如,可以通过一个合理的存款制度设计来规避风险。

二、研究问题和模型

首先,文章研究了央行数字货币对银行部门的影响:CBDC的引入会如何改变垄断银行的存贷款行为、家庭的消费和储蓄以及企业的投资行为。一个直接的机制是CBDC的利率设定改变居民的储蓄倾向,从而引发银行部门调整存款利率和贷款利率。贷款利率发生变化会影响到企业的融资,从而市场主体的决策都会受到CBDC的影响。其次,作者讨论了不同监管政策下CBDC的影响可能存在的差异,例如流动性约束安排。最后,文章试图结合一些间接的证据研究CBDC对于金融稳定的影响。

文章构建了两世代的OLG基本模型,在该经济体中人群被分为数量相同的两部分——年轻人和老年人,每个人的一生经历年轻和年老两个时期(除了在最开始就是老年人的那群人)。市场上的参与者包括工人和企业家,为简化模型设定,工人能且仅能出售资本来换取报酬,企业家通过资本投入进行生产获取回报,整个模型中不涉及人力资本。为说明银行部门的影响,企业通过从银行借款来购买资本,工人可以选择投资银行赚取利息收入。为了说明CBDC的影响,文章中CBDC作为工人存款的第二渠道对私人银行产生竞争,但它并不具有为企业提供贷款的功能。整个模型的设定如下。

(1) 每个人具有相同的效用函数:

$$U(c_t(1),c_{t+1}(2)) = (1-\beta)u(c_t(1)) + \beta c_{t+1}(2),$$
$$u'' < 0 < u', 0 < \beta < 1。 \quad (1)$$

其中,c_t为t期消费,β为衡量跨期效用权重的系数。

偏好的拟线性结构表明,利率变化带来的替代效应主导着财富效应,而财富分配的第二阶段的一次性税收义务对经济总量无关紧要。人口是恒定的,在任何给定的日期都有四大类人存在。因为人的寿命有两个阶段,所以人口被分成两个等量的单位,即年轻人和老年人。此外,作者假设人们属于两个群体中的一个,每个群体的规模相等,以单位质量分别将其称为工人和企业家,得到四大类人群:年轻工人、老员工、青年企业家、老年企业家。

(2)企业家们是同质的,他们可以在年轻时投入 k 单位的资本并在年老时获得 $F(k)$ 单位的产出。$F(k)$ 满足边际报酬递减的原则。

(3)工人们在年轻时拥有 y 单位的禀赋,这部分的禀赋可以用于消费或者投资。工人们的初始禀赋满足一定的分布 $H(a) = \Pr(y \leq a)$。

(4)该经济处于稳态。

接下来考虑市场主体的行为来求解一个稳态的均衡。由于在 OLG 模型的稳态均衡中,通货膨胀仅取决于政府债务的名义增速,作者也假定了该经济中政府债务保持不变,因此这里市场上的物价也维持在一个稳定状态,虽然它并不是模型关注的重点。

首先讨论的是政府政策。政府债务表示为 $D = M^1 + M^2 + M^3$,式子右边三项分别为现金、银行储备金和 CBDC 存款,它们共同组成了央行的负债。同时作者约束 M^1,$M^3 \geq 0$。央行的预算约束方程为:

$$T = (R^1 - 1)M^1 + (R^2 - 1)M^2 + (R^3 - 1)M^3 \qquad (2)$$

其中 R^1、R^2、R^3 分别为现金、银行储备金、CBDC 的利率。

市场上的企业家们以 R^L 的利率从银行借贷 B 用以消费和购买资本 k,他们面临的最优化问题为:

$$\max_{b,k}(1-\beta)u(b-k) + \beta[F(k) - R^L b - \tau], \quad \text{其中} \quad b \equiv \frac{B}{p}, \tau \equiv T/2p$$

s.t. $\qquad c^e(1) + k = b, \quad c^e(2) = F(k) - R^L b - \tau \qquad (3)$

其中 T 为政府税收,B 为银行贷款,p 为价格;b 和 τ 为对应实际变量,c^e 为企业家消费。

即在第一期企业家从银行借款 B,购买了 k 单位资本,剩下的用于第一期的消费。在第二期企业家的产出收益则用于消费、支付利息和税收。易求得一阶条件:$(1-\beta)u'(\hat{c}^e(1)) = \beta R^L$,$F'(\hat{k}) = R^L$。由此作者得到如下引理。

引理1 企业的贷款需求 $\hat{b}(R^L)$ 和投资需求 $\hat{k}(R^L)$ 都随银行的贷款利率 R^L 严格递减。

因为工人年轻时有收入,年老时没有收入,所以他们是这个经济中的自然储蓄者。工人可以用三种方式储蓄:实物货币、银行存款和 CBDC。假设银行存款和 CBDC 彼此之间没有特殊的技术优势。因此,如果两者都是自愿持有的,它们必须产生相同的回报率。如果其中一种债券的收益率高于另一种,那么回报率较低的债券就不会被持有。然而,开立一个银行账户需要产生一个固定的效用成本 $\varphi>0$。持有实物货币没有固定成本。因此,工人们面临着一种取舍。虽然货币不产生利息,但也不受固定成本的约束,而存款虽然受固定成本的约束,但却有可能产生利息。

考虑愿意开设 CBDC 账户的年轻人的最优化问题:

$$W^b(y, R^D) \equiv \max_{x^b}(1-\beta)u(y-x^b) - \phi + \beta(R^D x^b - \tau) \tag{4}$$

可以得到一阶条件 $(1-\beta)u'(y-\hat{x}^b) = \beta R^D$,由此易获得如下引理。

引理2 愿意选择银行储蓄者的储蓄意愿 $\hat{x}^b(y, R^D)$ 和福利 $W^b(y, R^D)$ 都随着工人们的禀赋收入 y 和银行存款利率 R^D 严格上升。

而对于不选择在银行储蓄的工人而言,他们面临的最优化问题为:

$$W^u(y) \equiv \max_{x^u}(1-\beta)u(y-x^u) + \beta(x^u - \tau) \tag{5}$$

可以得到一阶条件 $(1-\beta)u'(y-\hat{x}^u) = \beta$。

引理3 不愿意选择银行储蓄者的储蓄意愿 $\hat{x}^u(y)$ 和福利 $W^u(y)$ 随工人们的禀赋收入 y 严格上升,和银行的存款利率 R^D 无关。

由引理 2 和引理 3 可以简单推知,存在一个初始禀赋的临界点 $\hat{y}(R^D)$,当初始禀赋高于临界值时,工人们会选择银行储蓄,反之则不会。临界值满足 $W^b(\hat{y}, R^D) = W^u(\hat{y})$。

引理4 临界收入 $\hat{y}(R^D)$ 随存款利率 R^D 上升而下降。

工人们的银行总存款需求为 $\hat{s}(R^D) \equiv \int_{\hat{y}(R^D)}^{\bar{y}} \hat{x}^b(y, R^D) dH(y)$,现金需求为 $\hat{m}(R^D) \equiv \int_0^{\hat{y}(R^D)} \hat{x}^u(y) dH(y)$。

引理 5 银行的总存款 $\hat{s}(R^D)$ 随着存款利率 R^D 严格递增,因为:原来选择存款的工人存得更多了;人群中更多比例的工人选择到银行存款。

显然,一个更具有吸引力的存款利率提高了金融包容性,降低了对现金的需求。

再来考虑银行部门。类似 Klein(1971)和 Monti(1972)的方法,作者构建了垄断银行部门,先考虑没有 CBDC 的情形:私人银行在央行的存款准备金利率 R^I 是给定的,但可以自主决定存款利率 R^D 和贷款利率 R^L。银行的资产端包括在央行的储备金 l 和企业贷款 $\hat{b}(R^L)$,负债端为居民存款 $\hat{s}(R^D)$,因此银行面临的最优化问题为:

$$\max_{R^L, R^D \geqslant 1} \{ [R^L - R^I]\hat{b}(R^L) + [R^I - R^D]\hat{s}(R^D) \}$$

s.t. $\quad\quad\quad\quad l + \hat{b}(R^L) = \hat{s}(R^D) \quad\quad\quad\quad (6)$

可以得到一阶条件:

$$[R^L - R^I]\hat{b}'(R^L) + \hat{b}(R^L) = 0$$
$$[R^I - R^D]\hat{s}'(R^D) - \hat{s}(R^D) = 0 \quad\quad (7)$$

由此二式可以看出银行的最优存贷款利率都由政策利率 R^I 独立决定:

$$R^L = \left[\frac{\chi(R^L)}{1 - \chi(R^L)}\right] R^I$$

$$R^D = \left[\frac{\eta(R^D)}{1 + \eta(R^D)}\right] R^I \quad\quad (8)$$

这里设 $\chi(R^L) \equiv -\frac{R^L \hat{b}'(R^L)}{\hat{b}(R^L)} \in (0,1)$,$\eta(R^D) \equiv \frac{R^D \hat{s}'(R^D)}{\hat{s}(R^D)} > 0$。

当 CBDC 被引入,工人们可能选择在 CBDC 账户存款而非在银行,从而使 CBDC 与银行构成竞争关系,银行的存贷款行为可能受到影响。假定 CBDC 账户的开户成本与私人银行相同,区别在于存款利率 R^C。把前面银行的最优存款利率记为 R_0^D,当 R^C 低于这一最优利率时,显然 CBDC 并不能吸引到居民存款。而当 CBDC 利率更高时,原来的银行储户将选择把钱从银行转移到央行的账户,商业银行因而受到冲击。这里又需分情况考虑:第一种情况是 $R_0^D < R^C < R^I$,即 CBDC 存款利率低于央行的准备金利率而高于银行最优存款利率,银行为了保证可以吸收到居民存款且利润最大化,应将存款利率设置为等于

CBDC 利率,且由于此时负债成本低于资产收益,银行仍然可以正常运作,银行的贷款利率不受 CBDC 影响。第二种情况是 $R^C>R^I$,银行若仍然设置存款利率等于 CBDC 利率,银行将面临亏损,若存款利率低于 CBDC 利率则没有人愿意选择银行储蓄,银行无法运作。为解决这个问题,作者假定央行能以利率 R^I 为银行提供资金,那么此时银行虽然无法吸收到居民存款,但仍可以为企业提供贷款,且最优贷款利率不受影响,虽然该情况下银行并不能扮演一个完整的"银行"的角色。进一步地,若央行为银行提供的存贷款利率不等,例如,贷款利率 R^P 高于存款准备金利率 R^I,那么商业银行可能会相应提高自己的贷款利率。

引理 6 当 $R_0^D<R^C<R^I$,银行会选择 $R^D=R^C$。

引理 7 当 $R_0^D<R^C<R^I$,银行的贷款利率选择 R^L 与 R^C 无关。

引理 8 当 $R^C>R^I$ 且银行能以 R^I 的成本从央行借款,银行的贷款利率选择 R^L 与 R^C 无关。

最后讨论均衡。首先政策利率 R^I 和 CBDC 利率 R^C 由央行决定,可以视为外生变量,给定这两个利率,市场上的均衡需满足:① 企业家、工人和银行做出最优决策;② 市场出清;③ 政府预算平衡。求解均衡的第一步可以求解银行在不同的利率条件下的行为:当 $R^C<R^I$,银行从居民存款获得资金;当 $R^C>R^I$,银行从央行获得资金。银行的均衡贷款利率只取决于 R^I,但均衡存款利率视情况而定,当 $R^C<R_0^D$,银行选择最优利率 R_0^D;反之,银行会匹配 CBDC 利率 R^C。

对于一组 (R^L,R^D,R^I,R^C),企业家的最优决策 $\hat{b}(R^L)$ 和 $\hat{k}(R^L)$ 由引理 1 给出,工人们的储蓄为 $\hat{s}(R^D)+\hat{m}(R^D)$。整个经济中的资产需求为 $\Omega(R^I,R^C)\equiv\hat{s}(R^D)+\hat{m}(R^D)-\hat{b}(R^L)$,从而 $\dfrac{D}{p}=\Omega(R^I,R^C)$。

引理 9 $\Omega(R^I,R^C)$ 随 R^C 单增。

三、研 究 结 果

第一个结果或许也是最有意思的结果:引入在技术上与银行存款相当的 CBDC,将不会对银行为企业融资的能力产生影响。引理 7 明确指出,CBDC

不会对利润最大化的贷款利率产生影响。将这一结果与引理 1 相结合,表明对信贷需求没有影响,因此期望的投资支出保持不变。

这一相当明显的结果取决于一系列假设,包括央行政策的执行。第一,它假设央行政策是通过利率规则 R^I 来执行的。这似乎是符合实际情况的。第二,假设 CBDC 利率 R^C 与中央银行利率政策规则不相互作用。这似乎是一个合适的思想实验,因为 R^C 只会通过它对 R^I 的影响而对投资产生影响。第三,在这种情况下,作者假设私人银行可以在政策利率下借到所有它们需要的储备金。这种假设是不现实的。在现实中,银行将无法用储备金或其他非存款资金以相同的利率为整个贷款组合融资。另外,$R^C>R^I$ 的假设似乎也不现实,所以也许不需要担心这种情况。而且,该结果在现实中是否可能还取决于缺乏具有约束力的流动性或资本监管。

第二个重要的结果表明,只要 CBDC 利率设置低于 IOR 利率,垄断银行就有充分的动机匹配 CBDC 利率以保留存款。这是因为银行以 IOR 利率贷款给中央银行,而只付给存款人 CBDC 利率。只要 IOR 减去 CBDC 的息差保持正值,它就为银行保留存款提供了回报。当然,这也会挤压垄断企业的利润率。在均衡中,CBDC 的接受率为零,因此,即使是 CBDC 或法定最低存款利率的威胁也会在这里实现相同的效果。

在现实中,预计至少会有一些人接受 CBDC,实际上,大多数人可能会同时持有私人和公共部门账户。这里的结果取决于作者的假设,即私人和公共支付系统共享相同的基础技术,并且访问或操作这种技术的成本(以 φ 衡量)对每个人来说都是一样的。实际上,支付系统可能因行业不同而不同,每个系统都是为特定的用户或特定的目的而量身定做的,每个系统都有其独特的优点和缺点。另外,文章中私人和公共部门之间的竞争仅通过存款利率发生。实际上,银行向客户提供一系列的服务,因此,竞争的加剧可能不会以更高的存款利率的形式出现,而是在各个方面改善客户服务。

第三个重要结果是,由于 CBDC 为储户带来了更优惠的合同条款,它增加了对存款的需求。在该模型中,这种情况既通过鼓励现有储户增加存款这一渠道发生,也通过鼓励无银行账户的个人支付进入银行部门这一渠道发生。因此,CBDC 施加的竞争压力非但不会减少对银行部门存款的需求,反而可能最终扩大银行部门的存款人基数。然而,增加的存款人基数并不会增加银行利润,因为利润率的下降幅度大于存款的增加幅度。因此,预计 CBDC 会降低垄断银行的利润。

上述存款需求的增加与实物货币需求的下降有关。一个长期存在的问题是,无现金社会对央行控制货币政策和确定价格水平意味着什么。Costa and De Grauwe(2001)认为,央行将失去其传统的货币政策工具。另一方面,Engert, Fung and Hendry(2018)认为没有重大后果。文中的模型支持后一个结论。特别是,没有什么可以阻止央行在无现金经济中使用标准利率政策。当存取款无成本时($\varphi=0$),这里的现金被逐出了流通。但唯一的效果是将公共债务的构成从货币转变为存款。价格水平继续由名义债务的量而非其构成决定。

最后,该模型预测,至少在短期内,CBDC 可能会起到抑制通货膨胀的作用。具体而言,R^C 增加的作用是增加对外部实际资产的需求(根据引理 9)。市场出清条件则意味着对于固定水平的外部资产 D,价格水平必须下降。然而,长期的通货膨胀率仍由名义债务量决定。

上述模型预测 CBDC 对银行贷款利率和银行贷款活动没有影响,然而这里缺少流动性约束或资本金要求,下面考虑流动性约束的影响。传统的资产端约束一般是最低资本金,如今,银行受制于《巴塞尔协议Ⅲ》的流动性覆盖率(LCR)要求,这一要求会增加准备金(以及其他高质量流动性资产)的监管需求。在美国,具有全球系统重要性的银行也被迫持有储备,以便在破产时进行有序的清算。在上述模型中加入一个类似 LCR 的约束:$l \geq \lambda s(R^D)$,垄断银行的最优化问题变成:

$$\max_{R^L} [R^L - R^I]\hat{b}(R^L) + [R^I - R^C]\hat{s}(R^C)$$

s.t. $\qquad (1-\lambda)\hat{s}(R^C) \geq \hat{b}(R^L)$ (9)

当约束是紧的时,银行贷款利率满足$(1-\lambda)\hat{s}(R^C) = \hat{b}(R^L)$,该式子说明当 CBDC 利率 R^C 上升,银行贷款利率 R^L 会下降,但银行的贷款量有所上升。因此在存在流动性约束的情形下,CBDC 会对银行的贷款行为产生影响。

关于 CBDC 对金融稳定的影响,虽然上述模型没有明确纳入银行挤兑的可能性,但很容易以 Andolfatto, Berentsen and Martin(2020)的方式扩展分析。作者沿用上面的模型与该文章相结合,作为一种启发式工具,来评估对 CBDC

可能破坏货币市场稳定的担忧。

Cecchetti and Schoenholtz（2017）表明，CBDC 可能使银行存款成为一种不太稳定的资金。当金融危机的迹象存在时，储户倾向于将他们的资金从私人银行移动到 CBDC，从而导致一个自我实现的银行危机（Diamond and Dybvig 1983）。当然，正如他们所承认的那样，这类工具已经以现金和国债的形式存在。它与 CBDC 的主要区别在于其明显的优势和作为一种安全工具的广泛可用性。他们认为，CBDC 实施的激励措施将要求央行在金融危机中大举扩大放贷。Kumhof and Noone（2019）还指出，尽管银行挤兑大多发生在货币上，但 CBDC 的电子性质可能会使挤兑现象更容易发生。

然而，值得指出的是，当美国联邦储备银行在 2014 年实施隔夜逆回购（ON RRP）工具时，Cecchetti and Schoenholtz（2014）也表达了类似的担忧。令人高兴的是，当时人们担心的金融不稳定风险并没有成为现实，事实上，由于在其他地方可以获得更高的回报，有关该工具的活动现已停止。从理论上讲，在资金大量流入的情况下，可以通过大幅降低 ON RRP 利率来降低风险。正如 Kumhof and Noone（2019）所指出的，同样的属性也可以嵌入 CBDC 利率的管理政策中。这些作者还强调，为了保证稳定，需要放弃任何以固定汇率赎回 CBDC 储备的承诺。这一特性让人想起美国货币市场 2018 年至 2020 年的监管改革，允许优质货币市场基金的经理在出现大规模赎回的情况下，自行决定征收流动性费，并设置赎回通道。除此之外，央行本身可以保证稳定，随时准备充当最后贷款人。

鉴于 CBDC 实验尚未进行过尝试，目前还没有直接的经验证据来回答其对金融稳定性或银行业的总体影响。然而，有一些间接的证据值得考虑。例如，Grodecka-Messi（2019）研究了加拿大银行在 1935 年成立时如何用自己的发行取代当时的私人纸币。她的分析表明，对银行贷款的影响要么不显著，要么不明确。这一变化似乎没有对以稳健著称的加拿大银行的金融稳定产生负面影响。也可以借鉴邮政储蓄制度的经验，例如，Schuster, Jaremski and Perlman（2016）明确指出，美国银行对美国邮政储蓄系统并不看好（1911—1967年）。在联邦存款保险之前，后者似乎被用作一种避险工具，导致商业银行大量存款流出。由于目前小额存款有保险，大额存款没有，这表明大额存款的所有者可能将 CBDC 视为一个有吸引力的存款渠道。另外，设计得更好的存款合同(例如,加入上述流动性费用和赎回通道)可能有助于降低风险。

与此相关的问题是,完全保险的 CBDC 工具可能如何影响批发银行部门。与银行存款相比,以美国国债等安全证券为抵押的隔夜回购安排对于大额交易具有吸引力,原因至少有两个:第一,政府对存款账户的保险通常限制在一个相对较小的金额;第二,即使存款有保险,如果银行遇到财务困难,也可能无法立即获得资金。由于 CBDC 账户将不存在这些风险,企业资金经理可能倾向于撤出回购市场,进入 CBDC。在一定程度上,它们可能会缓解对安全资产的需求(Grey,2019),并使货币市场更加稳定。

四、 文章总结与未来展望

上述分析表明,对于一个银行部门较为垄断而不是完全竞争的经济体,CBDC 将给存款人带来更大的好处。模型说明 CBDC 可以提高金融的普惠性,减少现金的使用。同时,CBDC 不一定会对银行的贷款行为产生不利影响。最后,结合理论和一些实际证据,作者说明一个机制设计良好的 CBDC 不会影响金融稳定性。

未来随着包括我国在内的各国央行数字货币落地,从 CBDC 的设计机制、技术原理,到 CBDC 对于移动支付、商业银行以及人民币国际化等方面的影响,更多针对 CBDC 的学术研究有望展开。尤其是,在中国 CBDC 并非由央行直接发行,而是由国有银行及支付平台等运营机构代为发行,它对于一般商业银行和储蓄者的影响显然不同于这篇文章所建立的模型。因此,更加精细化的模型设计和更多外生因素的控制有利于得到更贴近现实的结果。

论文评价

这篇文章建立了一个 OLG 和垄断银行模型,研究了 CBDC 对银行和居民消费与投资的影响,以及 CBDC 是否会危害金融稳定。文章的结论是 CBDC 会给存款人带来好处,同时不一定会影响银行的贷款行为。文章的亮点在于关注了 CBDC 作为一个新的存款渠道的作用,并且不同于此前的文章是在一个完全竞争的市场背景下的分析,这篇文章研究了垄断银行下的情形。但文章的局限也在于此,因为 CBDC 扮演的角色远不仅仅是一个央行存款账户。

原作者简介

David Andolfatto 是圣路易斯联邦储备银行研究部的高级副总裁。在 2009 年 7 月加入美联储之前,他曾在滑铁卢大学和西蒙菲莎大学担任经济学教授。他曾受邀作为访问学者访问世界各地的央行,包括加拿大银行、日本银行、哥伦比亚共和国银行和荷兰银行,以及一些联邦储备银行。2009 年,因其在货币、银行和货币政策领域的贡献,他被授予著名的加拿大银行奖学金。Andolfatto 的研究论文先后发表在 *American Economic Review*、*Journal of Political Economy* 等期刊上。

《加密货币的风险和回报》导读

原文详见 Liu Y, Tsyvinski A, 2021. Risks and returns of cryptocurrency [J]. The Review of Financial Studies, 34(6): 2689–2727。

一、研究背景

加密货币是最近受到极大关注的一种现象。大量学术研究集中关注开发加密货币的理论模型,关于加密货币的理论文献提出了许多对加密货币估值具有潜在重要性的因素,这些文献主要分为三类:第一类构建了加密货币采用网络效应的模型,并强调了由网络效应的正外部性引起的价格动态;第二类侧重于数字货币的生产方面——矿工的问题,并表明加密货币价格的演变与边际生产成本有关;第三类将加密货币价格的变动与法定货币等传统资产类别的变动联系起来。关于加密货币的实证文献也越来越多,Borri(2019)发现个别加密货币面临加密货币市场尾部风险,Makarov and Schoar(2020)发现加密货币市场表现出跨交易所的潜在套利机会时期,Griffin and Shams(2020)研究了比特币价格操纵。这篇文章是第一篇通过实证资产定价的视角对加密货币进行全面分析的文章,主要贡献在两个方面,首先是检验了现有理论模型的机制和预测结果,其次是为该资产类别建立了一套基本的资产定价事实。

二、研究问题与核心假设

这篇文章主要研究了加密货币当前和未来的回报与加密货币主要的因素

---

① 本文作者:陈妍汀,北京大学国家发展研究院博士研究生。

之间的关系,其中包括加密货币网络因素、加密货币生产要素、加密货币惯性、衡量平均和负面投资者关注的代理变量、加密货币估值比率的代理变量五大类要素。作者假设这五大类因素可能会影响加密货币当前和未来的回报,并分别进行验证。

三、数　　据

文章主要用到的数据来自 CoinMarketCap 这一网站,其中包括仍在交易和已不再交易的加密货币,时间跨度从 2011 年 1 月 1 日到 2018 年 12 月 31 日,数字货币市场回报指所有底层数字货币的价值加权回报。作者通过绘制数字货币市场与三种主要加密货币的价格走势,发现三种主要加密货币和整个市场之间存在比较强的联动关系。由数据的基本统计特征可以发现,数字货币市场回报的均值和标准差都比股市回报高一个数量级。在每日和每周频率上,数字货币市场的 Sharpe ratio(夏普比率)比可比时间段内的股票市场分别高出约 60% 和 90%;在每月频率上,Sharpe ratio 与可比时间段内的股票市场的 Sharpe ratio 相似。数字货币市场的回报在所有频率上都呈正偏态,而股票回报则呈负偏态,三种主要的加密货币都具有正偏度和高峰度。数字货币市场回报还极有可能出现异常的负日回报和正日回报。

四、研究结果

接下来作者对五大类要素分别进行讨论。第一部分是加密货币网络要素,使用钱包用户数、活跃地址的数量、交易次数、支付次数四个指标用来反映用户采用的网络效应,用四个指标的增长衡量网络效应的增长,同时文章还通过取四个主要指标的第一个主成分构建了一个复合度量。这四个主要指标彼此呈正相关,复合度量与四个主要指标均密切相关。通过将数字货币市场回报对加密货币网络的四种变化指标和复合指标分别进行回归,发现数字货币市场回报与所有四个单独的加密货币网络因素和综合衡量指标均呈正相关,这说明衡量用户采用网络效应的网络因素是加密货币价格的重要驱动因素。

此外,在具有网络效应的动态加密货币定价模型中,加密货币价格不仅反映当前加密货币的采用情况,还包含有关预期未来网络增长的信息。作者检验了当前数字货币市场回报是否包含有关未来加密货币网络增长的信息。特别地,使用当前的数字货币市场回报预测未来不同时间范围内加密货币采用的累积增长。作者采用了未来 1 个月到 8 个月的累积加密货币采用增长,使用累积钱包用户增长、活跃地址数增长、交易数量增长和支付数量增长来代表加密货币采用的增长,发现数字货币市场回报积极且统计显著地预测了所有时间范围的累积钱包用户增长、前三个时期的累积活跃地址数增长和前两个时期的累积支付数量增长。数字货币市场回报还积极预测了前五个时期的累积交易数量增长,但在统计上并不显著。唯一的例外是交易增长指标:数字货币市场回报负向预测了从 6 个月到 8 个月的累积交易数量增长,但这个负向关系不显著。对负面影响的一个可能解释是拥塞,因为在拥塞时用比特币进行交易会变得非常昂贵,这会阻止许多本来会发生的较小交易。

作者第二部分讨论的是生产要素,这里的生产就是挖矿,产生耗电成本和挖机的计算成本。考虑消耗电量的成本时,作者采用了七个指标:美国的平均电价、美国所有部门的净发电量、美国所有部门的总用电量、中国平均电价、中国的发电量、四川省平均电价、四川省发电量。同样还通过取七个初始指标的第一个主成分来构建一个复合指标。作者在其中包含了中国的代理变量,是因为电力供应是特定于地点的,并且中国被认为拥有所有国家中最大的挖币业务;其中也包含了四川省代理变量,这是因为四川省拥有世界上最大的挖矿基地。

在对七个指标和复合指标相关性的分析中,作者发现除中国的两项电价指标外,其他五项主要指标均呈正相关且相关性很强。这可能是因为中国的电价受到政府的严格控制,所以与其他电力指标的相关性很低。复合度量与七个主要指标中的大多数呈强正相关。同时数字货币市场回报对七个指标和复合指标分别回归的 R 方都很低,表明数字货币市场回报在统计上并未受到任何生产要素代理变量的影响。

在考虑计算成本时,作者使用蚂蚁矿机的价格作为主要衡量标准,这是比特币挖矿设备的主要部分。作者还考虑了作为 GPU 挖矿芯片主要制造公司英伟达(Nvidia Corporation)和 AMD 公司(Advanced Micro Devices,Inc.)的超额股票回报,以及 ASIC 挖矿芯片主要制造公司台湾半导体制造有限公司

(Taiwan Semiconductor Manufacturing Company，Limited)和先进半导体工程公司(Advanced Semiconductor Engineering，Inc.)的超额股票回报。同时还通过取五个初始指标的第一个主成分来构建一个复合指标。

这些指标之间大多数是正相关的，复合指标与四个回报指标正相关，与蚂蚁矿机价格增长指标的相关性较低。在数字货币市场回报分别对计算成本衡量指标的回归中发现四种超额回报指标对数字货币市场回报的影响比较微小，蚂蚁矿机价格增长指标有一定正向影响，但仅在10%的水平上显著。由此得出结论：计算成本要素可能不是加密货币回报的重要驱动因素。

作者还检验了生产要素变化与加密货币回报之间的超前滞后效应，以解释可能的预期效果，发现一个月前的数字货币市场回报不会受到大多数生产因素的显著影响。唯一的例外是美国平均电价的变化，但影响为负向且仅在10%水平上显著。从中还发现当前的数字货币市场回报积极地预测了未来的一些生产因素，尤其是数字货币市场回报统计上可以正向显著预测美国平均电价、美国各行业净发电量、美国各行业总用电量以及四川省发电量的变化。

下面作者考虑加密货币回报是否可以预测，首先检验了在不同时间范围内加密货币回报是否有较强的时间序列惯性。将未来一周到八周的累积数字货币市场回报对当前数字货币市场回报进行回归，当前的数字货币市场回报正向且显著地预测了所有八个时间范围内的累积未来数字货币市场回报，在一周到五周范围内是在5%水平上显著，在六周到八周范围内是在10%水平上显著。同时作者通过将每周回报按三分位数分组评估其未来表现，来估计时间序列惯性的大小。发现在一到四周的范围内，顶部三分位数的表现优于底部三分位数。作者还使用样本头两年的数据做样本外时间序列惯性表现的研究，发现样本外具有很强且显著的惯性效应。同时考虑惯性和加密货币网络因素，发现有证据表明加密货币采用的增长正向预测未来的数字货币市场回报。然而，对加密货币采用增长的控制并不包含前面提到的时间序列惯性效应。

然后作者考虑加密货币受到的投资者关注是否可以预测加密货币回报，构建给定一周内谷歌上搜索"比特币"一词与前四个星期平均值的偏差，并将谷歌搜索度量标准化。使用谷歌搜索"比特币"一词来代表投资者对加密货币市场的关注，因为比特币是迄今为止最大和最明显的可用加密货币。将未来一周到八周的累积数字货币市场回报对谷歌搜索指标进行回归,发现谷歌搜索指标在5%水平上显著地预测了未来一周到六周的累积数字货币市场回报,七周和八周范围虽然也是正向的影响,但不再具有统计显著性。搜索量增加一个标准差会导致未来一周累积数字货币市场回报增加约3%,未来两周累积数字货币市场回报增加约5%。同时作者通过将谷歌搜索指标按三分位数分组评估其未来表现。与回归结果一致,发现就未来一周到四周的累积数字货币市场回报而言,顶部三分位数优于底部三分位数。作者还使用样本头两年的数据来研究投资者关注的样本外效应,结果表明投资者关注具有较强的积极影响。

然而,并非所有投资者关注都是积极正面的。作者单独对负面的投资者关注是否会预测加密货币回报进行分析,构建谷歌搜索词组"比特币洗钱"和搜索词"比特币"之间的比率来代表负面的投资者关注,同样将度量标准化。将未来一周到八周的累积数字货币市场回报对该比率进行回归,发现该比率负向且显著地预测了未来一周到六周的累积数字货币市场回报。同样将负面投资者关注按三分位数分组评估其未来的表现,与回归结果一致,发现负面投资者关注对回报的预测有着强烈的负面影响。另一种解释投资者关注结果的方法是,对投资者关注的度量代表了加密货币的投资兴趣和情绪。积极的投资者情绪伴随着加密货币的升值,消极的投资者情绪伴随着贬值。

前面已经表明,时间序列惯性和投资者关注对加密货币市场有很强的影响,加密货币惯性和投资者关注结果也可能相互影响。例如,加密货币时间序列惯性在投资者关注度高时可能较弱,因为在投资者关注度高时信息泄漏较少。因此作者考虑了惯性和关注之间的交互作用,共进行了四个回归:(1)将谷歌搜索指标对同期和前四个星期的数字货币市场回报进行了回归,发现当前投资者对加密货币的关注确实与当前和过去的数字货币市场表现有关,谷歌搜索指标与同期和前一周的数字货币市场回报呈显著正相关,但与过去一周以上的数字货币市场回报没有显著相关性。直观来说,在加密货币市场表现出色之后,投资者给予了更多的关注。(2)将未来累积数字货币市场回报对当前数字货币市场回报和谷歌搜索指标进行回归,发现当前数字货币市场回报对所有时间范围内的未来累积数字货币市场回报都有正向显著影响,而谷歌搜索指标对从一周到五周范围内有正向显著影响,影响程度的大小与它们独立估计时相似,表明时间序列惯性和投资者关注结果并不相互包含。(3)构造一个指示变量 1{Google>0},如果当前的谷歌搜索指标高于样本均值,则该变量等于1,否则等于0。将未来一周到八周的累积数字货币市场回报对当前的数字货币市场回报、指示变量和它们的交互项进行回归,发现交互项在八个时间范围中都没有显著影响,表明时间序列惯性效应在投资者关注度高和关注度低的时期相差不大。(4)构建另一个指示变量 1{R>0},如果当前数字货币市场回报为正,则该变量等于1,否则等于0。将未来一周到八周的累积数字货币市场回报对当前的谷歌搜索指标、指示变量和它们的交互项进行回归,发现交互项在八个时间范围中都没有显著影响,表明投资者关注效应在数字货币市场高回报期和低回报期没有差别。

此外,作者还收集了2014年年初至2018年年底前十大加密货币的谷歌关注度数据,在给定的时间点,根据谷歌关注度数据将这十大加密货币分为两个子样本——高关注组和低关注组,将每个子样本未来累积回报对当前回报进行回归,发现高关注组和低关注组都存在时间序列惯性效应。然而高关注组的惯性在统计上并不显著,而低关注组的惯性在六周内具有统计显著性,且相对于高关注组,低关注组的惯性估计值也更大,说明时间序列惯性效应对于关注度相对较低的加密货币来说更强。

接着,作者研究了加密货币估值比率是否可以预测未来的数字货币市场回报。在股票市场中,基本价值对市场价值的比率通常被称为估值比率。加密货币的市场价值是现成的,但是没有直接衡量加密货币基本价值的指标。作者使用一系列不同的代理变量来衡量基本价值,主要是两大部分:第一部分是使用过去的长期绩效进行衡量,使用过去100周累积数字货币市场回报的负数;第二部分是直接采用加密货币的基本面市值比的代理变量,包括使用用户市场占有率、活跃地址市场占有率、交易市场占有率、支付市场占有率。这五个主要指标彼此间高度相关,五个指标的第一个主成分度量与长期过去回报、用户市场占有率、活跃地址市场占有率、交易市场占有率和支付市场占有率的相关性均在0.9以上。将未来一周到八周累积数字货币市场回报对上述五个估值比率指标进行回归,发现尽管估计出的预测效果为负,但五个独立的估值比率和主成分度量均未对未来任何时期的累积数字货币市场回报有显著的预测,总体而言,未来数字货币市场回报与当前加密货币估值比率之间存在非常微弱的关系。

之后作者考虑其他资产对加密货币回报的敞口。首先研究传统货币的敞口,对于货币回报,作者考虑五种主要货币:澳元、加元、欧元、新加坡元和英镑,发现这些主要货币对数字货币市场回报的敞口在统计上并不显著。进一步检验货币因素对加密货币的敞口,而不是个别主要货币回报,发现与个别货币回报的结果一致,货币因素对数字货币市场回报没有显著敞口,从而得出结论:没有一致的证据表明加密货币中存在系统性货币风险。

关于加密货币的另一种说法是,加密货币与传统贵金属商品的用途相同,或者说加密货币是"数字黄金"。如果加密货币的投资者持有这种信念,作者期望发现加密货币的回报与传统贵金属商品的回报同步变化。作者检验了数字货币市场回报的贵金属商品敞口,对于贵金属商品,考虑黄金、铂金和白银,发现这三种主要贵金属商品对数字货币市场回报的敞口在统计上并不显著,从而得出结论:没有一致的证据表明加密货币中存在系统性贵金属商品敞口。

作者还进一步考虑了数字货币市场回报的普通股票因子敞口,发现数字货币市场的回报可能更多地与成长型公司而不是价值型公司有关,更多地与高利润公司而不是低利润公司相关。除此之外,还考虑了来自 Andrew Chen 网站的 155 个常见因素和宏观经济指标,均没有得到显著的影响。

最后作者进行了一些额外的探究,得到如下结论:加密货币时间序列惯性和横截面惯性的盈利周期不同;在监管事件期间,同期的加密货币回报较低;加密货币回报对负面监管事件做出反应,而对正面监管事件不做反应;当前的数字货币市场回报还包含有关未来投资份额增长预期的信息;当目前的成交量波动率较高时,数字货币市场回报较高;对网络规模因素的积极冲击导致未来数字货币市场的估值永久增加等。

五、 总结与展望

总结来看,作者在研究中主要得出了四条结论:加密货币回报对加密货币网络因素反应强烈,但传统资产类别对加密货币回报的敞口较低;加密货币价格的演变与加密货币生产因素无关;加密货币的回报可以通过惯性和投资者关注这两个特定于其市场的因素来预测;这两者的结果之间只有有限的相互作用。这也启示我们在未来的研究中可以更加重视惯性和投资者关注对加密货币回报的影响。

论文评价

文章探究了当前数字货币市场回报受什么因素的影响以及哪些因素可以预测未来数字货币市场回报,为之后的研究提供了一些可用的指标。但文中对于结果的解释较弱,因素的探究也相对孤立,并没有对未来数字货币市场回报提出完整的预测模型。文中得到货币和股票市场回报与加密货币回报相关性不强,但现在结果可能发生变化,关系慢慢变得紧密,有两种可能的解释:一些稳定币底层保障为国家主权货币,价值相对稳定,这将加密货币和传统货币联系起来;同时现在加密货币成为一种资产配置的方式,类似高风险资产,被投资者放入资产组合中,传统金融市场上做基金管理的人越来越多地将资产配置到加密资产或虚拟资产上,将加密货币与股票市场联系起来。

原作者简介

Yukun Liu 本科毕业于康奈尔大学,博士毕业于耶鲁大学,目前是罗切斯特大学西蒙商学院金融学助理教授,主要关注资产定价、金融科技、机器学等领域,研究成果发表在 Journal of Finance、The Review of Financial Studies 等期刊上。

Aleh Tsyvinski 本科毕业于白俄罗斯国立经济大学,博士毕业于明尼苏达大学,目前是耶鲁大学经济学教授,主要关注宏观经济学、公共经济学、最优财政政策、税收影响、政府角色、宏观经济政策等领域,研究成果发表在 American Economic Review、Econometrica、The Quarterly Journal of Economics、Journal of Political Economy 等期刊上。

第四篇
数据与人工智能

本 篇 导 读[①]

近年来,以大数据、区块链、云计算、人工智能等为代表的数字技术正加速创新,日益融入经济社会的各个领域。习近平总书记向2021年世界互联网大会乌镇峰会所致的贺信中指出:"数字技术正以新理念、新业态、新模式全面融入人类经济、政治、文化、社会、生态文明建设各领域和全过程,给人类生产生活带来广泛而深刻的影响。"在金融领域,数字技术正全面赋能传统金融业的发展,数字技术在金融领域的应用,不仅可以有效降低金融机构的运行成本、提升金融机构的服务效率、促进金融产品的创新、延伸金融服务的触达范围,而且在金融监管、助力实体经济发展等方面也发挥了重要作用。在新冠肺炎疫情的特殊时期,以数字技术为依托的"非接触金融服务"在助力疫情防控的同时也加速了金融业务结构和服务模式的变迁。目前,各个国家的金融机构都提升了对数字技术的重视程度,加大了数字技术的投入力度,技术投入占应收的比重、科技员工占总员工的比重都在大幅提升。数字技术正在对延绵千百年的金融服务业进行重塑与再造,数字技术与金融的深度融合正推动金融业态发生根本性变革。

厘清以大数据、人工智能等为代表的数字技术在金融中发挥的作用很重要。本篇的第一篇论文《大数据作为一种治理机制》探究了另类数据(Alternative Data)在资本市场中所起的作用。随着信息通信技术的创新以及互联网和移动终端的普及,个人数据、商业数据、传感器数据等另类数据正被积累和留存。由于另类数据所具有的数据量大、实时性高、颗粒度精细和"原始"等特点,在降低信息获取成本和缓解信息不对称方面发挥着越来越重要的作用,另类数据也由此被越来越多的对冲基金、量化基金、资产管理机构等使用。那

[①] 本篇作者:黄卓,北京大学国家发展研究院副教授(长聘),北京大学数字金融研究中心副主任。

么,另类数据在资本市场中发挥了怎样的作用?作者探究了另类数据的使用对价格信息量的提高和对投资经理人的约束作用。实证结果表明,第一,另类数据的引入通过降低信息获取成本来使得价格中的信息含量增加,特别是那些有更强动机向资深投资者揭露其信息的公司。第二,另类数据的使用对于投资经理人的约束作用主要有两方面:一方面,经理人会减少他们的机会主义交易;另一方面,经理人的投资效率会提高,这与价格信息含量的提高会使得经理人更有效地投资和撤资的动机是一致的。这一研究有效补充了数字技术对资本市场影响的文献,即在资产管理中使用另类数据的影响。

区块链技术的去中心化、防篡改的特征可以有效破除组织间的信息壁垒,提升金融交易效率。本篇的第二篇论文《区块链革新和智能合约》探究了区块链技术在智能合约中的应用。文章主要通过理论建模探讨了区块链技术对智能合约的影响。文章首先论述了区块链技术的去中心化是如何通过分散信息来使共识更有效的。接着重点通过理论建模讲述了区块链技术的应用如何增强市场进入,鼓励竞争,从而提升了社会福利与消费者剩余,以及这一过程中可能引起的潜在问题。文章的主要结论为,区块链等去中心化账本技术具有去中心化共识和算法执行防篡改的特点,从而扩大了合约空间并促进了智能合约的创建。然而,达成去中心化共识的过程改变了区块链上的信息环境,这可能促进厂商合谋,减少社会福利。这一研究结果为商业决策和政策分析提供了重要启示。

以数字技术为核心的金融科技公司在现在的金融市场中扮演着越来越重要的角色,其对非传统信息的收集和分析正对金融市场分析产生一定的影响。本篇的第三篇论文《金融科技与金融市场分析》探究了金融科技公司对非传统数据的整理和分析是如何影响金融市场分析的。文章使用来自Cruchbase数据库、Comscore网站、TipRanks公司三方的数据,构建了一个汇集用户使用金融科技程度及其投资行为的数据库,探究了金融科技公司通过对非传统数据进行整理和分析而对股价信息量产生的影响。文章的发现主要有三点:第一,金融科技企业对于投资者而言更多扮演了分析师报告的替代角色,非传统数据在股票市场分析中扮演了传统数据的替代角色。经常浏览金融科技网站的人会更高频地登录自己的线上券商账户,但会减少看分析师报告的频率。第二,非传统数据分析中包含着群体智慧,正是这部分群体智慧保障了信息质量。而金融科技网站通过数字技术将这些群体智慧便捷地、低成本地传递给投资者,进而改善了股价中的信息量。第三,群体智慧主要由顶级的金融博主驱动,他们的博文可以解释约85%的群体智慧效果。这说明金融科技公司如果能更好地将他们掌握的信息识别出来,并传递给投资者,可以进一步提升信息质量,降低信噪比,提高股价信息量。文章为数字技术、非传统数据对金融市场分析的影响及其机制提供了新的证据,也为学术界和业界的分析提供了重要参考。

机器学习作为一种新兴的数字技术不仅可以用于投资策略分析,还可以应用于管理层的选择,如公司董事的遴选。本篇的第四篇论文《利用机器学习遴选公司董事》利用机器学习等先进技术构造出了一种更加公正有效的遴选董事的方法,使股东利益得到更好的保障。众所周知,公司董事会由股东选举产生,在法律上负责管理公司。原则上,董事会向股东报告,实现公司价值最大化。然而,在实践中,董事的素质以及他们为股东利益服务的程度存在很大差异。董事会出现的许多问题大都是由于董事的遴选流程存在一定的弊端。董事会往往被以首席执行官为首的经理层所操纵,包括新董事的选择,而股东实际上对董事的选择没有控制权。如何确保选择出来的董事能够代表股东利益,以实现公司价值最大化?为了解决这一问题,文章基于公司、潜在董事及其属性的数据,构建了一个机器学习算法来确定公司的最佳董事人选。具体来说,文章建立了一个包含了2000年至2014年任命的美国上市公司和董事相关信息的大型数据库,构建了多个机器学习算法,旨在利用董事和公司层面的数据预测董事的绩效,并将这些算法选出的董事的质量与公司实际选出的董事的质量进行比较,以确保构建的机器学习模型确实可以优化董事的遴选。这篇文章为数字技术在金融领域的应用和研究提供了一个新思路。

以大数据、人工智能等为代表的数字技术不仅推动了金融业的深刻变革,而且在推动共同富裕、助力"双碳"目标实现和推动社会信用体系建设等方面也发挥了巨大作用。首先,数字普惠金融可以有效服务乡村振兴,精准滴灌小微企业,推动共同富裕的实现。由于数字技术可以有效缓解信息不对称,降低金融机构的服务成本,这使得"三农"领域及小微企业的融资难、融资贵问题得以解决。在数字技术的支持下,越来越多的金融机构推出面向"三农"、中小微企业的普惠金融产品。《2021年中国银行业服务报告》显示,截至2021

年年末，中国银行业金融机构用于小微企业的贷款余额达到50.0万亿元，其中普惠性涉农贷款余额8.88万亿元，较年初增长17.48%（中国银行业协会，2022）。数字普惠金融对"三农"、小微企业的服务覆盖在推动区域协调发展、促进共同富裕方面发挥了重要作用。其次，数字技术还在赋能绿色金融的发展、助力标准化绿色金融基础设施建设、引导个人与绿色金融实践、助力"双碳"目标实现等方面发挥重要作用。例如，数字技术可以通过增加绿色金融产品的供给和创新、提升绿色金融服务水平、创新监管工具等方式助力绿色金融的发展；大型金融科技公司蚂蚁集团推出的蚂蚁森林项目，通过分析消费者的日常行为来计算相应的碳节约量，然后将这些碳转化为资本，存入个人的碳账户，旨在减少一次性餐具的使用、减少森林砍伐、鼓励绿色出行，在引导个人的绿色金融实践方面发挥了重要作用。最后，数字技术可以助力我国社会信用体系的建设。目前，我国有很大一部分人群是信用白户，这些人群无法享受到传统的金融服务。数字技术的出现可以通过对信用白户在某些金融科技平台上积累的数据进行分析，以评估其还款能力和还款意愿。根据评估结果，金融机构可以为部分用户提供小额的、高频的、实时的金融服务。这些金融服务可以进一步积累他们的信用，并将产生的信用信息补充到征信体系里，为后续更加复杂的信贷服务奠定基础，为国家社会信用体系的建设补充数据要素。

数字技术对金融体系的影响远不止这些。随着数字技术的进一步发展、我国金融体系的逐步完善和金融市场化的纵深发展，数字技术可能对金融体系产生颠覆性的影响。深入研究各种数字技术对金融体系的潜在影响、作用机制以及可能面临的挑战对于促进我国金融市场的健康发展具有重要意义。期待有更多的学生和学者加入数字技术如何改变金融机构、金融市场、金融体系的研究中来，让数字技术更好地赋能金融、实体经济以及社会的发展。

《大数据作为一种治理机制》导读

原文详见 Zhu C, 2019. Big data as a governance mechanism [J]. The Review of Financial Studies, 32(5): 2021-2061。

一、研究背景

随着信息通信技术的不断创新以及互联网和移动终端的普及,个人数据、商业数据、传感器数据等另类数据得以积累和留存,并被越来越广泛地运用于生产、营销、投资等经济活动中的各个方面。这类新型数据具有数据量大、实时性高、颗粒度精细和"原始"等特点,可降低信息获取成本和信息不对称,被越来越多的对冲基金、量化基金、资产管理机构等使用。另类数据如何影响资本市场也开始受到学者们的关注,研究发现,另类数据对盈利、收入和股票收益具有显著预测作用。基于已有研究,这篇文章从两个方面进行了拓展研究:① 另类数据是否可以提高股票价格的信息含量;② 另类数据带来的股价信息含量的提高是否会对投资经理人行为产生约束。

文章认为另类数据近年来的兴起对两方面造成了影响:股票价格信息含量及投资经理人的行为。近几年计算技术的进步使得科技公司能够收集实时的、更精细的基本面指标数据,包括消费者交易和卫星图像,以出售给专业的投资人士。实证研究结果表明,一方面,这些数据的引入通过降低信息获取成本来使得价格中信息含量增加,特别是在那些资深投资者有更高动机揭露其信息的公司。另一方面,另类数据的使用对于投资经理人的约束作用有以下两点。第一点是经理人会减少他们的机会主义交易。第二点是经理人的投资

---
① 本文作者:赵雅慧,北京大学国家发展研究院博士研究生。

效率会提高,这与价格信息含量的提高会使得经理人更有效地投资和撤资的动机是相一致的。

因为文章要探究另类数据的出现是否可以提高价格中的信息含量以及是否有助于约束公司经理人,所以不可避免地会遇到一个问题,也就是价格信息和公司披露的内生性,会导致评估经理人在价格含有更多信息量时是否采取不同的行动是有困难的。可能并不是价格信息量的变化导致经理人采取了不同的行动,而是经理人采取的不同行动导致了价格信息量的变化。比如,经理人可能会选择提供较少的信息披露,以从公司股票的个人交易中受益。同样地,当经理人选择效率较低的投资时,可能也会减少信息的披露。为了应对这种内生性的问题,文章选择另类数据的出现作为外生冲击,而这种外生冲击会导致价格的信息含量增加,从而再去评估这种信息量的增加对经理人的机会主义交易和实际投资决策的约束作用。

关于大数据,共识的定义是:具有如此高的容量、速度和多样性的信息资产,需要特定的技术和分析方法才能将其转化为价值。最近数据存储、云计算和机器学习技术的提升逐渐降低了收集数据的成本,从而催生了多家收集这些另类数据的初创公司。这些数据包括销售点交易、卫星图像和点击流数据等,它们与传统信息来源(比如,来自公司文件、投资者介绍和分析师报告的财务信息等)的不同之处在于,它们是更精细的、实时的、不来自公司披露的数据。这些第三方数据集(也就是另类数据)的出现降低了投资者获取信息的成本,因此资深的投资者开始在投资策略中使用这些数据。2017年估计有40亿美元的投资在选择投资策略时使用了另类数据,当时预估这个数字将在2020年增长到70亿美元。

二、 研究问题和核心假设

首先,文章研究了另类数据和提高价格信息量间的关系。为了评估另类数据是否确实提供信息,文章利用了消费者交易数据和卫星图像数据。文章发现这些数据能够预测尚未公布的收入和收益,并且还预测了公布这些收入和收益数据时的公告期回报。在验证了这些数据包含增量信息后,文章通过揭示2014年6月也就是这些另类数据出现后,投资者对收益公告的价格反应很平静,来验证投资者使用了这些另类数据,因为这种反应说明他们通过另类数据能提前预测出这些信息。所以,另类数据的出现导致了短期价格信息量的显著增加。

接着,文章进一步探究长期价格信息量增加的问题。另类数据的丰富性和精细程度意味着它们会包含经理人通常不会公开披露的信息,而这种优质信息可以帮助投资者将与长期业绩相关的基本信息纳入价格。文章发现,对于受另类数据影响的公司,当前回报会包含更多关于未来收益的信息。对于那些资深投资者最有动机发掘信息的公司(比如销售可自由支配的消费品和服务的公司、有较高市净率的公司、流动性更高的公司),无论是短期还是长期,价格信息量增加的这种效果都是显著的。所以,作者认为另类数据提高价格信息量的结果是由可能获得这些另类数据集的资深投资者推动的。

在发现另类数据的出现可以提高长期价格信息量后,文章将重点放在对经理人的两个潜在影响上,经理人会减少机会主义交易和提高投资效率。关于第一个影响,文章调查了投资者使用另类数据是否会减少经理人利用其有关未来收益的私人信息进行交易的机会,也就是内幕交易。当价格更快、更完整地反映未来收益时,经理人通过交易他的私人信息来获取利益的机会就会减少。与这一假设一致,文章发现受另类数据影响的公司内部人员不太可能在出现正向未来收益之前购买股票。此外,当内部人士进行交易时,内幕交易与未来收益之间的正相关在另类数据可获得后减弱。这一证据表明,当价格反映来自另类数据的信息时,经理人会减少利用他们关于未来收益的私人信息来进行个人交易。

关于第二个影响,文章调查了另类数据的可用性是否会约束经理人做出更好的实际投资决策。一方面,这会导致经理人倾向于不断扩大公司规模以及过度投资;另一方面,经理人出于对声誉的担忧和不愿采取行动,会阻碍经理人终止那些表现不佳的业务。当投资机会减少时,企业的最佳反应是减少投资,因此,这时经理人扩大公司规模而不是减少投资的动机与股东的动机就会不一致。

另类数据会提供有关未来盈利能力的信息,也就是会导致长期价格信息量的增加,无论这种盈利能力是与现有资产有关,还是与预期的未来投资机会有关。关于现有资产,另类数据可能会揭示有关哪些企业应该关闭的详细信息。关于未来投资机会,另类数据可能会揭示有关要扩展哪些业务的进一步信息。作者将投资效率水平定义为公司对投资机会的反应。结果发现,向市场引入另类数据与投资对不断恶化的机会的更高敏感性有关。当投资机会恶化时,经理人不再继续选择扩大公司规模而是减少投资,因为另类数据提供了更多关于未来盈利能力的信息。

文章提出了三个假设。第一个假设是,另类数据的可用性增加了价格的信息量。这个假设是基于另类数据的可用性降低了这些信息获取的成本这种观点。有效市场假设指出股票价格反映了所有可用信息,然而这是依赖于信息是无成本的。在信息获取成本高昂的市场中,为了补偿知情投资者因获取信息而产生的成本,他们的交易必须是以不完全反映信息信号的价格进行的,否则投资者一开始就没有动力去获取信息。所以,基于此,作者提出如果没有检测到价格信息量的显著增加,说明:① 市场是强形式有效的;② 获取信息成本的降低不足以检测到影响;③ 数据是无信息的。作者讨论了在另类数据可用之前,一些市场参与者知道这些信息,并且愿意承担高成本的资深投资者也可以获得这些信息(比如雇用一个人手动计算人流量)。作者假设在半强市场有效下的另类数据的可用性允许市场参与者以更低的成本和更高的精度获取这些信息。

第二个假设是,价格信息量的增加对公司经理人个人交易的影响。第一种影响是,如果确定会进行交易,另类数据的可用性降低了内部交易与未来意外收益之间关系的程度。第二种影响是另类数据的可用性降低了内部人士在正的未来意外收益之前购买股票的倾向,或者在负的未来意外收益之前出售股票的倾向。所以价格信息量的增加不仅影响了是否会交易的决策,还影响了确定会交易的情况下获得收益的程度。之前文献表明,当价格在更大程度上反映有关未来收益的信息时,经理人利用其有关未来收益的私人信息进行交易的机会就会减少。比如,拥有更好信息环境的公司的内幕交易与未来收益的相关性就较小。另类数据信息覆盖下的公司会使得价格可以反映更多有关未来收益的信息,这使得经理人交易机会缩减。

第三个假设是,说明价格信息量增加对投资效率的影响。但由于这种影响可能是长期才能看到的,所以作者只能看自另类数据可用后的几年内投资效率是否有所提高。如果没有检测到影响,说明投资者使用另类数据对实际效率没有影响，或者有影响但尚未出现在文章的样本中。文章对于投资效率的定义是投资对改善或恶化投资机会的反应。当投资机会恶化时，经理人激励与股东激励的错位更加严重，所以作者关注另类数据出现后是否会抑制对衰退行业的投资。

三、数　　据

文章使用了两个数据来源。第一个数据源包含线上消费者交易数据，来自拥有大量消费者浏览数据的营销分析平台。该数据集将点击、浏览会话和独特设备分类为事件类别，包括"转换"（购买）和"开始结账"（用户开始结账过程）。该面板数据开始于2014年年初，所以第一个季度末是2014年3月31日或2014年6月30日。

第二个数据来源是地理分析平台，可提供对地理空间数据的访问和分析。该平台使用图像处理、机器学习和云计算，与卫星图像提供商合作，以了解消费者的去向。例如，它提供零售商停车场中标准化的汽车数量，会剔除员工汽车，并根据季节性进行调整，这些汽车数量映射到商店中的消费者交易，所以有助于了解消费者每天的购物行为。

下面介绍文章用到的数据集是如何构建的。数据集分为两个部分，被另类数据覆盖的公司和没有被覆盖的公司。其中，被另类数据覆盖的公司也由两部分构成，即已知的被另类数据覆盖的公司和推断被覆盖的公司。之所以由两部分构成，是因为数据提供商仅给作者提供了一部分的数据，但他们卖给那些资深投资者的原始数据会覆盖更多的公司。为了确定另类数据真正覆盖了哪些公司，作者假设原始数据覆盖所有与提供给作者那部分数据的公司有相似销售产品的公司，根据此原则推断剩下的会被另类数据覆盖的公司，以构成被另类数据覆盖的公司。没有被另类数据覆盖的公司组要确保这些公司相对较少地受到另类数据覆盖的影响，但在其他方面要与被另类数据覆盖的公司类似。也就是未被另类数据覆盖的公司与之前构建的被覆盖的公司受相同经济因素的影响，以及与另类数据覆盖率无关的其他信息环境变量在两组公司之间要保持不变。进一步地，作者使用优化匹配的算法将每个被覆盖公司与其规模最接近的控制组公司进行匹配，最小化所有匹配对之间的绝对距离，从而得到了与266个被覆盖组相对应的266个没有被覆盖的公司的控制组。

在实证分析中,会根据以下四个变量对公司进行分类来研究相关问题。一是作为公司信息冲击风险敞口的代表,作者采用High_TAM(High future total addressable market),它指的是未来总可用市场较高的行业的成员资格,TAM指的就是总可用市场,也就是在实现100%的市场份额后可用于产品或服务的整体收入机会。这些行业会销售可自由支配的消费品和服务(比如服装、餐厅、旅游和汽车销售)。对于处在这些行业的公司,每个消费者交易都代表一个巨大的潜在增长机会,从而为投机交易者带来巨大利润。二是作为公司未来收益对当前收益敏感度的代表,作者采用High_MtoB(Market to book ratio)即市场价格对账面价值的比率来代表。三是作为对交易者提取利润的低约束的代表,作者使用Amihud(2002)的非流动性度量,即绝对股票收益与美元交易量的平均每日比率,作为High_liq1。四是作者用美元交易量作为另一个流动性指标High_liq2。

四、研究结果

(一)另类数据与价格信息量

1. 另类数据对于短期价格信息量的影响

作者将短期价格信息量定义为价格反映同期现金流的程度。作者验证了盈利公告前的价格反映了在盈利公告时发布的更多当期的基本信息。模型评估了每单位意外收益的绝对公告收益是否下降。而这之所以能说明另类数据的出现对于短期价格信息量的影响,是因为当价格包含更多关于尚未公布收益的私人信息时,每单位意外收益的增量信息含量必然会更小,所以每单位意外收益的绝对公告收益会下降。在数据供应商开始向投资经理人出售数据后,也就是另类数据可获得之后,Post取1,否则取0。Covered是指被另类数据覆盖组取1,未被覆盖的控制组取0。因变量Abs_AR表示绝对公告收益(对于异常规模绝对值十分位排名的,以及收益公告交易日当天到之后两天的账面市值特征投资组合调整收益率)。自变量中的Abs_UE表示的是每单位意外收益,即根据IBES(机构经纪人评估系统)分析师预测中值计算的意外收益绝对值的十分位排名。实证结果表明,对于高流动性的公司,被另类数据覆盖的公司每单位意外收益的绝对公告收益是显著下降的,而作者认为正是这些流动性较高的公司,资深投资者更有动机揭露其信息。

$$\begin{aligned}\mathrm{Abs\_AR}[0,+2] =\ & \beta_0 + \beta_1 \mathrm{Post} + \beta_2 \mathrm{Covered} + \beta_3(\mathrm{Post} \times \mathrm{Covered}) \\ & + \beta_4 \mathrm{Abs\_UE} + \beta_5(\mathrm{Abs\_UE} \times \mathrm{Post}) + \beta_6(\mathrm{Abs\_UE} \times \mathrm{Covered}) \\ & + \beta_7(\mathrm{Post} \times \mathrm{Covered} \times \mathrm{Abs\_UE}) + \sum \beta_k \mathrm{Controls}_k \\ & + \sum \beta_k(\mathrm{Abs\_UE} \times \mathrm{Controls}_k) + \sum \beta_j \mathrm{Industry}_j \\ & + \sum \beta_j \mathrm{Industry}_j \times \mathrm{Abs\_UE} + \varepsilon \end{aligned} \quad (1)$$

我们感兴趣的就是这里 β_7 这个系数。它所表示的就是对于那些被另类数据覆盖的公司,在 2014 年 6 月 30 日之后也就是另类数据可获得之后,它的 Abs_UE 每单位意外收益和 Abs_AR 绝对公告收益间的关系,所以如果系数是负的,就说明对于那些已经被另类数据覆盖了的公司,每单位意外收益的绝对公告收益是下降的。模型中还有一些控制变量,比如亏损指标、第四财季指标、公司规模、账面市值、分析师人数、机构所有权、股票价格波动率、杠杆等,用 $\mathrm{Controls}_k$ 表示。Industry 表示控制了行业的固定效应。ε 表示模型的残差项。

2. 另类数据对于长期价格信息量的影响

作者将长期价格信息量定义为价格反映公司未来收益的程度,其中未来期限至少为 1 年,长期价格信息量所测度的就是当前收益和未来收益之间的关系(未来收益响应系数)。长期价格信息能够影响经理人的实际决策,这与后面要分析的经理人行为内容相关。模型(2)所评估的就是未来收益响应系数。模型检验当前收益是否在另类数据出现后更大程度上反映未来收益。Earn_{t+1} 表示未来收益,Ret_t 表示在当前财政年度计算的买入并持有回报,也就是当前收益。实证结果表明,对于那些资深的投资者有最高动机披露信息的公司(即出售可自由支配消费品和服务的公司、市场与账面比率较高的公司和流动性较强的公司),受另类数据影响的公司当前回报率包含更多关于未来收益的信息的结果更加显著。

$$\mathrm{Ret}_t = \beta_0 + \beta_1 \mathrm{Earn}_{t-1} + \beta_2 \mathrm{Earn}_t + \beta_3 \mathrm{Earn}_{t+1} + \beta_4 \mathrm{Post} + \beta_5 \mathrm{Covered}$$

$$+ \beta_6(\text{Post} \times \text{Covered}) + \beta_7(\text{Post} \times \text{Earn}_{t-1}) + \beta_8(\text{Post} \times \text{Earn}_t)$$

$$+ \beta_9(\text{Post} \times \text{Earn}_{t+1}) + \beta_{10}(\text{Covered} \times \text{Earn}_{t-1}) + \beta_{11}(\text{Covered} \times \text{Earn}_t)$$

$$+ \beta_{12}(\text{Covered} \times \text{Earn}_{t+1}) + \beta_{13}(\text{Post} \times \text{Covered} \times \text{Earn}_{t-1})$$

$$+ \beta_{14}(\text{Post} \times \text{Covered} \times \text{Earn}_t) + \beta_{15}(\text{Post} \times \text{Covered} \times \text{Earn}_{t+1})$$

$$+ \sum \beta_k \text{Controls}_k + \sum \beta_k \text{Controls}_k \times \text{Earn}_{t+1} + \sum \beta_j \text{Industry}_j$$

$$+ \sum \beta_j \text{Industry}_j \times \text{Earn}_{t+1} + \varepsilon \tag{2}$$

(二)另类数据与投资经理人行为

1. 另类数据使用减少投资经理人的机会主义交易

第一个对投资经理人行为的影响是,投资者使用另类数据是否会减少经理人利用其有关未来收益的私人信息进行交易的机会,文章从两个层面来分析。模型(3)检验如果内幕人士决定进行交易,内幕交易的方向性和规模与未来收益的相关性是否会变小。模型(4)则检验内部人士购买股票的决定与未来收益增长的相关性是否会降低。在模型(3)中,因变量是 PurchaseRatio 或 NetTrades。PurchaseRatio 指内部人士公开市场购买与内部人士公开市场购买和销售之和的比率,所衡量的是内幕交易的规模;NetTrades 指内部人士公开市场购买和内部人士公开市场销售之间的差额,所衡量的是内幕交易的方向性问题。对于出售可自由支配消费品和服务的公司和市场与账面比率较高的公司,另类数据出现导致的长期价格信息量的增加,对这些公司内幕交易的约束更为明显。Earn_{t+1} 表示的就是未来收益,Ret_t 表示的则是在当前财政年度计算的买入并持有回报,也就是当前收益。对于两个不同的因变量,EarnVar 的含义也有所不同。PurchaseRatio 作为因变量时,它的含义是 δEarnVar,也就是当年和前一年收益的差值,衡量的是未来一年收益的意外部分。NetTrades 作为因变量时,EarnVar 含义是 GoodROA,它是一个关于 δEarnVar 的示性函数,也就是当 δEarnVar 为正的时候取 1,否则取 0。

$$\text{PurchaseRatio}_{t+1} \text{ or NetTrades}_{t+1} = \beta_0 + \beta_1 \text{RetVar}_{t+2} + \beta_2 \text{EarnVar}_{t+1} + \beta_3 \text{EarnVar}_{t+2}$$

$$+ \beta_4 \text{Post} + \beta_5 \text{Covered} + \beta_6(\text{Post} \times \text{Covered})$$

$$+ \beta_7(\text{Post} \times \text{RetVar}_{t+2})$$
$$+ \beta_8(\text{Post} \times \text{EarnVar}_{t+1}) + \beta_9(\text{Post} \times \text{EarnVar}_{t+2})$$
$$+ \beta_{10}(\text{Covered} \times \text{RetVar}_{t+2}) + \beta_{11}(\text{Covered} \times \text{EarnVar}_{t+1})$$
$$+ \beta_{12}(\text{Covered} \times \text{EarnVar}_{t+2}) + \beta_{13}(\text{Post} \times \text{Covered} \times \text{RetVar}_{t+2})$$
$$+ \beta_{14}(\text{Post} \times \text{Covered} \times \text{EarnVar}_{t+1})$$
$$+ \beta_{15}(\text{Post} \times \text{Covered} \times \text{EarnVar}_{t+2})$$
$$+ \sum \beta_k \text{Controls}_k + \sum \beta_j \text{Industry}_j$$
$$+ \sum \beta_j \text{Industry}_j \times \text{EarnVar}_{t+2} + \varepsilon \qquad (3)$$

在模型(4)中,由于因变量是二元变量,作者采用 probit 模型来检验内部人士购买股票的二元选择的可观察结果,作为未来收益变化的函数。关注的是 GoodROA_{t+2},即未来一年收益正负的边际概率效应在被另类数据覆盖的组和控制组公司之间的差别。在另类数据出现后,被另类数据覆盖的公司在收益增加之前的内部购买交易的预测概率会降低17.7%,并且作者用 Bootstrap 的方法证明了这个结果是显著的。而与之对称的内部销售和收益减少的效应则不显著,因为内幕人士在出售而非购买时面临更多的约束和诉讼风险。

$$\Pr(\text{Purchase}_{t+1}) = \Phi(\beta_0 + \beta_1 \text{GoodRet}_{t+2} + \beta_2 \text{GoodROA}_{t+1}$$
$$+ \beta_3 \text{GoodROA}_{t+2} + \sum \beta_k \text{Controls}_k + \varepsilon) \qquad (4)$$

2. 另类数据使用使投资经理人的投资效率提高

第二个对投资经理人行为的影响是,另类数据可用性是否使得管理者做出更好的实际投资决策。由于所有权和控制权分离而产生的代理问题在业务表现不佳时表现尤为突出。对声誉的担忧和不愿采取行动的想法会阻碍管理者中止表现不佳的业务。因此,当投资机会减少时,管理者扩大公司规模而不是关闭业务的动机与股东的不一致。模型(5)评估了在另类数据出现后,公司对扩大和收缩投资机会的投资反应是否发生变化。因变量 $\log(\Delta I_{t+1})$ 是指 $t+1$ 年资本支出和研发(R&D)减去 PP&E(企业的固定资产的出售)销售额与 t 年资本支出和研发的比率的对数,反映经理人作出的投资反应是加大投资还是撤资。IndustryRet 是行业回报,根据产品市场相似性来划分行业,以此来反映投资机会。实证结果表明,在另类数据出现后,投资对不断恶化的投资机会的敏感性更高,价格能在更大程度上反映未来收益,从而约束管理者进行价值最大化投资的行为。Neg 是示性函数,当 IndustryRet 是负值的时候取 1,否则取 0,反映的是不断恶化的投资机会,是为了探讨相对于投资机会增加而言,对不断恶化的投资机会的投资反应的不对称变化。

$$
\begin{aligned}
\log(\Delta I_{t+1}) = & \beta_0 + \beta_1 \text{Post} + \beta_2 \text{Covered} + \beta_3(\text{Post} \times \text{Covered}) \\
& + \beta_4 \text{IndustryRet}_{t+1} + \beta_5 \text{Neg} + \beta_6(\text{Neg} \times \text{IndustryRet}_{t+1}) \\
& + \beta_7(\text{Post} \times \text{IndustryRet}_{t+1}) + \beta_8(\text{Post} \times \text{Neg}) \\
& + \beta_9(\text{Post} \times \text{Neg} \times \text{IndustryRet}_{t+1}) + \beta_{10}(\text{Covered} \times \text{IndustryRet}_{t+1}) \\
& + \beta_{11}(\text{Covered} \times \text{Neg}) + \beta_{12}(\text{Covered} \times \text{Neg} \times \text{IndustryRet}_{t+1}) \\
& + \beta_{13}(\text{Post} \times \text{Covered} \times \text{IndustryRet}_{t+1}) + \beta_{14}(\text{Post} \times \text{Covered} \times \text{Neg}) \\
& + \beta_{15}(\text{Post} \times \text{Covered} \times \text{Neg} \times \text{IndustryRet}_{t+1}) + \sum \beta_k \text{Controls}_k \\
& + \sum \beta_k \text{Controls}_k \times \text{IndustryRet}_{t+1} + \sum \beta_k \text{Controls}_k \times \text{Neg} \\
& + \sum \beta_k \text{Controls}_k \times \text{Neg} \times \text{IndustryRet}_{t+1} + \sum \beta_j \text{Industry}_j \\
& + \sum \beta_j \text{Industry}_j \times \text{IndustryRet}_{t+1} \\
& + \sum \beta_j \text{Industry}_j \times \text{Neg} \times \text{IndustryRet}_{t+1} + \varepsilon
\end{aligned} \tag{5}
$$

模型(6)进一步考察了经理人的撤资决策,重点看在另类数据出现后,这些决策是否对股东价值贡献更大。作者检验了在宣布公司裁员和停业时异常回报率的增加。因变量是 $t+1$ 年宣布停业或裁员后 3 天窗口内的异常回报率。结果显示,在另类数据出现后,经理人的停业经营和裁员将为公司带来更多的价值提升。

$$
\begin{aligned}
AR[0, +2]_{t+1} = & \beta_0 + \beta_1 \text{Post} + \beta_2 \text{Covered} \\
& + \beta_3(\text{Post} \times \text{Covered}) + \sum \beta_k \text{Controls}_k + \varepsilon
\end{aligned} \tag{6}
$$

五、 总结与展望

文章探究了另类数据的使用对价格信息量的提高和对投资经理人的约束作用。实证结果表明,随着消费者交易和卫星图像等另类数据的提供,价格信息量有所提升,未来收益会更快、更完整地纳入当期收益。作者发现价格信息量结果集中在资深投资者披露信息的动机最高的公司中,并且观察到的效果与资深投资者获取的另类数据集有关。

长期价格信息量增加对投资经理人行为的一个影响是减少了信息租金的提取,以增加其个人财富。当价格在更大程度上反映了未来收益时,经理人很少有机会利用他们关于未来收益的私人信息进行交易。文章发现定向内幕交易活动与未来收益的关系减弱,此外,在1年前的利好消息公布之前,内部人士购买股票的可能性较小。

另类数据对投资经理人行为的第二个影响是对实际投资决策。另类数据可能会揭示公司当前业务和未来增长机会的信息。与一组控制公司相比,被另类数据覆盖的公司的投资反应对投资机会恶化更为敏感。因此,投资效率的提高与机构问题的减少有关。当投资机会恶化时,代理问题尤其重要。进一步的证据与这一假设一致,停止经营的公告的超额收益率增加。

文章是基于美国的某些公司和平台提供的大数据做的相关影响分析,未来可以探究在中国市场大数据的兴起是否起到了类似的作用。尤其文章对于公司进行了分类,比如流动性高低、总可用市场大小等,提到在那些资深投资者有更高动机揭露其信息的公司中价格的信息含量增加更显著,可以进一步研究在中国市场是哪些类别的公司受到大数据的冲击最为明显,做中美的对比分析,并分析造成这种差异的机制。

论文评价

文章主要有两大贡献。第一个贡献是,补充了关于技术对资本市场影响的文献,即在资产管理中使用另类数据的影响。文章讨论了信息获取成本如何影响当前环境下的价格信息量这一基本问题,并认为在当前环境下,成本降低发生在资深的投资者身上。

第二个贡献是,调查了资本市场力量是如何降低委托代理成本的。委托代理问题促使经理人通过个人交易利用他们的私人信息,做出低效的投资决策。作者研究表明,价格信息量的增加会对公司投资经理人产生约束。由于作者选用大数据的出现作为外生冲击,大数据可用导致的价格信息量的增加对经理人的选择而言是外生的。

原作者简介

Christina Zhu 是宾夕法尼亚大学沃顿商学院的会计学助理教授。她的研究领域是技术创新及其在信息市场中的作用、另类数据、信息处理成本与企业行为之间的相互作用。她的主要研究兴趣是实证财务会计,她工作的基本主题是昂贵的信息获取会产生经济后果,她研究了投资者的信息获取成本、股票价格效率以及经理人的激励和行动之间的反馈循环的不同要素。她获得了斯坦福大学工商管理(会计)的博士学位、斯坦福大学经济学和数学的学士学位。在攻读博士学位之前,她是佩雷拉温伯格合伙公司(Perella Weinberg Partners)的投资银行分析师。

《区块链革新和智能合约》导读

原文详见 Cong L W, He Z, 2019. Blockchain disruption and smart contracts [J]. The Review of Financial Studies, 32(5): 1754–1797。

一、研究背景

区块链是一种以去中心化方式(通常是自主地)管理的分布式账本技术,最初是作为加密货币比特币的开发技术而普及的。此后,它以各种其他形式出现,通常具有存储和执行计算机程序的能力。这催生了诸如智能合约之类的应用,其特点是通过对或有结果的防篡改共识触发支付,以及通过初始代币发行进行融资。许多行业从业者认为,正如互联网颠覆了线下商务,区块链技术具有颠覆传统商业和金融服务的潜力。也有一些人对其真正的创新性和对现实世界的适用性持怀疑态度,并对它与洗钱或毒品交易的关联表示抵触。

文章认为,尽管区块链和去中心化账本有大量的定义、描述和应用,但该技术及其各种应用在提供"去中心化共识"方面具有共同的核心功能。去中心化共识意味着系统中的所有代理普遍接受对世界状态的描述(例如货物是否已交付或买方是否已付款)并采取行动。经济学家早就认识到,共识使具有不同观点和动机的代理人能够进行互动,就好像它提供了"真相"一样,这对社会的运作产生了深远的影响,包括道德、契约和法律等。区块链技术的关键在于以去中心化的方式生成和维护这样的共识,区块链倡导者认为这可以提高系统的抗性并减少中心第三方提取的租金。例如,在比特币区块链上,鉴于交易历史,代理人可以利用数字技术检查和验证交易记录以防止"双重消

---

① 本文作者:魏薇,北京大学国家发展研究院博士研究生。

费",每个人都无需依赖可信的仲裁员或第三方。

区块链与分散的记录保存者交互,以使用最新技术达成分散的共识。那么,两种经济力量会自然产生:如果可编译的去中心化共识能够实现,其防篡改和自动化的性质往往会使偶发事件的契约更容易达成;然而,要达成这样的共识,需要充分散布信息以供核实。因此,区块链应用程序通常具有去中心化共识和信息分发之间的矛盾。前者增强了契约可行性并改善了福利,而后者可能对社会有害。这种根本性的紧张关系已经得到了政府、媒体和行业研究的承认。例如,2017 年加拿大银行的 Jasper 项目表明,更强的数据验证需要更广泛的信息共享。一旦其核心功能受到限制,透明度和隐私之间的平衡就对系统的可行性提出了重要挑战。

文章首次分析了区块链的这一核心问题。区块链在经济领域的研究主要集中于两方面:(1) 用于生成和维护去中心化共识的区块链机制;(2) 区块链基于其功能对现实世界的影响。文章通过建立动态产业组织理论模型,重点分析了区块链中普遍存在的上述平衡,并研究了这项技术对工业组织的影响,因而在这两个方面都做出了贡献。

Stuart Haber 和 W. Scott Stornetta 对区块链的研究可以追溯到 1991 年,但直到 2008 年,Nakamoto 才概念化了第一个区块链。Nakamoto(2008)通过加密货币比特币实施和推广了区块链,其最简单的形式只需要一个分布式数据库,该数据库以"块"为单位自主维护不断增长的公共交易记录列表以防止篡改。每个块都包含一个时间戳和一个指向前一个块的链接。随后出现了其他形式的区块链,在排他性、透明度和记录维护方面有不同的设计。Yermack(2017)总结了区块链的工作原理。所有区块链在不同程度上都旨在创建一个各方可以以分散的方式共同维护和编辑的数据库系统,没有任何一方行使中央控制权。因此,区块链架构的一个决定性特征是它们能够以相对更有效的方式维持对事物状态和事件顺序的统一看法,即共识。

由于共识对许多经济和社会功能至关重要,因此共享和信任同一分布式账本对每个人的好处是显而易见的。例如,用户结算时间可以大大缩短,柠檬问题和欺诈行为可以得到缓解,而且随着时间的推移,类似的好处还会增加。这些结果可能会影响代理人在经济中的事前激励。传统世界中,法院、政府、公证机构等会提供这样的共识,但其方式有时被认为是劳动密集型的、耗时的,并且容易被篡改和产生垄断权力。在这方面,该技术的许多倡导者认为,尽管在能源消耗方面仍然可能成本高昂,但区块链有望通过以更加分散的方式提供共识来打破许多行业的固有模式。

二、 研究问题与核心假设

文章主要分析了去中心化特征如何影响共识的有效性,以及区块链的典型特征如何重塑产业组织和竞争格局。智能合约能够通过增强进入和竞争来缓解信息不对称,改善福利和消费者剩余,但在共识产生过程中信息的传播困难鼓励更大的合谋。总的来说,区块链能够维持市场均衡,带来更广泛的经济效益,但文章也讨论了针对区块链应用的反垄断政策,如将共识记录员与最终用户分离。

作者在 Green and Porter(1984)的动态产业组织模型中引入去中心化特征。简约模型中,假设每个风险中性的记录保存者提交一个报告来最大化效用函数,效用函数中还包括了依据所有人的报告生成的共识以及真实的共识。记录保存者有汇报错误记录的激励以扩大收益,但同时也承担一定的成本。模型强调了联系更少的记录保持者会减少信息的传播,但代价是牺牲了共识的质量。同时,模型中有三个长期厂商,诚信厂商交付商品,欺诈厂商不交付,买方以一定概率出现。

三、 模型设定及结论

(一) 传统世界模型

在传统世界中,支付不能取决于是否提供服务。每个卖家只能观察自己的买家和相关交易信息,每个买家不能根据或有事项决定支付。同时,卖方只能自己定价,不能观察到其他卖方的定价信息。

首先考虑竞争均衡,即卖方不断降低报价,直到竞争对手退出,也就是价格战。只有当新进入的厂商的质量比原有厂商高时,新进入的厂商才能得到客户。欺诈厂商的存在使得高质量厂商无法进入市场,即产生柠檬市场。在此模型中除竞争均衡外,还可能存在合谋均衡。由于新厂商无法进入,只需检验已有厂商之间的潜在合谋。合谋阶段时,厂商各自制定价格;惩罚阶段,若任何一位卖方没有买方,或其中一个卖方以更低的价格赢得了所有买方,则触发惩罚。

(二) 区块链世界模型

区块链技术通过对交易的验证实现对货物交付成功或失败的共识记录,验证过程中通常涉及信息传播。假设区块链联系了无限参与者(包括销售者和连续的消费者),以产生有效的去中心化共识。卖家可通过观察自己的客户或其他被联系的客户知道总体业务状况。使用区块链,厂商可以根据交付的成功与否制定价格,欺诈的厂商无法从模仿诚信厂商行为中获得收益,因为此时欺诈厂商知道自己无法交付因此无法收到付款。此时,新的诚信厂商可进入市场。在此设定下,智能合约能够促进进入与竞争,使经济更有效,消费者剩余和福利都能够得到提高。

然而,在特定的区块链下有可能存在增强的合谋。区块链的缺陷可能导致比传统世界更低的福利或消费者剩余的动态均衡。例如,当所有卖方串通,在交货时收取最高的费用,客户将被收取全部剩余。由于生成共识的过程中可以在区块链上准确地检测到偏差,传统上公众监督不完善的重复博弈现在实现了完美的公众监督,因而合谋的均衡更容易维持。

(三) 区块链革新模型

假设公共的区块链上有三个厂商,其中两个为已有厂商,另一个为新进入厂商,此时将产生区块链革新下的动态均衡。通过求解均衡,文章指出通过区块链可以减少总福利,因为现在可以维持公司合谋的均衡,这样在任何设定时期内,所有销售都会以最低价格卖出。此研究结果在定性分析方面具有更强的稳定性,在更多现有厂商和新进入厂商的情景下都依然成立。

四、结果讨论与政策建议

虽然文章关注的是多个卖方竞争的单一区块链,但现实中可能有多个区块链,买方和卖方均可以选择。区块链之间的竞争不利于卖方在同一区块链上的合谋,因为买方总是可以选择提供最优价格和服务的区块链。长远来看,如果单一区块链由于网络效应而占据主导地位,监管机构仍需介入,通过拆分区块链平台来防止合谋。

在区块链中添加监管节点可以帮助监管机构监控市场参与者的经济行为,减少隐性合谋,尤其是对于未将监管机构纳入商业生态系统的私有区块链。在这方面,由于具有更好的时效性以及防篡改功能,区块链与传统世界相比将更具有优势,而监管机构也可以潜在地参与区块链协议的设计。

此外,将使用过程与共识生成过程分开也有助于减少合谋。在模型中,卖家可以利用区块链上的信息更准确地惩罚合谋的偏差。他们观察这些信息是因为这些信息在产生共识的过程中被分布和记录在区块链上。从这一角度来看,一个显然的解决方案是将产生去中心化共识的参与者与该共识的使用者分开。例如在模型中,如果卖方只能使用区块链与买方签订智能合约但并不能从事记录保存工作,那么他们就不再能够访问有利于合谋的活动信息。

五、 总结与展望

文章认为,区块链等去中心化账本技术具有去中心化共识和算法执行防篡改的特点,从而扩大了合约空间并促进了智能合约的创建。然而,达成去中心化共识的过程改变了区块链上的信息环境,可能通过促进厂商合谋而产生减少福利的后果。作者分析了这种基本矛盾将如何重塑行业组织和竞争格局,即区块链技术可以通过加强进入和竞争来提供更高的社会福利和消费者剩余,但也可能导致更大的合谋。总体来说,区块链和智能合约可以维持竞争均衡并带来更大范围的经济成果。作者以简约式模型对区块链的通用特征以及共识生成和信息分发的关键权衡进行了建模。文章还进一步讨论了改善消费者剩余的监管和市场解决方案,例如将最终用户与生成共识的过程分离开来。

文章选题新颖且十分重要,对现有文献做出了重要补充。作者或许还可以从以下角度进行进一步探究。例如,如何从智能合约条款设计的角度出发来防止合谋;如何通过激励机制的设计,使去中心化共识的质量进一步提升。

论文评价

文章将博弈论与区块链技术相结合,探究了区块链与传统世界的本质区别,即去中心化共识,同时进一步探究了区块链对产业组织与竞争的双重影响。文章的理论模型构建和推导细致严谨:运用重复博弈、纳什均衡、伯特兰德模型等理论依据,探讨了区块链在产业竞争中发挥的作用与影响。

文章首先介绍了什么是区块链与智能合约及其相应应用。然后通过建模论述了去中心化是如何通过分散信息来使共识更有效。接着重点通过理论建模讲述了区块链技术的应用如何增强了市场进入,鼓励了竞争,提升了社会福利与消费者剩余,说明分布式信息有可能会增大寡头之间的合谋可能性。最后简单提出了政策建议并进一步扩展模型的应用范围。

文章具有重要的现实意义。随着人工智能的迅猛发展,区块链对价格的监控能力显著增加,但这也对新时期的反垄断提出了挑战。人工智能效率更高,但也更难监督,尤其是面对基于复杂算法、时效性极强的合约架构,监管部门往往无从下手。文章揭示了智能合约带来的新形态垄断问题(人工智能自主合谋问题),并给出了相应的监管方案,即分离共识使用者和产生共识的人。尽管这个方案目前未在现实中取得成功,但为未来区块链和智能合约的发展提供了重要思路。

原作者简介

Lin William Cong 是康奈尔大学庄臣商学院约翰逊管理研究生院的陆克文家族管理学教授和金融学副教授,康奈尔大学金融科技计划的创始教员主任。他还曾担任考夫曼初级学院研究员,荣获 Poets & Quants 世界最佳商学院教授称号,曾任斯坦福发展中经济体创新研究所博士研究员和斯坦福经济政策研究所乔治舒尔茨学者。他是 Management Science、Journal of Corporate Finance 和 Journal of Banking & Finance 的副主编,是美国经济学会、欧洲金融协会和世界计量经济学会等多个专业组织的成员。

何治国(Z. He)是芝加哥大学布斯商学院金融学教授、Fama-Miller 中心的教员联席主任,清华大学经济管理学院阿里巴巴基金会特聘教授,美国国家经济研究局研究员,亚洲金融经济研究局(ABFER)高级研究员,香港货币及金融研究所顾问委员会成员。他的研究成果发表于 *American Economic Review*、*Econometrica*、*The Review of Economic Studies*、*Journal of Finance*、*Journal of Financial Economics* 等期刊。曾担任 *The Review of Financial Studies* 和 *Management Science* 的副主编,目前担任 *Journal of Finance* 的副主编。

《金融科技与金融市场分析》导读①

原文详见 Grennan J, Michaely R, 2021. FinTechs and the market for financial analysis [J]. Journal of Financial and Quantitative Analysis, 56 (6): 1877-1907。

一、研究背景

在过去的数十年间,随着互联网的发展,美国已经有了数百个股市信息中心,现在的投资者拥有海量的信息,当然这也伴随着信息质量的下降。对于投资者而言,如何从海量的信息中提取有效的信息至关重要。而伴随着信息爆炸的时代到来,数字技术也逐渐兴起。金融科技的出现,一方面降低了投资者获取各类信息的成本,另一方面又为投资者分析各类信息提供了技术支持。在这样的背景下,探究金融科技对股市信息效率的影响有着理论和实际的双层意义。

在此之前,非传统数据对股票价格的影响一直是文献关注的重点。一支源远流长的文献证明:非传统信息,也就是除企业现金流量表、利润表、资产负债表外的信息,有两个重要的特点——噪声多但确实存在有价值的信息,这些信息是对传统财务信息的良好补充(Tumarkin and Whitelaw, 2001; Antweiler and Frank, 2004; Das and Chen, 2007)。随着金融科技的兴起,Cookson and Niessner(2020)指出,金融科技可以帮助投资者分析非传统信息,通过数字技术排除非传统信息中大量的噪声,提取出有价值的信息。

而信息量与股票价格的信息效率是另一支文献探究的重点。随着信息量

---

① 本文作者:陶晏阳,北京大学国家发展研究院博士研究生。

的增加,股票价格的信息效率是否会提升？Grossman and Stiglitz(1980)认为,信息成本和信息质量都对股价的信息效率有重要的影响,信息成本的增加会降低股票价格的信息效率,但信息质量的提升会提高股票价格的信息效率。而 Dugast and Foucault(2018)认为,金融科技会在短期提升股票价格的信息效率,但这种影响会随着时间推移而减弱,从长期来看,金融科技对股票价格的信息效率并没有显著影响。

文章使用来自 Cruchbase 数据库、Comscore 网站、TipRanks 公司三方的数据,构建了一个汇集用户使用金融科技程度及其投资行为的数据库,探究了金融科技通过对非传统数据进行整理和分析对股价信息量的影响。文章主要有如下两方面的贡献:第一,详细分析了金融科技和非传统数据对金融市场的影响,丰富了研究价格信息量的文献,提供了新的证据;第二,探究了金融科技和非传统数据对价格信息量的影响机制,分析了其与分析师报告和传统数据的替代关系,并指出群体智慧是重要的传导途径,为学术界和业界的分析提供了重要参考。

二、 研究问题与核心假设

文章首先描述性地探究了金融科技在股票市场信息收集与分析中的作用。更进一步,文章主要研究了如下两个问题:一是对于金融科技的使用者而言,金融科技在他们的投资决策中扮演什么样的角色;二是对于股票市场而言,金融科技是否提高了股价信息量(即股票价格的信息效率)。文章发现,金融科技更多扮演了分析师报告的替代角色,金融科技通过将金融博主的群体智慧传导给投资者,提高了股价信息量。

文章实证的核心假设为:非传统信息与股票价格的信息量之间不存在反向因果关系。也就是说,非传统信息可以通过金融科技传导给投资者,再通过投资者的投资行为反映到股票价格中,但股票价格现有信息量的多少并不会影响非传统数据的数量和质量。只有在这样的假设下,作者通过实证研究发现的金融科技对股价信息量的提升作用才是可靠的。

三、数据与方法

文章使用的数据结构为2010年第一季度到2016年第三季度的季度面板数据,从个体层面来看,文章使用了近五万名用户使用290家金融科技公司的数据。文章关于金融科技企业名录的数据主要来自Cruchbase数据库,关于用户使用金融科技程度的数据主要来自Comscore网站,关于用户投资行为的数据主要来自TipRanks公司。

作者整理数据主要分为三个步骤:确定金融科技公司名单、汇总用户使用金融科技的程度、汇总用户使用金融科技的投资效果。

第一步,作者需要确定一份金融科技公司名录。作者从企业信息数据库Cruchbase、已有的部分名单、谷歌关键词搜索等方式,整理出一份备选名单,再依次进入企业官网的历史版本确认其实际业务是否与FinTech相关,最终构建出290个金融科技企业的名单。

具体而言,作者将金融科技公司的主要业务归为五类:第一,汇总来自金融专家的信息,例如对卖方分析师的操作(修改价格、重审评级等)进行简短概括。第二,汇总金融新闻,例如提炼重要新闻等。第三,众包金融建议(群策群力)。例如,金融科技公司从自己的会员那里收集具有前瞻性的金融建议,并允许做出贡献的用户看到其他人的建议,或者把会员聚集在一起,形成潜在的投资想法。第四,利用数据挖掘寻找投资信号。例如,一些金融科技公司允许投资者列出他们的股票,并为之提供一个定制版的信号,而投资者将每天收到基于某些被挑选出的数据源(常见的是金融新闻、金融评论、金融博客和来自社交媒体的数据)的特定买卖提醒。第五,一些金融科技公司还对金融建议进行排名或评估。总的来说,在作者对金融科技公司业务模式的分析中,发现金融科技公司的一个关键特点是,他们汇总和综合了已有的金融分析、评论、新闻和其他非传统数据来源。

在文章使用的290个样本中,72%的金融科技公司以散户投资者为目标客户,60%的金融科技公司以机构投资者为目标客户,有些企业同时瞄准这两类客户。从在不同的业务功能来看,众包金融咨询的金融科技公司主要针对散户投资者。而从事数据挖掘的金融科技公司主要针对机构投资者。

文章整理数据的第二步是汇总金融科技使用者的特征。在这一部分,作者利用了用户级别的互联网访问数据(来自Comscore网站)。有近五万位互联网用户允许这家公司追踪其互联网访问数据,包括访问的时间、访问时长、访问的页面数等,还提供一些用户的个人信息,例如年龄、学历等。作者发现,收入越高、学历越高的人,访问金融科技的可能性越大。从种族上来看,亚洲人的访问量高于白人和黑人。从年龄上来看,中老年人和18~29岁的年轻人访问的更多,而中年人访问的较少。从访问习惯来看,尽管有92.5%的网站不涉及股票推荐,但用户却更喜欢访问那些有具体股票推荐的网站,对于这些网站,用户的访问页面数和访问时长都更多。

文章整理数据的最后一步是,汇总用户使用金融科技的投资效果。在这一部分,作者使用了TipRanks公司的数据。TipRanks会基于分析师建议、博主评论、媒体情绪、对冲基金活动等8种因素,由AI进行处理,为每只股票计算一个评分,通过这个评分为投资者提供投资参考。这个评分用到了大量的非传统信息(例如博主的推荐信息),并使用数字技术进行分析。TipRanks还会对博主的业绩进行评价,这有助于识别非传统信息中的群体智慧。作者分析了1个月、6个月、1年博客上所推荐股票的平均回报,发现:第一,从整体上来看,金融博主推荐股票的收益是负的;第二,从更长远的角度来看,时间越长博主推荐的股票表现越差;第三,尽管整体的表现比较糟糕,确实存在一些博主推荐的股票回报都比较好,他们具有出众的预测能力。

文章使用的方法是工具变量(Instrumental Variable)回归,工具变量回归要求工具变量同时满足相关性和外生性条件。作者用某一季度某只股票在 *USA Today* 报纸上的新闻标题的长度作为工具变量。因为标题长度会影响金融博主获取信息的概率,又不会通过金融博主之外的渠道影响企业的股价,即不存在和企业股价的反向因果,故可以同时满足相关性和外生性条件。

四、研究结果

文章的主要研究结果就是金融科技提升了股价信息量,并且这种提升主要是由优质博主的信息驱动的。为了论证这一观点,作者参考了Grossman and Stiglitz(1980)的理论:信噪比与信息获取成本的变化会影响到股价信息量。对于信息获取成本而言,金融科技企业可以对非传统信息进行收集、整合,进而降低了投资者的信息获取成本,使得非传统信息成为投资者进行投资时的参考信息,扩大了投资者在进行投资决策时的信息集。但如果金融科技只降低信息获取成本,但知情交易者的信噪比增加了(因为整理所有非传统信息是一项挑战),则对股价信息量的预测是模糊的。与之对应,如果金融科技企业可以提炼出非传统信息中有价值的信息(群体智慧),提高非传统信息的质量,就可以使非传统信息中有价值的企业层面的私人信息进入投资者决策时参考的信息集中,影响价格。也就是说,更多的企业层面的私人信息被包含在了股票价格中,股票价格的信息含量增加。

为了度量股价中的信息含量,作者选用了两种使用广泛的测度方式。第一种是股价的非同步性。这个指标衡量的是个股回报与市场和行业回报不同步的程度,该理论认为,如果个股收益与市场和行业收益具有强相关性,那么该公司股价将不太可能传达企业特定的信息。具体的计量估计方法是,先用个股回报对市场回报和所处行业的回报进行回归得到回归的 R 平方。1 与 R 平方的差值即为股价的非同步性。从回归来看,它衡量的是股票的收益中无法由市场和行业回报解释的部分。

第二种是绝对订单不平衡程度。绝对订单不平衡程度被定义为股票(买入−卖出)除以(买入+卖出)的绝对值。这个指标背后的经济学逻辑为:市场上存在两种交易者——没有被通知到的交易者和被通知到的交易者。每天有一个固定的概率会有新闻发生,若有好消息出现,被通知的人就会买入,若有坏消息出现,就会卖出。而不被通知到的交易者出于对流动性的需求,进行买卖交易。所以绝对订单不平衡程度衡量了被通知的交易中所包含的信息量。

由于无法直接验证金融科技对信息获取成本和信息质量的影响,作者选择用群体智慧和顶级群体智慧来代理金融科技的作用。具体而言,群体智慧被定义为在某一季度与某一只股票有关的金融博文的数量。而顶级群体智慧则被定义为所有博主中,6 个月后收益仍为正的博主所发的金融博文的数量。作者希望通过这样的分组来识别出金融科技对价格信息量的影响,因为非传统信息里是存在大量噪声的,而顶级群体智慧和群体智慧的区别就在于前者的噪声更小。以 TipRanks 为例,如果 TipRanks 将这些顶级博主的博文收集并筛选出来,提供给投资者,投资者可能会跟着博主的推荐行动,从而使更多的信息被纳入价格中。但金融科技公司所用的博主的质量显然会影响到信息获取成本和信息质量，进而影响价格信息量。

为了保证估计结果可靠，作者在回归中控制了一些可能影响股价信息量的其他变量，如其他媒体的报道、企业收益波动率、流动性等。更进一步，作者还控制了季节固定效应和股票固定效应来缓解内生性问题。对于价格不同步性而言，所有金融博主的群体智慧增加 1 个标准差，价格不同步性增加 0.038 个标准差，价格信息量提高；所有来自顶级金融博主的群体智慧增加 1 个标准差，引起价格不同步性增加 0.025 个标准差，占总效应的 85%。这说明，群体智慧和价格不同步性之间的关系是由顶级博主所驱动的。如果金融科技可以识别出顶级博主，就会提高信息含量。作者通过分组回归进一步验证了这一结论，一只股票被顶级金融博主在博文中提到的比例越高，则股票的价格信息含量越高；而被非顶级金融博主在博文中提到的比例越高，则股票的价格信息含量可能越低。

当然，博主可能挑选那些股价信息含量本来较低的股票或者时点去写文章，或者说，博主更有可能在企业发生了重要事件或释放出一些企业层面信息的时候撰写博文。为了进一步解决内生性问题，作者使用了工具变量法。作者构造的工具变量为某一季度某只股票在 *USA Today* 报纸上的新闻标题是否为短标题，如果在所有标题长度的中位数以下，则取值为 1，反之，取值为 0。这个工具变量同时满足相关性和外生性假设。其相关性在于：新闻标题越短，更容易引起博主注意，博主看到有新闻在讲这个股票的相关信息，于是也加以评论。其外生性在于：新闻标题和报纸排版有关。每个栏目在版面上所占的空间是根据报纸上广告栏目等出售的情况而提前决定的。而编辑要让标题的长度和栏目所占的宽度相匹配，这和企业本身的经营状况是不直接相关的。

作者使用工具变量估计出的结果和前文几乎一致。至此，作者已经验证了文章的主要结论：金融科技提高了股价信息量，而这种提升主要由顶级金融博主驱动。

除此之外，作者还探究了金融科技与分析师报告、非传统数据与传统数据之间的关系。作者按照分析师报告的数量对股票进行排序，按照四分位数将样本分为 4 组进行分组回归。结果表明当分析师报告最少时，群体智慧的估计系数最高；且随着分析师报告的增加，系数单调减小。这说明传统数据不太关注的股票,往往是群体智慧更为关注的。作者认为,金融科技的出现增加了投资者对原始信号(尤其是非传统数据)的需求,降低了处理信号(分析师报告)的需求。与此同时,作者发现访问金融科技网站将显著提高访问线上券商账户的概率,并且投资者访问线上券商账户的概率随着访问金融科技网站的页面数量和时间的增加而增加。因此,作者认为投资者通过金融科技得到的信息替代了传统信息,影响了交易,进而影响了价格信息量。

五、 总结与展望

文章的发现主要有如下三点:

第一,金融科技企业对于投资者而言更多扮演了分析师报告的替代角色,非传统数据在股票市场分析中扮演了传统数据的替代角色。经常浏览金融科技网站的人会更高频地登录自己的线上券商账户,但会减少看分析师报告的频率。

第二,非传统数据分析中包含着群体智慧,正是这部分群体智慧保障了信息质量。而金融科技网站通过数字技术将这些群体智慧便捷地、低成本地传递给投资者,进而提升了股价中的信息量。

第三,这种群体智慧主要由顶级的金融博主驱动,他们的博文可以解释约85%的群体智慧效果。这说明如果金融科技公司能更好地将他们掌握的信息识别出来,并传递给投资者,可以进一步提升信息质量、降低信噪比、提高股价信息量。

文章还留给了后来研究者一定的拓展空间。

首先,作者已经给出了一个描述性的结论:非传统数据中的群体智慧主要由顶级博主驱动。这是符合经济学直觉的,因为有独特信息的一般是少数人。直白地讲,真理是掌握在少数人手中的。但总量和有价值的量不一定是一种线性关系,如果后续研究能更细致地说明"少数人"对股票价格的信息含量的边际贡献,也就是什么样的顶级博主更有可能对股价信息量产生影响,这类人的比例与股价信息量的关系是什么样的将是一个重要的研究问题。

其次,文章的工具变量也存在改进空间。因为新闻长度是媒体人决定的,虽然媒体人和股票市场没有直接的关系,但媒体人大力报道的企业更有可能是发生了巨大的变动的，而这时股价的信息量会天然地发生变化，哪怕金融科技不发挥作用。尽管文章的工具变量已经尽可能外生，但如果能找到一个与企业特征无关，只影响金融博文的冲击，将有助于加强文章对因果关系的论证。

更进一步，受限于数据，文章并不能回答是什么样的投资者通过金融科技提升了股价的信息量，例如，是机构投资者还是个人投资者。这是否会对金融市场的羊群效应产生影响，这是否会对投资者的竞争格局产生影响，也就是说善于使用金融科技的投资者是否会在金融市场有更高收益，这同样是重要而有趣的研究问题。

论文评价

文章通过对金融科技、非传统信息、股价信息量的分析，及时地为学者、市场参与者分析了金融科技这一技术进步对金融市场有效性的影响，具有较高的参考价值。通过与传统信息和分析师报告的对比，作者认为金融科技和非传统信息为人们提供了新的信息渠道的同时，也对现有信息渠道构成了挑战，丰富了读者对金融科技与传统分析的关系的认知。

文章对中国的金融市场发展也有借鉴意义。老百姓投资难、基金赚钱而基民亏钱、金融市场信息不对称是我国在发展金融市场过程中遇到的切实问题。我们的金融科技在支付领域已经取得了领先全世界的成绩，那是否可以考虑将金融科技运用到股票市场的信息整理与分析之中，金融科技是否可以缓解我国金融市场发展过程中的信息不对称问题，是值得我们探究的问题。文章虽然研究的是美国问题，我们不能直接照搬照抄，但或许给我们提供了一种改善金融市场投资环境的思路，对我国金融市场发展的理论与实践都具有借鉴意义。

文章的机制分析也为研究者提供了一种可参考的思路。当研究者受限于数据，没有足够的代理变量来刻画人群的特征时，对人群进行分组分析，对比不同组的人对总效应的贡献比例，也是一种值得学习的分析影响机制的研究方法。

原作者简介

Jillian Grennan 是杜克大学福库商学院金融学助理教授。她在宾夕法尼亚大学沃顿商学院获得博士学位，在乔治敦大学获得硕士学位，在韦尔斯利学院获得学士学位。在进入沃顿商学院之前，Grennan 曾在美国联邦储备理事会、世界贸易组织和毕马威工作。她的学术兴趣涵盖金融、文化、法律和创新。她的研究重点是无形价值的创造，并强调非正式和正式的治理系统在无形价值创造中的作用。她为量化企业文化和可持续性目标的价值提供了新颖的计算技术。她近期研究了人工智能和金融科技应用等新兴技术如何更广泛地改变金融服务和工作场所互动的性质。

Roni Michaely 是日内瓦大学金融学教授。他在纽约大学获得博士学位。Michaely 的研究兴趣主要集中在公司金融、资本市场和估值领域。他目前的研究主要集中在资本市场的利益冲突、公司股利政策、IPO 的定价和最优交易机制。他的研究成果发表在 *The Review of Financial Studies*、*Journal of Finance* 等期刊上。

《利用机器学习遴选公司董事》导读[①]

原文详见 Erel I, Stern L H, Tan C, et al., 2021. Selecting directors using machine learning [J]. The Review of Financial Studies, 34(7): 3226–3264。

一、 研究背景与研究问题

公司董事会由股东选举产生,在法律上负责管理公司。原则上,董事会向股东报告,实现公司价值最大化。然而,在实践中,董事的素质以及他们为股东利益服务的程度存在很大差异。董事会出现的许多问题都是源于董事的遴选流程。问题的根源在于,尽管上市公司的治理体系中存在制衡机制,但首席执行官往往有效地控制着董事会的决定,包括新董事的选择。实际上,被任命的董事几乎总是首席执行官及其政策的支持者。除了偶尔的代理权竞争,股东实际上对董事的选择没有控制权,而董事的使命是代表股东的利益。

该文考虑了一个遴选董事的替代方法,简言之就是基于公司、潜在董事及其属性的数据,使用机器学习的算法确定公司的最佳董事人选。该文构建了一个包含了2000年至2014年任命的美国上市公司和董事相关信息的大型数据库,构建了多个机器学习算法,旨在利用董事和公司层面的数据预测董事的绩效,并将这些算法选出的董事的质量与公司实际选出的董事的质量进行比较。该文利用随后选举中的投票总数作为市场对新董事表现的评估,构建了一些算法(Lasso、Ridge、随机森林、神经网络和梯度增强树)来选择随后将获得股东最高认可的董事。在上市公司样本中,将每个模型拟合到一个"培训"

[①] 本文作者:张文,北京大学国家发展研究院硕士研究生。

子样本(2000年至2011年任命的董事)上,然后将预测数据与一个"测试"子样本(2012年至2014年任命的董事)上的观察数据进行比较。经对比,该文发现,这些算法能够准确地进行董事选举中股东支持情况的样本外预测。

为了确定一种算法是否能改进董事会的决策,该文将算法的预测与公司实际挑选的董事进行比较。对比结果表明,当与候选人的表现相比,机器学习模型预测的董事表现较差时,他们的排名确实较低。该文使用董事任命后的公司盈利能力,作为衡量董事业绩的另一种方法,该方法下机器学习模型也能准确拟合并优于OLS模型。

机器学习模型始终会推荐那些既可能接受董事职位,又可能比公司实际选择的董事表现更好的董事。算法性能优越的一个原因可能是算法不受众多代理问题的影响。董事会倾向于选择与自己相似的董事,而算法表明增加多样性将是一个更好的主意。

二、核心假设与算法

(一)预测绩效的算法

该文建立了几个算法,旨在对股东、对董事的支持水平(Y)进行事前预测(在他们任期的前三年)。该算法使用了一组可观察的董事、董事会和公司特征W,这些特征在做出招聘决定时可供提名委员会使用。这些算法属于机器学习文献中最常用的算法:Lasso、Ridge、随机森林、神经网络和梯度增强树。该文对2000年至2011年任命的董事进行训练,即估计模型参数,并对2012年至2014年任命的董事进行测试。按照机器学习的术语,将2000年至2011年的数据称为训练集(样本内数据),将2012年至2014年的数据称为测试集(样本外数据)。算法试图预测的变量是董事任期前三年股东支持的平均水平。正如机器学习文献中的典型做法,各种算法处理缺失的观察值的方式是通过一个简单的插补过程:缺失值将被设置为该变量所有其他观察值的中值。

1. 少即是多:Lasso、Ridge 方法

OLS 回归往往产生糟糕的样本外预测,面临着偏误—方差权衡问题(bias-variance tradeoff):如果一种算法太适合样本内数据(低偏误),它就有很高的方差,因此在样本外数据上表现不佳。相反,Lasso 和 Ridge 都是线性模型,使用正则化方式来实现偏误和方差之间的平衡。他们通过最小化损失函数来做到这一点,其中包括样本内拟合和有利于简单模型的惩罚项,从而减少方差。

因此,通过设置一些系数为零和收缩其他项,可以提高预测精度。为了实现这一目标,Lasso 和 Ridge 结合了误差平方和和参数范数的最小化。Lasso 估计量解决了这个问题:

$$\min_{\beta} \sum_{j=1}^{k} (y_i - x_i\beta)^2 + \lambda \cdot \|\beta\|_1 \tag{1}$$

其中,$\|\beta\|_1$ 是 ℓ_1 范数(最小绝对偏差)。系数绝对值总和的惩罚权重(λ)是通过交叉验证来选择的,以确保泛化及准确的样本外预测。Ridge 的参数估计的边界是 ℓ_2 范数(最小二乘),其他方面与 Lasso 类似。因此,平滑地将估计值收缩至 0,而不是向 Lasso 那样将一些估计值设置为 0。

2. 随机森林

随机森林算法是一种组合多棵决策树的集成方法。直观地说,单个决策树显示了一个流程图,其中数据点可以遵循从根到与最终预测相关的叶节点的流程。决策树中每个节点属性的选择受到信息论的启发,以最大化信息增益。随机森林算法利用每棵树的随机协变量子集来估计多棵树。其中,利用提供基于信息增益的最佳二进制分割的协变量将数据分割为两个分区,并作为树的根函数。算法重复这个过程,直到它到达树的底部,其中每个叶或终端节点由类似的观察结果组成。然后,一个新的数据点可以从每个树的顶部开始,并沿着每个节点的拆分一直到叶节点。这个新数据点的预测结果是它在叶节点上的平均观测结果。随机森林取所有决策树预测的平均值。

3. 梯度增强树

与随机森林类似,梯度增强树是一种集成多种树的方法。关键区别在于,最终的预测是所有树的线性和,每棵树的目标是最小化前一棵树的残差。XGBoost 算法为该算法提供了一个高效的实现途径,在所有场景中都是可扩展的(Chen and Guestrin, 2016)。在该文的其余部分中,交替使用 XGBoost 和

梯度增强树。

4. 神经网络

人工神经网络的设计是为了模仿大脑处理信息的方式。神经网络是由突触连接的神经元层构成的。第一层包括输入神经元，最后一层表示输出。第一层和最后一层之间的神经元层是隐藏层。每个突触都有自己的重量。一个激活函数(通常是一个 sigmoid 函数,以允许非线性模式)被嵌入到隐藏层的每个神经元中,以评估其输入。到达一个神经元的突触所携带的一组权重被输入到它的激活功能中,这将决定该神经元是否被激活。如果被激活,它就会用分配给它的值触发下一层神经元。类似于在隐藏层中的神经元,输出神经元通过激活函数判断其输入,并决定从哪个神经元接受触发值。输出是最后一层被激活神经元的加权和。训练一个网络需要修改突触上的权值,以使代价函数最小化(通常是平方和误差)。

（二）评估算法的预测

在该文框架下,评估算法的预测性面临两个重要的挑战:公司的业绩数据只针对那些真正被挑选出来的董事,而决策者依赖于不可观察到的数据。因此,该文开发了一个类似于 Kleinberg et al.（2018）的框架。

假设真实的数据生成过程为 $y=F(w,z)$。其中,w 是输入向量;y 是结果变量;z 表示一组影响董事表现的特征,董事会可以观察到这些特征,但算法不能观察到。这种特征的一个例子是对公司或行业的特殊知识,这将使潜在的董事更有价值。此外,还有不影响董事表现且算法无法察觉的特点 B,但仍可能会影响董事会的招聘决定,例如,候选人的政治观点。董事会对 B 中某些特定特征的偏好可能是有意识的,甚至代表了他们自己没有意识到的隐性偏见。重要的一点是,潜在董事的这些特质可能会影响董事会的决策,即使它们与业绩无关。

F 是由函数形式 f 来操控,为实现预测建模的目的,应寻找一个能够与函数 f 在样本外数据密切匹配的函数形式。与经典的因果假设检验相比,该算法没有对 F 的结构做出强有力的假设,因此没有重点检查估计的参数并认为这些参数与 f 相匹配。换言之,该算法旨在寻找一个函数形式,将特征 W 映射

到预测值 $\hat{f}(W)$ 中,因此,可以很好地将样本外的数据涵盖在内(Shmueli,2010)。

假定董事的特征被 x 所刻画,x 包含三个特征的向量和结果变量 y。注意 x 可能不仅包括董事特征,还包括公司和董事会特征,因此董事会和算法都试图评估一名董事在某一特定董事会的未来表现。

$$x = \begin{bmatrix} W \\ Z \\ B \end{bmatrix} \quad (2)$$

为实现模型的目的,将 x 的维度缩减至包含 w、z、b 三个元素的三维向量。此外,假设 w 和 z 的和分布在 0 到 1 之间,它们的和平均等于 y:

$$E[Y = y \mid W = w, Z = z] = E[y \mid w, z] = w + z \quad (3)$$

每个董事会都有一个回报函数 π_i,董事会的回报是董事绩效和董事特征 x 的函数。对于在 k 大小的候选池 D 中的每位董事 (x, y),董事会的回报被如下函数所刻画:

$$\pi_i(x, y) = \mu_j y + \nu_j g_j(x) \quad (4)$$

$g_j(x)$ 是特定于董事会级别的函数,将董事的特征映射到一个分数中。可以将 $g_j(x)$ 想象为衡量董事会通过聘请具有特定特征的董事而获得的效用的指标。例如,他们可以从自己的关系网中雇用某人,从而获得私人利益。μ_j 和 ν_j 分别代表董事会 j 对董事表现的权重、对聘请具有某些特征的董事所带来的利益的权重。

假设董事会 j 选择了一套招聘规则 h_j,来最大化它的期望回报。

$$h_j \in \{0, 1\}^k \quad \text{and} \quad \|h_j\|_0 = 1$$
$$\Pi_j(h_j) = \sum_{i \in D} h_{i,j} E[\pi_j(x_i, y_i)] \quad (5)$$

招聘规则 h_j 取决于董事会对一名特征为 x 的董事未来表现的评估 $k_j(x)$。对于一个给定的 $g_j(x)$,董事会选择 $k_j(x)$ 最高的董事。该模型不观察董事会对董事业绩的相对权重(μ_j)及其自身对具有特定特征的董事的偏好(ν_j)。在一个完美的公司治理世界里,董事会只关心他们的使命(即代表股东的利益)和 $\nu_j = 0$。

设定 $\nu_j = 0$ 不是因为相信完美治理的世界是实际存在的,而是因为问题是该算法能否识别出比董事会 j 聘用的董事 x' 绩效更好的董事 x''。换言之，在 $g_j(x'') \geq g_j(x')$ 成立的条件下，一个算法可以推荐一种招聘规则 α，该招聘规则可以产生一个比董事会 j 的实际招聘决定回报更高的董事人选吗？

两种雇用规则 h_j 与 α_j 之间的期望收益之差为：

$$\Pi_j(\alpha_j) - \Pi_j(h_j) = \sum_{i \in D} \alpha_{j,i} \mathrm{E}[\pi_j(x_i, y_i)] - \sum_{i \in D} h_{i,j} \mathrm{E}[\pi_j(x_i, y_i)]$$
$$= \mathrm{E}[y \mid \alpha] - \mathrm{E}[y \mid h] \tag{6}$$

不观察根据该算法产生的替代雇用规则将被雇用的董事的表现。正如 Kleinberg et al.（2018）所讨论的，在机器学习文献中，缺失的标签常常通过各种插补程序来处理。然而，这种方法假设，如果一个董事和被雇用的董事拥有相同的可观察特征值 w，那么他们的绩效将是相同的。这相当于假设不可见因素 z 在招聘决策中不起作用。对于给定的 w，插补误差如下：

$$\mathrm{E}[y \mid \alpha, w] - \mathrm{E}[y \mid h, w] = \mathrm{E}[w + z \mid \alpha, w] - \mathrm{E}[w + z \mid h, w]$$
$$= \mathrm{E}[w \mid \alpha, w] - \mathrm{E}[w \mid h, w] + \mathrm{E}[z \mid \alpha, w] - \mathrm{E}[z \mid h, w]$$
$$= \mathrm{E}[z \mid \alpha, w] - \mathrm{E}[z \mid h, w] \tag{7}$$

这种插补误差指出了 Kleinberg et al.（2018）所描述的选择性标签问题。在模型设定中，它指的是被聘用的董事，尽管他们可能与未被聘用的其他董事具有相同的可观察特征，但可能在不可观察的方面有不同的可能性。这些不可观察到的因素可能会导致雇用和不雇用的平均结果不同，即使两者在可观察特征的基础上是相同的。

该模型利用每个董事会席位的候选董事池的设计，以便比较一下这一算法和董事会决策的表现的差异。考虑同一时间加入邻近公司董事会的董事。这些董事当时可以加入董事会，并愿意前往该地点参加董事会会议。此外，为了减轻人们对某家公司是否有能力吸引有前途的董事的担忧，将潜在候选人的范围限制在几乎同一时间加入邻近小公司的董事，因为担任董事的声望往往随着公司规模的增加而增加（Masulis and Mobbs, 2014）。此外，在该文样本期间，在他们加入的不同董事会中，股东对单个董事表现的支持平均变化很小。因此，虽然没有由算法的招聘规则生成的标签 $\mathrm{E}[y \mid \alpha]$，但可以观测到其准标签：他们在大约同一时间加入较小邻近董事会的表现。

那么如何评估董事会招聘决定的质量呢？该文的方法是将这些决定与算

法可能会选择的另一种招聘规则进行对比。为了让董事会可以使用不可观察的数据来做出他们的招聘决定,作者增加了一个假设,即在可供选择的招聘人选中,至少存在一个具有特征 x'' 的董事,满足 $g_j(x'') \geqslant g_j(x')$。当分析这些潜在候选人的准标签时,会探究当董事 x' 被预测业绩差(好)时,x'' 是否真的比董事 x' 做得更好(差)。

算法的选择优于公司实际选择的董事,有以下两个非互斥的原因:第一,算法实际上试图选择价值最大化的董事,而实际董事会没有;第二,即使企业试图实现价值最大化,机器学习方法的表现也优于他们所做出的选择。换言之,董事会将错误地预测未来的表现,即评估候选人未来表现时是不恰当的。董事会选择那些预测业绩更差的董事这一结果,表明董事会对 v_j 权重的设定是不恰当的。

三、 构造一个可供算法选择的董事样本

(一) 通过选举结果衡量董事的业绩

选择董事的一个挑战性的部分是衡量董事的业绩。董事们采取的大多数行动都是在董事会内部与其他董事集体采取的,这使得评估某位董事的业绩变得更加困难。此外,对于外部观察者或评估单个董事表现的算法来说,必须依赖于一种包含市场参与者信息的基于市场的措施。因此,文章使用个人在董事选举中获得的选票比例作为一个衡量个体董事绩效的市场指标。这一衡量标准反映了股东对董事素质的看法,汇总了有关董事素质的公开信息,并包含了他/她与董事会的匹配程度。

董事选举的一个重要特征是,在绝大多数情况下,董事获得压倒性多数的选票。如果选举结果反映了市场对董事素质的看法,那么获胜选票之间的差异必然包含了市场对其评估的有意义的差异。Cai, Garner and Walkling(2009)、Fischer et al.(2009) 和 Iliev et al.(2015) 认为,投票结果的变化实际上反映了市场对董事质量的看法。这些论文发现,投票总数预测了股票价格对后续交易的反应。因此,投票总数反映了对董事质量的看法,董事关心这些看法,并采取旨在影响这些看法的行动。

（二）样本的选择

为评价一个董事选择算法的绩效,需要收集一个可以观察到公司和董事会属性的样本。因此,该文通过 BoardEx 收集了 2000 年至 2014 年 4 887 家独立公司董事会任命的 41 051 名新独立董事及关于董事和董事会特征的数据,从 Compustat 和 CRSP 获得了企业层面的特征。样本公司的平均市值为 66 亿美元。从 ISS 投票分析公司获得股东对个别董事支持程度的数据。此外,只关注新董事,并使用任期前三年所有连任投票中支持某位董事的平均比例,最终获得 26 024 名新董事任命的投票结果。

许多论文显示了代理咨询公司(如 ISS)的建议对机构投资者关于各种治理建议的投票的影响,包括董事选举。然而,最近的一些研究提供了这种影响下降的证据。例如,Iliev and Lowry(2014)发现,共同基金对 ISS 建议的依赖程度差异很大。Aggarwal, Erel and Starks(2016)表明,在 ISS 建议投反对票的股东提案中,投资者投票已经变得更加独立于 ISS 的建议。该文所有的结果都与"测试"子样本有关,其中包括 2012 年至 2014 年任命的董事,这段时间代理咨询公司的影响力比早些时候要弱。

四、评估董事选择的机器学习预测

（一）各种预测模型的比较

利用构建的样本,该文又开发了机器学习算法来预测潜在董事的质量,用随后的投票作为衡量董事素质的标准。具体过程如下:首先,在样本 2000—2011 年部分对每个算法进行训练,样本由 20 969 名新董事组成,其中 14 374 名任独立董事,他们来自 2 628 家公司。训练包括让算法确定样本变量的哪些组合最能预测未来的表现。然后,评估了模型对样本中 2012—2014 年部分的预测,并将预测结果与 OLS 模型的预测结果进行了比较。需要强调的一点是,所有结果都是针对 2012—2014 年董事任命的子样本,与 2000—2011 年的子样本没有重叠。所有模型都是经过训练的。

在 OLS 模型预测的绩效分布中,位于底部的董事的平均观测结果实际上要高于顶部的董事。而基于机器学习的几个模型中,股东支持预测百分比中观测到的平均股东确实增加了。因此,机器学习模型和OLS模型在预测未来性能方面存在差异。

而在可供选择的机器学习算法中,XGBoost在预测董事们绩效方面的表现最好,它也是产生最小平均绝对误差的方法。股东对董事的平均支持度是XGBoost预测的单调函数,而不是OLS模型的单调函数。不同模型预测能力的差异说明了标准计量经济学方法和机器学习之间的差异。OLS在样本内拟合良好,但在样本外拟合较差。相比之下,机器学习算法是专门设计来预测样本外情况的:XGBoost预测的位于底部十分位的董事的平均观察支持度为93%,而位于预测业绩的顶部十分位的董事的平均观察支持度为98%。

机器学习模型做得更好的一个可能的原因是,它们让数据决定哪些变量的哪些转换是相关的,而在OLS(或任何其他标准计量经济学技术)中,研究人员必须在估计方程之前指定其结构。通过让数据说明变量之间的潜在关系,机器学习最终能更好地拟合数据,也能更好地预测样本外的未来结果。

(二)评估算法的预测:利用准标签

通过算法确定的董事具有未来股东的低(高)支持,更有可能在随后的选举中获得低(高)支持,这提出了一个问题:为什么公司会选择那些实际上加入董事会后表现不佳的董事。董事的糟糕表现并不一定意味着公司最初聘用他们是错误的。公司的招聘决定可能是合理的,但由于运气不佳而未能奏效。然而,该模型表明情况比这更糟。由于该模型的预测使用的是新董事选出时公开可得的信息,因此,董事会本可以,而且从股东的角度来看,本应该知道这些董事的业绩最终会很糟糕。

董事会为何会选择欠佳的董事,有几种可能的解释。第一,董事会最大化了自己的效用,而不是股东的。因此,新董事被选择是因为现有的董事会和首席执行官喜欢他们,即使他们不能最好地满足股东的利益。第二,在选择表现不佳的董事的情况下,所有其他愿意担任董事的候选人的可能表现会比公司实际选择的董事更差。

为了评估这一结果是不是因为缺少潜在的替代董事,我们考虑是否存在可能愿意服务并会比选出的董事绩效更好的替代董事。假设刚刚加入或即将加入董事会的个人,可能会被同一时间、同一地理区域内更大的董事会所吸引。附近小公司的董事是董事职位的合理选择,因为加入大公司的董事会通常比加入小公司的董事会更有声望、更有利可图。因此,作者为每个新的董事会职位构建了潜在候选人池,包含那些在过去一年内或在新董事当选后一年内加入距公司总部100英里范围内的小公司董事会的董事。将潜在的替代董事在他们实际加入的董事会中的表现,作为他们的"准标签"。这种准标签表明,如果这些董事被要求担任我们正在考虑的大公司的董事,他们会取得怎样的业绩。

一个值得思考的问题是,在那些被预测表现不佳的董事案例中,挑选他们的董事会是否有可行的替代方案。为了衡量潜在备选方案的预期业绩,需要计算董事们的预期和实际业绩与公司可能拥有的备选池的业绩相比如何。由于公司位于不同的地点,规模不同,每个董事空缺都有自己的候选人池,可能的结果分布也不同。除了实际选出的董事,作者计算了每个董事人选的预期业绩,对这些预测的表现进行排序,然后将其与每位董事随后的实际表现进行比较,以他或她被选为董事的公司的投票总数来衡量。

与OLS模型相比,机器学习算法的预测能力更加良好。所有的机器学习模型都发现,它们预测表现较差的董事的排名确实低于它们预测表现良好的董事。XGBoost似乎再次成为首选算法,因为它能够在事前最好地区分出哪些董事表现良好,哪些董事表现不佳。XGBoost算法预测的在股东支持中处于底部十分位数的董事的中位数是实际观察业绩的第38百分位数。XGBoost和OLS模型的预测差别如下:当使用OLS预测时,顶部十分位数和底部十分位数的后续表现几乎相同。相比之下,被XGBoost确定为高能力的候选人在随后的选举中表现明显好于被预测为表现较差的候选人。机器学习模型至少可以在某种程度上预测一个特定的人是否会成为一个特定公司的成功董事。

总而言之,针对每个董事会新职位的实际潜在候选人,该算法能够以合理的精度识别出哪些人会表现得很好,哪些人不会。这些结果表明,该算法有潜力改善现实世界董事会的招聘决定。

(三) 影响董事绩效的特征

机器学习模型能够预测在随后的选举中哪些董事能获得更多选票。据推测,投票总数反映了股东对董事绩效的满意度,这是一种基于市场的衡量董事绩效的指标。这些预测来自基于数据库中变量的复杂算法。可以推测,数据库中的某些变量对后续表现的影响比其他变量更重要。实证结果表明,与股东对董事支持度预测显著相关的董事会变量是董事会规模、现任董事会成员的平均任期和董事会中女性的比例。在董事层面,性别、董事是否忙碌以及董事所在的上市董事会数量似乎会影响该算法的预测。

算法的预测还可以帮助确定董事的个人特征。例如,新董事在被选择进入董事会时是被管理层高估或低估。该算法找出那些已被聘用但可预见的低质量董事,并将他们与算法更倾向于担任该特定董事会职位的董事进行比较。这两个群体之间的差异模式,体现了在提名过程中往往被高估的董事类型。换句话说,该算法提供了一个诊断工具来评估董事的选择方式。

与该算法识别出的更有前途的候选人相比,可预测的糟糕董事更有可能是男性,更少拥有本科学位,有更大的职业网络,曾在更多的董事会任职,调查期内同时在更多的董事会任职,有金融背景,过去得到的股东支持也更低。

(四) 作为业绩衡量的企业盈利能力

董事会的任务是代表股东,因而在年度选举中得到股东的支持是衡量董事表现的一个自然指标。然而,人们可能会担心,基于对股东支持程度的预测而聘用董事,可能会牺牲管理层最终关心的东西——公司盈利能力。

该文用两种方法证明情况并非如此:首先,作者训练了一个XGBoost算法来预测公司水平的盈利能力(EBITDA/总资产),并根据这一可选的预测业绩对聘用的董事进行排名。基于一种业绩衡量标准的预测业绩来选择董事,并不会导致聘用在其他标准上表现不佳的董事。聘用预测业绩中最底层的董事所在企业的平均利润率为−49.8%,最顶层的为20.5%。当算法被训练来预测未来的盈利能力时,那些被任命三年后盈利能力较低(高)的公司的董事,其股东支持率平均为94%(96%)。在1%的水平上,差异是显著的。接下来,他们训练其算法来预测股东支持度,那些雇佣了预测利润业绩倒数十分位数的董事的公司,平均盈利能力为−0.3%,而最高十分位数的股东平均盈利能力为97.7%。

五、总结与展望

(一) 总结

在这篇文章中,作者提出了一种选择上市公司董事的机器学习方法。在开发机器学习算法的过程中,作者在以下三方面致力于更好地理解公司治理:首先,评估是否有可能构建一种算法,准确预测一个特定的个人是否会成为一个特定公司的成功董事;其次,比较预测董事绩效的替代方法,特别是传统的计量经济学方法与机器学习技术的比较;最后,使用算法中的选择作为基准来理解董事的实际选择过程、次优选择在多大程度上是事先可知的,以及哪些类型的个人更有可能被选为董事,而这与股东利益相违背。

与传统董事选举相比,这篇文章所提出的基于机器学习算法的董事遴选方式,有以下几个优点:第一,允许设计现实的候选人池,以便能够观察他们的能力;第二,尽管业绩在许多招聘环境中是一个多方面的概念,但公司董事的职责是明确的,即代表股东的利益;第三,该算法可以对任何潜在的候选人情况进行预测,因此,扩大公司可以考虑的潜在董事的范围,从而将董事会席位开放给拥有更多样化背景和经验的新候选人。

在构建这样的算法之前,需要解决以下两个主要问题。第一,必须能够衡量一名董事的表现,以预测哪些潜在董事将是质量最高的。大多数董事的行为都发生在董事会的私密空间,外部观察者无法观察到,这使得衡量董事的业绩变得复杂。此外,董事的大部分工作都发生在董事会的结构内,因此无法观察到他们的个人贡献。该文的方法是基于董事在股东选举中获得的选票比例。已有文献表明,投票情况显示了关于董事素质的信息,反映了股东对董事个人的支持,包含所有公开可获得的关于董事业绩的信息。第二,虽然可以观察到董事得到股东们支持的比例,但无法观察一位未被选上的潜在董事获得的选票,也无法观察一家公司的潜在董事是否愿意接受该职位。为解决这一问题,作者构建了一个潜在董事候选人池,即他们当时接受了附近一家较小公司的董事职位,因此可能会被附近一家较大公司的董事职位所吸引。用潜在董事在其任职公司所获得的选票比例来衡量其业绩。该分析的一个局限性是，无法知道一名潜在董事在另一家公司是否会得到与他实际担任董事的公司相同的股东支持。然而在样本期间，大多数接受多个董事职位的董事往往在他们服务的所有公司获得相同的支持水平。

以这种方式构建的机器学习算法能很好地拟合数据。使用关于公司、董事会和董事特征的公开数据，XGBoost算法预测了样本外股东支持度的平均绝对误差约为4%。此外，董事任命后实现的业绩是预测业绩的单调函数。该模型可以准确预测单个董事的成功，特别是可以识别哪些董事可能不受股东欢迎。

算法选出的董事和由公司实际挑选的董事之间的差异，可以用来评估董事会是否挑选了最优董事。将可以预见的糟糕董事与该算法选出的有希望的候选人进行比较，公司选择的董事似乎更有可能是男性，有很强的人脉，有丰富的董事会经验，目前在更多的董事会任职，并有金融背景。换句话说，董事和首席执行官会选择更像自己的新董事，即使他们在实现价值最大化方面不如其他可能的选择。

相比于管理层老朋友，来自不同背景的董事可能更能在政策方面提出更有用的意见。例如，TIAA—CREF（现在的TIAA）自20世纪90年代以来就制定了一项公司治理政策，主要目的就是使董事会多元化。

（二）未来展望

使用算法进行董事遴选的重要好处是，当董事会和首席执行官共同选择新董事时，不容易出现代理冲突。机构投资者可能会发现这一特性特别有吸引力，并可能会利用他们的影响力，鼓励董事会在未来选择董事时依赖于文章提出的算法。这种算法可以作为机器学习处理董事遴选问题的出发点，可以进一步优化，开发出更为复杂的算法。此外，算法依赖于公开的数据，如果有更详细的个体数据，则可以提高算法的拟合度。基于算法的遴选方式，有利于改进董事的选择及公司治理，以服务于股东利益。

论文评价

这篇文章为我国公司治理结构优化提出了新思路——利用机器学习等先

进技术构造更加公正有效的遴选董事方法，使股东利益得到保障。通过预测任何潜在候选人的表现，机器学习算法实际上可以扩大董事的候选人池，并识别出具备成为成功董事所需技能的个人。

原作者简介

　　Isil Erel 任职于俄亥俄州立大学费舍尔商学院，拥有麻省理工学院斯隆管理学院金融经济学博士学位，研究涵盖了企业融资的各个领域，尤其侧重于并购、公司治理和金融机构。Erel 教授是美国国家经济研究局（NBER）公司金融项目的研究员，也是欧洲公司治理研究所（ECGI）的研究成员。

　　Léa H. Stern 任职于华盛顿大学福斯特商学院金融与商业经济系，艾伦人工智能研究所访问学者。研究涉及企业融资和私募股权的各个领域，主要方向是利用机器学习预测方法来研究经济主体决策中的低效率。

　　Chenhao Tan 任职于芝加哥大学计算机系，拥有康奈尔大学计算机科学博士学位。他的研究兴趣包括机器学习、语言和社会动态、多社区参与以及自然语言处理、计算社会科学和人工智能。

　　Michael S. Weisbach 任职于俄亥俄州立大学商学院，美国全国经济研究所研究员。Weisbach 教授是 *The Review of Financial Studies* 的前主编，主要研究方向是公司金融、公司治理和私募股权。

第五篇
科技信贷与影子银行

本 篇 导 读[①]

银行和影子银行体系是货币创造的重要一环,对货币政策的传导和效果有着重要影响,也通过信贷扩张直接影响到宏观经济。自2008年金融危机以来,与金融创新和影子银行相关的研究大量涌现,推动了人们对于危机起因、传播和影响的理解。传统的经济模型由于缺乏对危机的预见性和解释力度,遭遇了诸多质疑。这促使研究者提出新理论,以更好地解释与危机相关的现象,回答相关问题,并应对金融创新带来的挑战。

何谓影子银行?影子银行的定义最初由美国太平洋投资管理公司(PIMCO)的首席经济学家保罗·麦卡利(Paul McCulley)在2007年提出,用来指代所有杠杆化的非银行投资。金融稳定理事会(FSB)在2012年将影子银行定义为"常规银行体系之外的实体(全部或部分)参与的信贷中介"[②]。**与常规的商业银行相比,影子银行发挥着类似的金融中介作用,但在融资方式、监管要求和流动性支撑上存在较大差异**:商业银行通过有存款保险保障的存款来融资,而影子银行主要在资金批发市场上融资(例如各类商业票据和资产支持证券);商业银行需要满足资本充足率等监管要求,而影子银行不是银行实体,不受银行监管政策约束,很多时候只需要满足信息披露要求;商业银行有中央银行的贴现窗口作为流动性支撑,而影子银行缺乏"最后借款人"的保障,因此很容易发生挤兑。

最重要也最典型的影子银行是以房产抵押贷款为代表的资产证券化链条。这一链条上的一系列金融市场和非银行金融机构共同组成了一个庞大复

[①] 本篇作者:胡佳胤,北京大学国家发展研究院助理教授,北京大学数字金融研究中心研究员。

[②] Financial Stability Board, 2012. Strengthening oversight and regulation of shadow banking: An integrated overview of policy recommendations [EB/OL]. (2012-11-18) [2023-07-12]. https://www.fsb.org/2012/11/r_121118/? page_moved=1.

杂的影子银行体系,发放贷款,打包资产,证券化融资,变相进行着信用转换、期限转换和流动性转换等活动,从本质上来看与商业银行无异。而从实体上来看,影子银行体系既包括诸如房贷公司、政府支持企业(GSEs)、投资银行、保险公司、货币基金、养老基金、对冲基金、评级公司等非银行金融机构,又包括诸如回购(Repo)市场、资产支持商业票据(ABCP)市场、货币市场基金(MMF)市场等金融市场。这些非银行金融机构和市场并不属于商业银行,因此不在美联储等中央银行的监管范围之内,不需要缴纳存款准备金,不需要满足《巴塞尔协议》规定的资本充足率要求。而在金融危机发生之时,"大而不能倒"(too big to fail)的问题出现,政府又不得不出手救助这些机构,中央银行不得不为之提供流动性支撑,由此诱发严重的道德风险问题。当缺乏存款保险制度保障和贷款监管政策规范时,影子银行活动可能会蕴含巨大的违约风险,以及期限错配带来的流动性挤兑风险。

金融科技创造出新的影子银行。当前,最受瞩目的金融创新是以大数据、机器学习、人工智能等数字技术为基础的金融科技。金融科技颠覆了传统金融服务生态:借助互联网和智能手机的发展,金融科技公司得以打破空间的限制,不再受限于当地,而是延伸到所有网络能触及之处;24×7服务打破了传统银行工作日的上班时间限制,大大提升了金融服务的灵活性和便捷性;借助大数据、机器学习、人工智能等数字技术,金融服务的可得性和普惠性大大增强。金融科技挑战了传统的金融体系,在贷款、投资理财、保险、信用评分等多个业务维度与银行形成竞争。一方面,数字科技带来的创新可以为金融消费者提供更多选择,给国家层面的改革带来突破口;另一方面,监管套利活动可能会带来系统性风险,导致金融科技创造出新的影子银行。

厘清金融科技起作用的机制十分关键。本篇的第一篇论文《金融科技、监管套利和影子银行的崛起》探究监管差异和技术优势在金融科技影子银行崛起中的作用。一个重要的事实是,在2007年到2015年的美国住房抵押贷款市场上,影子银行尤其是在线金融科技贷款人的市场份额几乎翻了一番。如何解读这一现象,直接影响到住房抵押贷款市场在次贷危机后的发展定性和相关监管部门是否应该有所作为。如果金融科技住房抵押贷款市场份额的上升是由于大数据和新风控技术带来了创新价值,那么这个变化就指出了未来住房抵押贷款市场的发展方向。如果这一市场份额的上升是影子银行宽松监管政策而引发的套利行为,那么监管部门可能要密切关注这类新业务可能诱发的金融风险。论文的分析表明,金融科技影子银行更多是在填补传统银行收缩带来的市场空白,同时也为信誉较高的借款人提供了便利。进一步的定量分析表明,监管差异可以解释金融科技影子银行市场份额增长的60%,而技术优势只能解释30%。

金融科技的大数据风控可以为缓解信息不对称问题以及为中小微企业和消费者提供普惠金融做出积极贡献。本篇的第二篇论文《数字金融的崛起:基于数字足迹的信用评分》探究了数字足迹对金融科技消费贷款进行信用评分(即对未来借款人违约概率的预测)的作用。作者通过德国一家"先发货再付款"电子商务公司的消费者数据,构建了一个基于数字足迹的预测消费贷款违约行为的模型,发现仅仅凭借诸如下单时间、设备型号、电子邮箱等简单的数字足迹信息,就可以达到比征信评分更加优越的违约预测能力,展示出数字足迹所蕴含的巨大信息价值。如果把数字足迹与传统征信评分综合起来使用,那么模型的预测能力还将进一步上升,显示出数字足迹与征信机构评分在预测违约行为上具有很强的互补性。作者还发现数字足迹在有征信评分的人群和没有征信评分的人群中具有相似的分辨能力,表明基于数字足迹模型的可信度不依赖于传统的征信评分。这一研究挖掘出数字足迹对促进消费者(尤其是征信白户)获取信贷资源的积极作用,有助于提升金融的包容性和普惠性。

大科技公司参与金融业是我国金融科技发展的一个显著特征。本篇的第三篇论文《危机中的影子银行:来自新冠肺炎疫情中金融科技机构的证据》探究了金融科技公司和传统银行业在面对新冠肺炎疫情冲击时的不同反应。在新冠肺炎疫情冲击下,金融科技公司和商业银行的信贷数量和信贷质量会发生什么样的变化?作者发现,与商业银行相比,金融科技公司在新冠肺炎疫情冲击下倾向于发放更多贷款,但同时也面临信贷质量下降的问题。金融科技公司扩大信贷量并不是因为它们的借款人面临更低的疫情风险,而高收入群体与低收入群体在金融科技公司的信贷业务也并不存在显著差异。因此,疫情时期的金融科技贷款更具金融普惠性。然而,相比于商业银行,金融科技公司借款人的违约率在疫情后上升了三倍,表明金融科技公司提高信贷量的同时并没有控制好信贷的质量。借款人所处地区疫情严重程度、是否首次拿到授信额度、贷款利率等因素都无法解释金融科技贷款和商业银行贷款在疫情后的违约率差异。综上，商业银行在新冠肺炎疫情冲击下表现相对稳健，而金融科技公司有利于缓解疫情期间急需资金的借款人的燃眉之急，并且其授信范围具有一定的普惠性，但其抗风险能力较差，业务模式难以持续。这些结果为商业决策和政策分析提供了重要的参考价值。

金融科技既为广大金融消费者提供了过去难以企及的便利，也有可能让他们更容易跌入过度借贷和金融诈骗的陷阱。本篇的第四篇论文《面对金融科技的自制力培养：基于数字消费金融场景下的借贷者行为》通过在中国大学生中开展的实验探究了自制力对正确对待金融科技借贷的作用。在中国，电子商务平台（如阿里巴巴和京东等）多依靠个人的购物记录和账户数据来审核信贷资格。因此，大量的大学生成为线上信贷服务的客户群体。在这篇文章的调研中，近50%的调查参与者近期使用过网上信贷；超过20%的人表示，这些借贷成了持续压力来源。作者发现，虽然金融素养干预能够提高学生的测试分数，但不太能改变他们在电子商务平台上的借贷行为。对比之下，包含个人财务和预算管理技能的培训课程对于改善学生的线上借贷行为更为有效，体现出自制力和预算管理能力对塑造良好线上消费和金融科技借贷行为的重要意义。

金融科技和影子银行的学术研究在国内外都在蓬勃发展。中国的金融发展有其特殊性，因此中国的金融研究在借鉴国外前沿分析的同时不应亦步亦趋，而要挖掘出自身的独特价值。传统观念认为影子银行绕开监管套利，是需要被严格干预的。但在信贷资源错配严重、传统金融体系并非最优配置的情况下，影子银行一定程度上可以承担起价格发现的功能，运用市场力量引导资金流向，校正金融资金错配的扭曲。在中国国有银行占主导、银行信贷偏好国有企业的大环境下，影子银行可能会为民营企业融资争取空间，一定程度上有利于缓解中小民营企业融资难的问题。当现行金融体系存在一定扭曲时，影子银行可以起到缓解企业融资约束、提高经济运行效率的作用。当然，从长远发展来看，金融系统的可持续性依赖于"开前门"和"堵后门"的双管齐下。

金融科技和影子银行的发展还可能有助于利率管制下的利率实质性市场化。我国在利率管制下余额宝和银行理财产品的发展，与美国20世纪70年代《Q条例》（Regulation Q）对银行利率限制下的货币市场基金的发展十分类似,但又具备了中国特色金融体系和数字时代金融科技发展的新特征。从经济学角度来看,传统银行作为存贷款利差的既得利益者,没有主动推动改革的动力。余额宝将货币市场基金和移动支付相结合,成为银行存款强有力的替代。依托于支付宝这第一大第三方支付工具,货币市场基金变得如同银行借记卡一样方便好用。同时,余额宝货币市场基金的市场化收益率要高于管制下的银行存款利率,吸引了大量对利率敏感的居民。2014年第一季度,成立不到一年的余额宝的规模突破5 000亿元;2017年,余额宝的规模突破10 000亿,高峰期接近1.6万亿(当时相当于2 680亿美元),成为全球第一大货币市场基金。以余额宝为代表的金融科技理财产品为广大家庭提供了更多元的理财选择。

金融科技作为传统银行业务的竞争者,起到了对利率市场化改革的助推作用。我与美国哥伦比亚大学商学院魏尚进教授和斯坦福大学商学院Greg Buchak教授在论文《金融科技助推金融自由化》中利用蚂蚁集团数据,探究了以余额宝为代表的金融科技理财产品对利率市场化改革的潜在助推作用。强大的支付功能是余额宝区别于其他货币市场基金的关键特征,以支付宝为代表的移动支付技术对推动互联网理财产品的发展起到了至关重要的作用。我们发现,余额宝推出前支付宝的渗透率,可以准确预测未来余额宝的用户渗透率。受余额宝渗透率影响越大的银行,其居民存款在此后的增速下降越多,而其企业存款的增速并没有显著变化。更进一步,其居民活期存款的增速下降显著,而其居民定期存款的增速不会随之变化。受影响越大的银行,推出市场化的同类产品的激励越强,越有可能推出新型理财产品。这些结果表明,金融科技公司通过整合支付手段和货币市场基金,为普通金融消费者创造出了具备流动性和市场化利率的类存款产品,对银行形成了一定竞争压力,促使银行提供具有市场化利率的自有产品,有助于结束存款端"最后一公里"的金融抑制。另外,当金融科技的体量越来越大时,其自身的流动性风险和"大而不能倒"问题也日渐突出。金融科技创新对银行体系和金融稳定的整体作用及长期影响,是另一个值得仔细研究的课题。

"以史为鉴,可以知兴替",只有深入分析金融科技和影子银行发展的来龙去脉,借鉴历史上金融危机及监管应对的经验教训,才能避免措手不及、重蹈覆辙。运用前沿理论,立足本土数据,研究中国问题,提供政策建议,北京大学国家发展研究院在此的优势十分明显。如果能将国际前沿理论与中国金融业特点相结合,做出既能回答中国问题、又有普遍意义的研究,为中国的金融改革发展提供切中肯綮的政策建议和切实可行的解决方案,将是学者一大乐事、国家一大幸事。期待有更多的学生和学者加入金融科技和影子银行的研究中来,结合我国金融发展的独特性,思考前沿银行金融理论在中国的应用,让金融能更好地支持实体经济,同时又能有效地防范金融风险、维护金融稳定。愿与同仁共勉之。

《金融科技、监管套利和
影子银行的崛起》导读[①]

原文详见 Buchak G, Matvos G, Piskorski T, et al., 2018. FinTech, regulatory arbitrage, and the rise of shadow banks [J]. Journal of Financial Economics, 130(3): 453-483。

一、 研究背景和研究问题

　　文章研究的是金融科技、监管套利和影子银行的兴起。从2007年到2015年,影子银行在住房抵押贷款发放中的市场份额几乎翻了一番,尤其是在线金融科技贷款人的市场份额大幅增长。文章研究监管差异和技术优势这两种力量是如何促成这一增长的。

　　关于监管差异方面,文章利用由四种增加的监管负担引起的地域异质性差异,进行 DID 检验。这四种增加的监管负担分别是:资本要求、抵押贷款服务权、抵押相关诉讼,以及在储蓄监管办公室关闭后监管转移到美国货币监理署。这些都揭示了传统银行在面临更多监管约束的市场上的收缩,而影子银行部分填补了这些空白。

　　关于技术优势方面,与其他影子银行相比,金融科技贷款人为信誉更高的借款人提供服务,并且在再融资市场上更为活跃。金融科技贷款人收取14~16个基点的溢价,所以他们似乎是为借款人提供了便利,而不是成本节约,因为他们的利率更高。

　　最后,为了了解监管差异和技术优势这两种力量的相对贡献,作者建立了

[①] 本文作者:赵雅慧,北京大学国家发展研究院博士研究生。

一个抵押贷款的定量模型,发现监管差异的力量占影子银行增长原因的60%,而技术优势的力量占30%。

二、数　　据

文章主要使用了六个数据集。第一个是根据《住房抵押贷款披露法》(Home Mortgage Disclosure Act,HMDA)收集的抵押贷款申请数据,文章利用这一数据来检验贷款水平和地区水平上的贷款模式。HMDA记录了美国绝大多数的住房抵押贷款申请和批准贷款。该数据提供了申请结果、贷款类型和用途等,以及研究最关心的贷款发放人的身份。

第二个是房利美和房地美单一家庭贷款绩效数据,房利美和房地美是政府扶持企业。该贷款水平月度面板数据包含贷款、财产和借款人特征以及月度付款历史(如拖欠与否、预付)的详细信息。数据中的贷款时间是2000年1月1日至2015年10月。

第三个是美国联邦住房管理局(Federal Housing Administration,FHA)数据集,该数据由美国住房和城市发展部提供。FHA计划目的是帮助信用分数特别低的借款人,否则他们可能无法从传统贷款人处借到款。数据始于2010年2月,每月更新一次,直至2016年12月。这个数据主要是用于分析信用分数低的借款人群体。

第四个是美国人口普查数据,使用2006年至2015年美国人口普查和美国社区调查的县级人口数据。

第五个是为了研究监管负担增加的存款机构数据:在研究影子银行的市场份额增长时,文章认为影子银行可能会进入传统银行系统面临更严格监管审查的领域。文章利用大量数据源来衡量2006年至2015年的监管负担。特别地,使用银行催缴报告中的银行资产负债表数据计算银行资本。

第六个是诉讼和解数据。文章收集了针对银行、贷款人和抵押贷款服务商在金融危机时期的诉讼和解数据。通过汇总多个来源的数据,按年度和银行构建了包括是否和解与和解金额的时间表。

关于贷款人的分类问题,文章的核心是将抵押贷款人分为传统银行和影子银行,影子银行内部又分为金融科技型和非金融科技型。如果贷款人是存款机构,则其为传统银行;否则,贷款人就是影子银行。这与金融稳定委员会的定义一致,金融稳定委员会将银行定义为"所有接受存款公司",影子银行定义为"常规银行系统之外的实体(全部或部分)参与的信贷中介"。由于文章的重点是抵押贷款的发放,所以对影子银行的定义完全符合金融稳定委员会的定义。

金融科技型影子银行和非金融科技型影子银行的分类更具主观性:如果贷款人具有强大的在线业务,几乎所有抵押贷款申请过程都在网上进行,且没有贷款人的参与,就将其归类为金融科技型贷款发放者。反之,对于非金融科技型贷款发放者,他们的申请人在这一过程中与人的互动更加频繁。

三、研究结果

(一) 影子银行和金融科技的崛起

近十年来,美国住房抵押贷款市场规模达到了总共10万亿美元的水平。在此期间,近一半的贷款是在一年内出售给房利美和房地美这些政府扶持企业的贷款。住房抵押贷款发放总量出现了一些较大的波动,但影子银行的份额却一直在稳步增长,影子银行的份额已从2007年的约30%增加到2015年的50%,其中大部分增长发生在2011年之后。影子银行的这种增长并不局限于住宅市场的某一特定部分,在常规贷款中,影子银行所占份额几乎翻了一番,从2007年的25%增加到2015年的50%,大部分增长也发生在2011年之后。在FHA贷款[①]中,影子银行所占份额从2007年的约45%增长到2015年的约75%。所以,无论住房抵押贷款发放总量是降低还是增加,影子银行在市场中所占份额都是在增加的,说明贷款市场确实发生了结构性变革。金融科技型影子银行在所有影子银行贷款中的份额在2009年到2013年增长尤为明显。

伴随着这些市场份额的变化,传统银行和影子银行融资的来源也发生了

---

① FHA贷款允许收入较低、信誉较差的家庭以低于私人市场的利率借钱购买他们本来无法负担的住房,FHA借款人通常只支付3.5%的首付款,余额由FHA贷款提供,这些贷款是美国第二大最受欢迎的贷款类别。

变化。传统银行资产负债表上持有的银行贷款份额大致稳定,未出售贷款份额(一年内没有售出的贷款)从2007年的50%波动到2012年的30%,然后再次上升到40%。这与影子银行融资的变化形成了鲜明对比。影子银行越来越依赖于来自政府扶持企业的贷款,就是出售给房利美和房地美;2007年,只有30%会出售给政府扶持企业,到2015年,近50%的影子银行贷款在发放后会出售给政府扶持企业。金融科技型影子银行的变化也非常明显。在2010年之前,金融科技贷款人将大部分抵押贷款出售给了保险公司。从2010年起,金融科技贷款人开始将其销售转向政府扶持企业,到2015年,金融科技贷款人发放的贷款中有近80%是由政府担保的贷款。总体来说,这些结果表明影子银行,特别是金融科技型影子银行,与传统银行相比,越来越依赖政府担保的贷款,而传统银行则依赖政府担保的存款未出售贷款进行融资。

(二)传统银行、影子银行和金融科技型影子银行之间的贷款水平差异

为探究传统银行、影子银行和金融科技型影子银行之间借款人和贷款的特点有何差异以及差异的原因所在,作者推断如果影子银行参与监管套利,它们应该在传统银行面临最大监管负担的借款人和地区中最为活跃。此外,就金融科技型影子银行利用技术优势的程度而言,它们应该在那些最能使用技术的人和那些技术为其提供最大利益的人中最为活跃。

影子银行借款人在2007—2015年的年平均收入比传统银行借款人低4 000美元,这一差异到2015年增长到了9 000美元。而在影子银行借款人中,金融科技型影子银行的借款人收入相比非金融科技型的会略高。在种族差异方面没有观测到明显的区别,但可以注意到,金融科技型影子银行的借款人更可能报告其种族为"其他"或者"未知"。到2015年,大约四分之一的金融科技型影子银行借款人没有报告他们的种族,推测这是因为当贷款人无法轻易观察到他们的种族时,一些借款人可能会选择不报告他们的种族,特别是在线上贷款的情况下。

作者通过线性概率模型(1)分析给定市场内的个人贷款水平差异以及地理水平上的市场份额差异。因变量 Lender_Type,在估计所有住房抵押贷款样本时,表示贷款发放者类型是不是影子银行;在估计影子银行的样本时,表示

贷款发放者类型是不是金融科技型影子银行。X 刻画的是借款人和发放的贷款的特征,如借款人收入、种族、贷款用途或贷款类型等。$\varGamma$ 是线性概率模型 X 的系数,衡量的是自变量(不同借款人和发放的贷款的特征)对于因变量(贷款发放者类型)的影响。δ_{ct} 表示控制了模型的县(county)和时间(time)的固定效应。ε_{ict} 是模型的残差项。

$$\text{Lender\_Type}_{ict} = X'_i \varGamma + \delta_{ct} + \varepsilon_{ict} \tag{1}$$

首先来探讨借款人种族、收入水平、信用分数上的差异。在市场中,低收入借款人和少数族裔群体,比如非裔、亚裔等,更有可能成为影子银行借款人。这一结果无论在个体还是地区层面都适用,非裔美国人和拉丁裔居民比例较高的地区,影子银行的市场份额是显著较高的。此外,失业率较高、高中毕业生较少的地区的影子银行的市场份额也明显较高。

接着探讨在抵押贷款发放目的方面,贷款人类型之间存在显著差异,尤其是金融科技型和其他贷款人类型之间。在个人层面上,金融科技型影子银行的贷款人目的是再融资的可能性比购买高近 20%。常规抵押贷款结果也是如此,金融科技型影子银行的贷款人目的是再融资的可能性比购买作为目的增加了 7%~8%。同时,首次借款人成为金融科技借款人的可能性也显著降低。在地区层面也证实了这一结果。作者推测金融科技特别适合抵押贷款再融资,而不是新的购买。

然后探讨银行贷款类型的问题。影子银行在帮助(FHA 贷款)信用分数特别低的借款人的市场上更为活跃,FHA 贷款由影子银行发放的可能性相较于传统银行要高出 9%。对于针对退伍军人的贷款,由影子银行发放的可能性也更大。美国农业部农村住房服务局贷款的效果则与此相反,它们更可能由传统银行提供。这与前面看到的政府扶持项目的融资对影子银行增长的重要性是相一致的。

接下来文章进一步探讨了传统银行、影子银行和金融科技型影子银行之间贷款的定价和表现问题。之所以要讨论不同类型的贷款人之间的利率差异,是因为一个解释认为影子银行和金融科技型影子银行增长的原因是,它们通过提供更便宜的抵押贷款获得了市场份额,影子银行贷款人受益于较低的监管成本,金融科技型影子银行则受益于降低成本的技术。另一种解释是,监管在数量方面限制了银行,而更好的技术提高了金融科技产品的质量,允许金融科技贷款人在收取同等或更高利率的同时获得市场份额。研究贷款定价的差异可以确定哪种解释贴近现实。

文章采用模型(2)衡量不同类型贷款人之间的利率差异。因变量 rate 是抵押贷款利率。NonfintechSB 表示发放人是否为非金融科技型影子银行。fintechSB 表示发放人是否为金融科技型影子银行。模型控制了借款人的特征，如信用分数、贷款价值比和债务收入比等。β 是模型的系数,衡量了发放人是不是非金融科技影子银行对抵押贷款利率的影响。

$$\text{rate}_{ijzt} = \beta_1 \text{NonfintechSB}_j + \beta_2 \text{fintechSB}_j + X_i' \Gamma + \delta_{zt} + \varepsilon_{ijzt} \quad (2)$$

结果发现,传统银行和影子银行利率上的差异不到 0.01%。然而影子银行类型内部存在显著的异质性,非金融科技型影子银行的贷款利率比传统银行的贷款利率低 3 个基点。这个利率差异表明,消费者感知到了一些产品的差异,但传统银行和非金融技术型影子银行的竞争似乎足以使这些价格接近均衡。这种数量上的微小差异证明监管成本优势是影子银行增长的主要驱动力这一解释是不对的。

虽然非金融科技型影子银行的利率略低于传统银行,但金融科技型影子银行的利率明显高于传统银行。与传统银行相比,金融科技公司对于相同地区的类似借款人多收取 13 个基点的利率。在影子银行内部,差距甚至更大,达到 14~16 个基点。这一证据表明借款人为金融科技贷款支付了相当高的溢价。因此,作者认为金融科技贷款市场份额的增长不能用金融科技提供了较低的借款成本从而获得市场份额来解释,答案在于更好的技术提高了金融科技产品的质量,相较于非金融科技产品,消费者愿意为金融科技产品支付更高的溢价。

关于贷款表现的讨论,作者使用房利美、房地美有政府担保的数据,不需要利率溢价来承担违约风险,所以对于贷款发放人而言,贷款表现更相关的方面是提前还款,采用模型(3)进行分析。由于政府扶持贷款未对提前还款风险进行保险,贷款发放人可能希望对提前还款风险较高的贷款要求更高的利率。因变量 Default 表示一个抵押贷款在发放后两年内至少拖欠 60 天才为违约;因变量 Prepayment 定义为在发放后两年内提前偿还的贷款。

$$\text{Default}_{ijzt} = \beta_1 \text{NonfintechSB}_j + \beta_2 \text{fintechSB}_j \quad (3)$$

or

$$\text{Prepayment}_{ijzt} + \beta_r \text{rate}_{ijzt} + X_i' \Gamma + \delta_{zt} + \varepsilon_{ijzt} \quad (4)$$

影子银行比传统银行贷款更有可能违约,但违约率仅高出约0.02%,非常小。这种影响主要由非金融科技型影子银行贷款人造成,其借款人在两年内违约率高出约0.023%,但量也很小。而贷款提前还款的绝对差异是较大的。影子银行贷款更有可能被提前偿还,相比于传统银行,概率高出1.8%到2.5%。与传统银行相比,金融科技贷款人提前还款的可能性更大,金融科技型影子银行贷款提前还款的可能性高出约7%。综上所述,影子银行贷款对投资者的事后风险稍高,其瞄准的是市场中风险较高的部分。

(三) 影子银行的崛起:监管套利

前文指出,传统银行和影子银行间的差异可能是监管导致的,文章下面将影子银行的增长与主要由传统银行承担的四项监管指标联系起来。这四项监管分别是:建立资本缓冲以满足基于风险的资本要求,对抵押贷款服务权的更严厉的监管处理,金融危机引起的抵押诉讼,储蓄监管办公室关闭后监管转移到美国货币监理署。以此探究在传统银行更容易受到特定监管负担影响的地区,影子银行贷款是否获得了更大的市场份额收益。下面探讨四项监管的度量方式。

(1) 资本要求:考虑某地区某银行2008年和2015年一级风险资本比率之差,再以该银行在该地区抵押贷款市场中的份额为权重,将一级风险资本比率之差加总到地区的层面,得到每个地区的资本要求。假设在当地资本比率高的地区,影子银行的抵押贷款市场份额增长更快。

(2) 抵押贷款服务权:以某银行在某地区抵押贷款市场中的份额为权重。假设在当地抵押贷款服务权比率高的地区,影子银行的抵押贷款市场份额增长更快。

(3) 抵押诉讼文件:作者收集了针对大型传统银行和影子银行的大量抵押贷款诉讼和解数据,比如在2008年和2015年之间累积的诉讼和解金额,并以某银行在某地区抵押贷款市场中的份额为权重,计算出该地区诉讼文件暴露程度。假设在当地诉讼文件暴露程度高的地区,影子银行的抵押贷款市场份额增长更快。

(4) 监管转移:储蓄监管办公室被认为是监管很松散的机构,所以它的关闭会使得当地银行迎来更严厉的监管。计算储蓄监管办公室比率,即受储蓄监管办公室监管的机构占总发放贷款机构的比率。假设在这一比率高的地区,影子银行的抵押贷款市场份额增长更快。

模型旨在探讨在传统银行更容易受到特定监管负担影响的地区影子银行贷款是否获得了更大的市场份额。因变量 Shadow bank share 指 2008 年至 2015 年影子银行市场份额的变化,通过检验市场份额的变化,可以将影子银行贷款的变化与总体市场规模区分开。Shadow bank lending 指 2008 年至 2015 年影子银行贷款占 2008 年所有贷款份额的增长,通过检验贷款水平的变化,可以回答影子银行市场份额的变化是否仅因为传统银行减少贷款的同时影子银行贷款保持不变。若二者结果均显著,就可以说明影子银行在利用监管不断扩张。Shadow originations 表示影子银行发放的抵押贷款量。All originations 表示所有银行发放的抵押贷款量。Regulation 衡量的是上述四种监管措施之一,即资本要求、抵押贷款服务权、抵押诉讼文件或者是监管转移。

$$\Delta \text{Shadow bank share} = 100 \times \left[\frac{\text{Shadow originations}_{c2015}}{\text{All originations}_{c2015}} - \frac{\text{Shadow originations}_{c2008}}{\text{All originations}_{c2008}} \right]$$

$$\Delta \text{Shadow bank lending} = 100 \times \left[\frac{\text{Shadow originations}_{c2015} - \text{Shadow originations}_{c2008}}{\text{All originations}_{c2008}} \right]$$

$$\Delta \text{Shadow bank share}_c = \beta_0 + \beta_1 \text{Regulation}_c + X'_c \Gamma + \varepsilon_c \quad (5)$$

$$\Delta \text{Shadow bank lending}_c = \beta_0 + \beta_1 \text{Regulation}_c + X'_c \Gamma + \varepsilon_c \quad (6)$$

结果表明,影子银行增长与传统银行监管负担之间存在显著的正相关。资本比率增加 1 个标准差与影子银行市场份额上升 3.4% 和影子银行借贷活动上升 3.4% 有关。同样,抵押贷款服务权资产增加 1 个标准差与影子银行市场份额上升约 1.9% 和影子银行贷款活动上升 1.9% 有关。诉讼风险增加 1 个标准差与影子银行市场份额增加 2.0% 和影子银行贷款活动增加 6.5% 有关。储蓄监管办公室比例增加 1 个标准差与影子银行市场份额增加 1.2% 和影子银行贷款活动增加 5.2% 有关。综上所述,影子银行在传统银行面临最大监管压力的地区获得了最大的市场份额。

(四) 金融科技贷款人的崛起:技术的作用

金融科技贷款者的市场份额大幅增长可能是技术优势导致的。对此作者认为可能有两个解释:第一种解释是,金融科技贷款机构利用更多的数据和不同的模型为贷款定价。第二种解释是,金融科技贷款机构通过在发放贷款过程中减少借款人的努力,提供了更方便的抵押贷款体验。

关于第一种解释,金融科技贷款人依靠技术来设定抵押贷款利率,而非金融科技影子银行可能仍依靠贷款人员来设定抵押贷款利率。在线贷款允许贷款人收集不同类型的信息。通过检验借款人的特征在多大程度上解释了利率的变化,可以了解金融科技贷款人对不同信息的使用是否会导致不同的抵押贷款定价模型。建立模型(7)如下,模型因变量 rate_{izt} 是利率,自变量是借款人的特征:信用分数 FICO,贷款价值比 LTV。需要关心的是模型的 R 方,表示对于不同类型的贷款人,利率的变化在多大程度上是由可观察的借款人特征来解释的。

$$\text{rate}_{izt} = \beta_1 \text{FICO}_i + \beta_2 \text{LTV}_i + X'_i \Gamma + \delta_{zt} + \varepsilon_{izt} \tag{7}$$

与非金融科技型影子银行相比,金融科技型影子银行使用的借款人特征(比如信用分数、贷款价值比)要少得多,而且是在所有情况下都更少。仅信用分数和贷款价值比就可以解释近 25% 的非金融科技型影子银行利率变化,但只能解释不到 16% 的金融科技型影子银行利率变化。模型还对差异的显著性进行了检验,发现在所有情况下,差异都是非常显著的。这些结果表明,与非金融科技贷款人相比,金融科技贷款人在设定抵押贷款利率时使用的信息大不相同,可能是使用了其他贷款人无法获得的大数据。

关于第二种解释,金融科技贷款机构可以通过其自动化流程潜在地降低发放贷款的成本,并且借款人可以直接从线上获取贷款,更为方便。对于借款人不同的支付意愿、信用分数或收入等可观察特征,金融科技贷款人可能会进行价格歧视。之前结果表明,对于常规贷款,金融科技机构的利率会比非金融科技机构的利率高 14~16 个基点;而在 FHA 数据集,针对经济弱势的群体,金融科技利率比非金融科技利率低约 3 个基点。这些差异与低收入 FHA 借款人对价格敏感、为更加便利的方式获取贷款的支付意愿低是一致的,而那些高收入常规贷款的借款人更愿意为更加便利的方式支付更高的利率。

为了更详细地研究这一机制,作者建立了模型(8)。将借款人分为两组:如果借款人的信用得分在贷款发放年度的前 10%,则虚拟变量 High FICO 的值为 1,否则为 0。检验关注的主要是交互项系数。

$$\text{rate}_{izt} = \beta_s \text{Fintech}_{bzt} + \beta_{h \times s} \text{Fintech}_{bzt} \times \text{High FICO}_{bzt} + X'_i \Gamma + \delta_{zt} + \varepsilon_{izt} \tag{8}$$

最高信用评分的金融科技借款人比普通信用评分范围内的借款人愿意为金融科技(相对非金融科技)贷款人多支付 0.6 个基点的利率。结果表明,最有可能重视以更加便利的方式获得贷款的借款人愿意为金融科技贷款人提供更加便利的付费。并且,在 2014 年和 2015 年,这种为更加便利的方式支付利率溢价的意愿更加强烈。在此期间,最高信用评分的金融科技借款人比普通信用评分范围内的借款人愿意为金融科技(相对非金融科技)贷款人多支付的利率达到了 1.1 个基点。总之,作者发现金融科技贷款人在确定抵押贷款利率时使用了不同的技术。此外,金融科技贷款人能够提供更加便利的方式来发放贷款,借款人很看重这一点。在最有可能重视便利的借款人中,金融科技贷款人能够从其服务中获得溢价。

(五) 监管和技术的分解效应:一个定量框架

作者建立了一个定量框架,来确定监管约束和技术优势这两种力量分别对影子银行的增长贡献了多少。三种类型的贷款人争夺抵押贷款借款人:传统银行、非金融科技型影子银行和金融科技型影子银行。这些贷款人在三个方面有所不同:监管负担、便利程度(以质量差异为模型)、贷款成本的差异。对于每种类型的贷款人,定价、公司准入和加价是由内生决定的。然后作者分析了需求和供给,建立了一个均衡,也就是借款人效用最大化,贷款人设定利率寻求利益最大化,以及进出市场是自由的。之后对模型进行了一些校准。最后,使用经校准的模型来推断影子银行和金融科技的增长有多大程度上归因于监管负担的增加,有多少归因于技术进步。

对于基准组,作者发现 2008 年到 2015 年,金融科技型和非金融科技型影子银行的增长率接近于 0。实际情况中,影子银行总的增长率为 20% 左右。控制金融科技水平不变,仅银行监管负担改变时,影子银行的增长率为 12%,监管负担的增加占影子银行贷款增长的 60% 左右,此时主要是非金融科技型影子银行的增长带来的贡献。控制监管水平不变,金融科技水平变化,技术进步占影子银行贷款增长的 30% 左右。技术进步导致金融科技型影子银行的市场份额增加约 8%,而非金融科技型影子银行的市场份额减少约 2%,因为它们的金融科技型竞争对手改进了产品质量,所以此时主要是金融科技型影子银行的增长带来的贡献。

四、总结与展望

在金融危机和大衰退之后的几年里,住房抵押贷款市场发生了巨大的变化。文章展示了这一转变的两个重要方面:一方面是影子银行贷款人的崛起,另一方面是金融科技贷款人的崛起。

影子银行贷款人在所有住房抵押贷款中的市场份额已从 2007 年的约 30% 增长到 2015 年的 50%。文章认为,自金融危机以来,传统银行面临着更大的监管限制,因此减少了抵押贷款。不受这些限制的影子银行部分填补了这一空白。影子银行在受到更严格监管审查的细分市场中占据主导地位,即面向低收入、少数族裔和信用分数特别低的借款人。此外,影子银行在银行受到更多监管约束的区域获得了更大的市场份额,其增长与具体监管变化的时间一致。最后的定量模型表明,这些监管差异可以解释约 60% 的影子银行增长。

金融科技贷款人的市场份额已从 2007 年的约 3% 增长到 2015 年的 12%,占影子银行市场份额增长的很大一部分。作者确定了与在线技术相关的两种力量:一种是金融科技贷款人利用不同的信息设定利率;另一种是在线发放贷款的便利性似乎允许金融科技贷款人收取更高的利率,特别是在风险最低、价格敏感度最低、时间敏感度最高的借款人中。最后的定量模型表明,技术进步可以解释约 30% 的影子银行增长。

虽然美国的住房抵押贷款市场与中国市场存在一定差距,但我国近年来也存在着影子银行和金融科技型贷款机构的崛起,而这些贷款机构发放贷款时偏好的借款人群体的不同、崛起的原因、对传统银行造成的冲击等,都会对我国银行市场的监管政策调整有一定启发。所以,分析讨论这篇文章的主题,对中国的金融市场是有非常大的研究意义的。

论文评价

文章对于美国住房抵押贷款市场近几年变化原因的讨论较为透彻,认为变化主要是源于影子银行贷款人的崛起和金融科技贷款人的崛起,而这种崛起又是由监管套利和技术进步带来的,这一结论具有重大意义,但缺少对于未来相关政策的指导建议。总体而言,这篇文章的分析框架很完整,角度全面,无论是模型还是结果的讨论都非常值得大家学习和借鉴。

原作者简介

Greg Buchak 是斯坦福大学商学院金融学助理教授和斯坦福经济政策研究所教员。他的研究重点是消费金融、金融中介的产业组织(重点是企业和家庭金融)、金融监管以及金融在技术增长中的作用。他获得了芝加哥大学经济系和布斯商学院的金融经济学博士,还获得了芝加哥大学法学院的法学博士学位。在读研究生之前,他是高盛和加拿大皇家银行的量化交易员和投资组合经理。

Gregor Matvos 是西北大学凯洛格商学院的 Howard Berolzheimer 金融学教授。他是美国国家经济研究局企业金融组的研究助理,担任 *Journal of Finance* 的副主编。他对金融中介、家庭金融和公司金融相关的问题感兴趣。他的论文发表在 *American Economic Review*、*Journal of Political Economy*、*Journal of Finance*、*Journal of Financial Economics*、*The Review of Financial Studies* 等期刊上。他在哈佛大学获得经济学学士学位和商业经济学博士学位。

Tomasz Piskorski 是哥伦比亚大学商学院金融系的 Edward S. Gordon 房地产教授。他还是国家经济研究局的研究员,并在城市研究所住房金融政策中心的学术研究委员会任职。他在纽约大学柯朗数学科学研究所获得了硕士学位,在纽约大学斯特恩商学院获得了经济学博士学位。他的研究探讨了房地产金融、证券和抵押贷款市场、金融中介和银行业务、市场结构和监管以及住房政策等问题。

Amit Seru 是斯坦福大学商学院 Steven and Roberta Denning 金融学教授、胡佛研究所和斯坦福经济政策研究所的高级研究员,以及美国国家经济研究局的研究员。他曾是芝加哥大学布斯商学院的教员。他的研究重点是企业融资、金融中介和监管、技术创新和激励措施以及企业融资。他是 *Journal of Finance* 的联合主编,曾任 *Journal of Political Economy* 的副主编。

《数字金融的崛起：基于数字足迹的信用评分》导读[①]

原文详见 Berg T, Burg V, Gombović A, et al., 2020. On the rise of FinTechs: Credit scoring using digital footprints [J]. The Review of Financial Studies, 33(7): 2845–2897。

一、研究背景

互联网的发展使得几乎全世界每一个人都不可避免地留下一系列简单、易得的信息痕迹——我们称之为"数字足迹"(Digital Footprint)。就算一个人没有在网上撰写关于个人的文本、上传财务信息或提供好友与社交网络数据，只是简单地在访问网页或是注册账号，就会留下一些有价值的信息。例如，每个网站都可以轻松跟踪客户使用的是 iOS 还是 Android 设备，跟踪客户是否通过搜索引擎或点击付费广告进入网站。文章的作者试图了解这些数字足迹是否补充了传统上被认为对违约预测很重要的信息，以及其是否可被用于预测消费者支付和违约行为。

了解数字足迹对消费贷款具有重要意义。金融中介机构得以成立的一个关键前提就是其具有访问与处理用以筛选和监控借款人相关信息的能力。如果数字足迹可能产生有关预测违约的重要信息，那么金融科技——用于访问和处理数字足迹的技术——就有可能威胁到传统金融中介的信息优势，从而挑战金融中介的商业模式。

[①] 本文作者：陈方豪，北京大学国家发展研究院博士研究生。

二、研究问题与文章贡献

文章的核心研究问题是上述简单、易于访问的数字足迹是否有助于进行消费贷款违约的预测。

为研究这个问题,作者使用了一家位于德国的电子商务公司全面且独特的数据集。该电子商务公司采取先发货、后付款的模式,因此判断一个客户的信誉是很重要。作者从这家公司获取了约有25万观测值的征信评分、数字足迹、违约行为数据,并在此基础上构建了一个基于数字足迹的预测消费贷款违约行为的模型。

基于数字足迹的模型显示出比基于征信评分的模型更好的AUC性能(69.6%基于数字足迹的模型>68.3%基于征信评分的模型),这里的预测表现与过往文献相比较是十分卓越的,显示出数字足迹所蕴含的巨大潜在价值。综合使用两个数据源的模型则可以进一步将AUC性能提升至73.6%,这表明数字足迹与征信机构评分在预测违约行为上是互补的,而非替代的。作者还发现,数字足迹在可以获得征信评分的人群和不可获得征信评分的人群中具有相似的分辨能力(样本内72.2%对69.6%,样本外68.8%对68.3%),说明基于数字足迹的模型可以促进无法获得征信评分的消费者获得信贷资源,提升金融的包容性,因此也具有较好的普惠意义。

文章与有关金融中介在缓解信息不对称方面的作用的文献密切相关(Diamond, 1984; Petersen and Rajan, 1994; Boot, 2000; Boot and Thakor, 2000; Berger et al., 2005)。先前的文献已经确立了借款人的信用记录和账户数据在评估借贷风险中的重要性(Mester, Nakamura and Renault, 2007; Norden and Weber, 2010; Puri, Rocholl and Steffen, 2017),那些可以访问借款人信用记录和账户数据的金融中介机构因此具有巨大的信息优势。该支文献探索了征信机构评分和银行内部的特定关系数据之外的数据对违约预测的有效性。这些数据源包括P2P借贷中的软信息(Iyer et al., 2016)、好友和社交网络(Hildebrandt, Puri and Rocholl, 2017; Lin, Prabhala and Viswanathan, 2013)、基于文本的申请人列表分析(Gao, Lin and Sias, 2022; Dorfleitner et al., 2016),以及通过合同条款发出信号或进行筛选(Kawai, Onishi and Uetake, 2022,其中的保留利率;Hertzberg, Liberman and Paravisini, 2016,其中的期限选择)等。

与上述文献不同的是,这篇文章使用的信息是人员提供在访问或注册时在网站上自动留下的,而非经过有关申请人粉饰后提交的——无论是软信息还是硬信息。作者表明,即使是来自数字足迹的简单、易于访问的变量也能显著提高传统信用评分的违约预测能力。文章使用的变量十分易得:几乎每家在数字领域运营的公司都可以轻松跟踪用户使用的数字足迹。与上面引用的论文不同,处理和解释这些变量不需要人类的聪明才智,也不需要申请人的人为努力(例如上传财务信息或输入关于自己的文字描述),也不需要接入涉及隐私的好友或社交网络数据,只需访问或注册网站足够了。文章的研究结果表明,易于访问的数字足迹可以(部分)替代那些在数字化时代之前需要付出高昂成本收集的信息。

三、数　　据

作者获得了德国一家销售家具的电子商务公司从2015年10月至2016年12月的270 399次购买商品的数据。对于该公司而言,判断客户的信用程度很重要,因为该公司采取的是货物先发货、后付款的模式,本质上进行了一次短期消费贷款。在该公司的网站上进行购买前,客户需要使用姓名、地址和电子邮件进行注册。随后公司会将客户提供的基本信息提交到两家信用评分的私人公司,通过调取申请人的(是否具有)破产信息、信用卡消费历史等信息形成一个基本的信用评分。在这个过程中,可以获得信用评分的消费者被标记为"可进行信用评分的消费者",反之则是"不可进行信用评分的消费者"。但无论客户是否可以获得信用评分,该公司都可以掌握申请人的一系列数字足迹变量。

该电子商务公司综合征信评分和数字足迹筛选出预计违约率超过10%的消费者不予通过,并向剩余的消费者提供信贷。购买后,商品连同发票一起发送给客户。客户有14天支付。如果客户未按时付款,公司则会依次发送3次提醒。3次提醒后不付款的,该订单就会被认定为违约。索赔从订单日期起平均3.5个月转移到收债机构。

作者首先展示了文章所使用数据的基本特征。从地理分布上看,购买该公司商品的人群可以很好地代表德国各地人口。从时间分布上看,购买大致在全年均匀分布,除了10月和11月的订单略有增加(受"黑色星期五"购物节的影响)。

在数据中,254 808个观察值(样本的94%)具有信用评分,15 591个观测值(样本的6%)不具有信用评分。不存在信用评分的原因有很多,例如客户并不具有足够充分的信贷历史使征信机构可以对其进行评分等。在征信机构评分样本中,平均购买量为318欧元(约350美元),平均客户年龄为45.06岁。平均而言,0.9%的客户出现了违约行为。征信评分范围从0(最差)到100(最好)。平均而言,征信评分98.11对应于约1%的违约率,当征信评分下降时,违约率呈指数增长,95分的征信评分对应2%的违约率,90分对应5%的违约率。没有征信评分的样本的描述性统计数据在订单金额和性别方面相似,但年龄稍低(与建立信用记录需要时间相一致),且违约率明显更高(2.5%)。

除上述征信评分外,该公司还收集每个客户的"数字足迹"。所有数字足迹变量都是简单、易于访问的变量,每个在数字领域运营的公司几乎都可以免费收集这些变量。文章使用的数字足迹变量大致可分为三类:反映个人经济状况的代理变量、反映个人性格特质的代理变量、同名效应(eponymous effect)的代理变量。

首先,用户用来访问网页时留下的信息,包括设备类型(台式机、平板电脑、移动设备)和操作系统(例如Windows、iOS、Android),可以用来代表一个人的经济状况。正如Bertrand and Kamenica(2018)所描述的那样,拥有一部使用iOS系统的设备是进入全国收入前四分之一的最佳预测指标之一。此外,德国最常用的电子邮件提供商(例如Gmx、Web、T-online、Gmail、Yahoo或Hotmail)的独特功能也使作者能够推断有关客户经济状况的信息。Gmx、Web和T-online是德国常见的电子邮件主机,它们部分或全部付费。特别地,T-online是一家大型互联网服务提供商,并且因其提供互联网、电话和电视套餐以及面对面的客户支持而为更富裕的客户提供服务。一个客户仅当其购买了T-online套餐时才会获得一个T-online的电子邮件地址。相比之下,Yahoo和Hotmail完全免费且大多是过时的服务。因此,基于这些简单的信息,即使在没有私人信息且难以收集个人经济状况的情况下,数字足迹也提供了容易获得的收入代理变量。

其次,数字足迹还提供了反映个人性格特质的代理变量,例如客户访问公司主页的渠道。渠道包括付费点击(主要通过谷歌上的付费广告或根据先前搜索显示的偏好被其他网站上的广告重新定位)、直接(客户直接在浏览器中输入电子商务公司的URL)、附属(来自链接到电子商务公司网页的联属网站的客户,例如价格比较网站)和自然(来自搜索引擎的非付费结果列表的客户)。关于一个人的性格(例如自制力)的信息也会由客户进行购买的时间段被合理推断。例如,作者发现在中午到下午6点之间购买的客户违约的可能性大约是在午夜到早上6点之间购买的客户的一半。

最后,企业研究表明,以其所有者命名的公司具有卓越的业绩。这种所谓的同名效应主要是通过声誉渠道驱动的(Belenzon, Chatterji and Daley, 2017)。作者认为将这一发现扩展到电子邮件地址的选择是合理的。来自先前文献的一个可检验的预测是,同名客户——那些在他们的电子邮件地址中包含他们的名字和/或姓氏的客户——不太可能违约。那些不将自己的姓名写入邮件地址的客户更有可能在其电子地址中包含数字或者出现拼写错误。数字足迹提供了这种类型的四种虚拟变量作为同名效应的代理变量:姓氏和/或名字是不是电子邮件地址的一部分,电子邮件地址是否包含数字,电子邮件是否包含错误,以及客户是否在主页上使用小写字母输入名称或送货地址。

简单的单变量相关性分析显示,征信评分明显表现出很强的区分能力:最低信用评分五分位数为2.12%,是平均违约率0.94%的2倍多,是最高信用评分组的5倍。有趣的是,单变量结果表明数字足迹变量的区分能力也是如此。代表收入和财富的足迹变量揭示了支付方面的显著差异行为。例如,来自手机的订单(违约率2.14%)违约可能性是来自台式机(违约率0.74%)的订单的3倍,是来自桌面的订单的2.5倍。性格信息也与违约率显著相关。通过付费广告进入主页的用户违约率最高(1.11%)。一种可能的解释是广告,特别是广告在各种网站上多次播放,引诱客户购买他们可能负担不起的产品。虽然只有少数客户在输入电子邮件地址时出现输入错误(大约占所有订单的1%),但这些客户更有可能违约(5.09%相对于0.94%的无条件平均值)。

有趣的是,征信评分和数字足迹变量之间的 Cramér V(分类变量之间关联的一种度量,在区间[0,1]内有界,其中 0 表示无关联,1 表示完美关联)在经济意义上很小,值在 0.01 和 0.07 之间。这表明数字足迹变量是征信评分的补充而非替代。

四、 研究设计与结果

文章综合使用征信评分和数字足迹变量对违约的虚拟变量进行多元逻辑回归(logistic regression),并报告每种设定下的曲线下面积(AUC)。AUC 是一种简单且广泛使用的衡量信用评分区分能力的指标(Stein, 2007; Altman, Sabato and Wilson, 2010; Iyer et al., 2016)。AUC 范围从 50%(纯随机预测)到 100%(完美预测)。继 Iyer et al. (2016)之后,60% 的 AUC 通常被认为在信息稀缺环境中是可取的,而 70% 或更高的 AUC 是信息丰富环境中的目标。

作者发现,基于数字足迹的模型显示出比基于征信评分的模型更好的 AUC 性能(69.6% 基于数字足迹的模型>68.3%基于征信评分的模型)。这些结果表明,即使是简单、易于访问的数字足迹在预测违约方面也与征信评分一样有用。因此,使用数字足迹变量和征信评分的组合模型的 AUC(73.6%)显著高于每个独立模型的 AUC。

作者还检验了数字足迹是否可以为无法进行征信评分的消费者提供融资机会。在文章的样本中,不可评分客户的平均违约率为 2.49%,明显超过了 0.94%的可评分客户的违约率。这并不奇怪,因为不可评分的客户是没有信用记录的客户,其还款的不确定性可能更高。有趣的是,数字足迹的辨别力(由 AUC 衡量)对于不可评分的客户与可评分的客户大致相似(72.2%对 69.6%)。

作者还进行了样本外测试、其他的违约定义、外部有效性等一系列检验,保证了文章得到的结论具有稳健性。

五、 总结与展望

文章的结果表明,当标准征信机构的信息不可得时,数字足迹可能有助于克服贷方和借方之间的信息不对称。尽管将文章从发达国家得到的研究结果应用于发展中国家还需更加慎重,金融科技行业的发展动向表明,这是金融科技公司旨在采取的途径。对于发展中经济体而言,数字足迹可得性在迅速提高,同时也出现了很多新的金融科技参与者,它们利用数字足迹挑战传统银行并开发创新的融资解决方案。这些金融科技公司的愿景是让数十亿没有银行账户、没有官方信用评分的客户也可以享受到金融服务,从而促进了金融包容性和降低了不平等。

值得注意的是,当数字足迹被广泛采纳后,各利益相关方会受到不同程度的影响。对于消费者而言,如 Lucas(1976)所强调的,当他们预期到自己的数字足迹会被收集时,他们的行为会有所改变。首先,模型的辨别力将取决于坏信用者模仿好信用者的难易程度;其次,这可能会导致一个从众的世界,在这样的世界里,消费者害怕表达他们的个性,永远在为塑造一个积极的形象而行事。这显然不是大多数人所认同的理想社会。随着我们的设备连接到互联网的次数不断增多、贷方不断扩大他们使用的数字足迹变量的范围,我们的个人通信更多可以在线追踪,这个论点就会变得更加相关。对于企业而言,那些提供低信誉产品的人,可能反对使用数字足迹,并可能隐藏其产品的数字足迹;提供管理个人数字足迹的商业服务可能会获得发展;公司的反应可能增加或减少数字足迹的预测能力。对于监管者而言,世界范围内的借贷法案——例如美国的《平等信贷机会法案》——在法律上禁止对特定性别、种族、肤色、国籍、信仰的借款人群体的歧视。

论文评价

文章于2020年发表在 *The Review of Financial Studies* 上,数据独特,研究设

计规范严谨,证据严密,层层递进,尤其对数字足迹的运用对各利益相关方产生的影响的预测和评论令人耳目一新,足见作者的功力。

笔者在以下几点深受启发:第一,在机器学习领域,特征工程(feature engineering)从原始数据中提取有效信息的好坏会直接影响模型的预测效果,然而这方面需要有深厚的洞察力和丰富的研究经验;第二,文章的发现显示数据具有范围经济(economy of scope)的特征,针对一个目的收集的数据,可能在另一个目的上也具有价值。关于数据的经济学性质和机器学习对其的应用都有广阔的研究前景。

原作者简介

Tobias Berg 是法兰克福金融管理学院的金融学教授。他曾担任波恩大学金融学助理教授、纽约大学斯特恩商学院和欧洲中央银行的访问学者。在此之前,他曾在波士顿咨询集团担任项目负责人。Tobias Berg 从事金融中介和公司金融领域的工作,专注于风险管理、银行监管和金融中介的实际影响。他的研究成果发表在 *Journal of Finance*、*The Review of Financial Studies* 等期刊上,并在美国金融协会、西方金融协会和欧洲金融协会等上发表过演讲。

Valentin Burg 来自柏林洪堡大学。

Ana Gombović 来自法兰克福金融管理学院。

Manju Puri 是杜克大学福库商学院的 J. B. Fuqua 金融学教授。她之前是斯坦福大学商学院的金融学副教授,在获得纽约大学金融学博士学位和印度管理学院艾哈迈达巴德分校工商管理硕士后加入该学院。Puri 教授是实证公司金融领域的权威,在金融中介方面拥有特别的专业知识。她发表的作品涵盖商业银行、投资银行、风险投资、创业、行为金融和金融科技等领域。她的研究成果发表在 *American Economic Review*、*Journal of Finance*、*Journal of Financial Economics* 和 *The Review of Financial Studies* 等期刊上。她曾担任金融中介研究会会长和金融管理协会理事。她是亚洲金融经济研究局的高级学术研究员以及美国国家经济研究局的研究员。

《危机中的影子银行:来自新冠肺炎疫情中金融科技机构的证据》导读[①]

原文详见 Bao Z, Huang D, 2021. Shadow banking in a crisis: Evidence from FinTech during COVID-19 [J]. Journal of Financial and Quantitative Analysis, 56(7): 2320-2355。

一、研 究 背 景

截至2020年,中国已经有超过1 000家金融科技信贷公司,它们的规模合计已经超过24.2万亿美元,它们提供的信贷服务覆盖了超过7 500万人。不难看出,金融科技公司已经成为我国金融市场日渐重要的组成部分,这种大科技信贷模式也在学界、业界引起了诸多讨论。在这样的背景下,探究金融科技公司和传统银行业在面对新冠肺炎疫情冲击时的不同反应有着理论和实际的双层意义。

在此之前,大科技信贷的业务模式、大科技信贷和商业银行的关系、新冠肺炎疫情都是学术界关注的热门话题。Iyer et al. (2016)认为大科技信贷业务模式对借款人软信息的利用对提高信贷偿付率有显著的促进作用。Hertzberg, Liberman and Paravisini(2018)发现在大科技信贷模式中,信贷期限是影响违约率的重要因素。而关于大科技信贷与商业银行之间的替代作用和互补作用,也是学术界争论的重点。在最近的研究中,多位研究者发现,在美国的住房抵押贷款和消费信贷市场上,大科技信贷和商业银行之间的替代关系占主导地位(Fuster et al., 2019; Tang, 2019; De Roure, Pelizzon and Tha-

---

[①] 本文作者:陶晏阳,北京大学国家发展研究院博士研究生。

kor，2022）。自新冠肺炎疫情以来，学术界已经对新冠肺炎疫情在经济增长（Acemoglu and Johnson，2007；Bloom and Mahal，1997；McDonald and Roberts，2006）、人力资本（Bleakley，2007；Fortson，2011；Young，2005）、房地产市场（Ambrus，Field and Gonzalez，2020；Glaeser and Gyourko，2005；Guerrieri，Hartley and Hurst，2013）、消费（Baker et al.，2020）等方面的影响进行了探讨，但关于大科技信贷这一业务模式的表现还鲜有文章展开深入的分析。

文章使用三家最大的大科技信贷公司的消费信贷数据和一家国有银行的信用卡数据，探究了金融科技公司这一影子银行的代表性机构和传统商业银行在新冠肺炎疫情时的应对措施。文章的研究主要有如下三方面的贡献：第一，文章是第一篇研究金融科技公司在面对新冠肺炎疫情冲击时表现的文章；第二，文章分析了中国的金融科技公司和传统商业银行各自的优劣势，为政策制定提供了参考；第三，文章研究了在新冠肺炎疫情冲击下，中国不同类别的金融中介面对不同经济条件的借款人时的不同信贷策略，并量化了不同金融中介的差别，补充了"金融科技与商业银行的关系"这一支文献，提供了新的证据。

二、 研究问题与核心假设

文章研究的主要问题是：在新冠肺炎疫情冲击下，金融科技公司和商业银行的信贷数量和信贷质量会发生什么样的变化。在此基础上，作者更进一步探究了借款人的异质性，主要关注疫情程度、借款人收入、就业情况、是否有过信贷记录等因素对信贷行为影响。研究发现，总的来讲，相较于商业银行，金融科技公司在新冠肺炎疫情冲击下倾向于发放更多贷款，但金融科技公司在提高信贷数量的同时也面临信贷质量下降的问题。

文章的实证研究的核心假设为实验组与控制组的事前平行趋势假设。即在疫情冲击发生前，金融科技公司和商业银行的信贷数量、质量变动趋势在统计意义上并没有显著差异。只有在这样的假设下，作者通过实证研究发现的金融科技公司和商业银行在疫情冲击下信贷质量和数量的差异，才是疫情后两种不同的金融机构采取不同策略的结果，而不是这两类金融机构一直存在的（与疫情无关的）差异导致的结果。

《危机中的影子银行:来自新冠肺炎疫情中金融科技机构的证据》导读

三、 数据与方法

文章使用的数据结构为2019年7月至2020年6月的月度面板数据。文章关于金融科技公司的数据来源于三家全国最大的金融科技公司的信用贷数据,关于商业银行的数据来源于一家国有商业银行的信用卡数据。为了避免样本选择偏误,文章只使用活跃用户的数据。活跃用户的定义是每个月至少有一笔新的信贷业务或者偿还了某笔信贷或者有一笔信贷违约记录。

具体而言,文章在探究信贷数量时,使用了217 842个金融科技公司借款人和158 879个商业银行借款人共计4 520 652笔信贷记数数据。在探究信贷质量时,文章使用了98 127个金融科技公司借款人、共计721 233笔偿付记录数据,以及74 591个商业银行借款人、共计581 810笔偿付记录数据。为了后续的稳健性检验,文章还构建了一个627位借款人共计7 371笔信贷记录数据组成的子样本,这个子样本内的每位借款人都同时在商业银行和金融科技公司有信贷记录。

从借款人特征来看,相比于商业银行的借款人,金融科技公司的借款人平均而言更年轻、失业概率更高、月薪超过1万的高收入群体比例更低,但两组借款人的性别比例和已婚比例并没有明显的差异。从他们的资产状况而言,相比于商业银行的借款人,金融科技公司的借款人拥有车、房的比例更低,但却有更高的概率有车贷、房贷的压力,但他们面临的授信额度、信贷利率、还款周期并没有显著的差异。

总的来看,作者构建的样本对两种金融机构的借款人都有较全面的刻画,足够大的样本量与相对多元化的借款人特征为后续的实证研究打下了良好的基础。

文章使用的方法主要是双重差分模型(Differences-in-Differences),将金融科技公司作为处理组,商业银行作为控制组,探究2020年1月新冠肺炎疫情在中国发生后,这两类不同金融机构信贷行为的变化。作者通过平行趋势检验发现,虽然在疫情发生前商业银行和金融科技公司的信贷数量在量级上存在差异,但它们的相对变动趋势是相同的,符合平行趋势假设。

四、 结果讨论与政策建议

作者分别从信贷数量和信贷质量两方面进行了实证研究。

在信贷数量方面,作者选择每位借款人获得新的授信额度的概率和金额作为代理变量。作者发现在控制了借款人特征之后,相比于商业银行的借款人,金融科技公司的借款人更有可能获得贷款,并且平均每笔贷款的额度也要高8%。更进一步,文章对借款人的异质性展开分析,作者首先探究了这种差异是否与借款人所处地区的疫情严重程度有关。在作者控制了借款人所在地的确诊病例数量后,这种差异依旧稳健,这说明金融科技公司扩大信贷量并不是因为他们的借款人面临更低的疫情风险。而在借款人的收入方面,作者发现高收入(月收入超过1万元)群体与低收入群体在金融科技公司的信贷业务并不存在显著差异。但对于商业银行的借款人而言,低收入借款人几乎不可能在疫情冲击后从商业银行拿到新的贷款,并且哪怕对于那些已经获得授信额度的低收入借款人,他们的授信额度也不会在疫情冲击后有太多的提升。但高收入借款人无论是借款概率还是授信额度,都在疫情冲击后得到了显著的提升。综上所述,在疫情发生后,金融科技公司加大了信贷供给量,并且其授信概率和授信额度与借款人所面临的疫情风险和收入水平都没有明显差异,有更强的普惠金融属性。

在信贷质量方面,作者选择贷款拖欠率作为代理变量。作者发现相比于商业银行,金融科技公司借款人的违约率上升了三倍,在控制了借款人的各种特征之后,该结果依旧稳健。这说明金融科技公司提高信贷量的同时,并没有控制好信贷的质量,在疫情发生后,金融科技信贷的违约率直线上升。随后作者对这一现象背后的机制展开分析,作者首先探究了借款人所处地区疫情严重程度对违约率的影响。如果金融科技公司的借款人面临更严重的疫情,那么他们在遭受更严重的疫情冲击后,就有更高的概率会发生信贷违约。但作者在分别控制了一系列疫情相关变量后,发现金融机构与商业银行借款人的贷款拖欠率仍存在稳健的显著差异。这说明两种金融机构的信贷质量差异并不是由其借款人所处地区的疫情严重程度所造成的。

更进一步,作者对借款人首贷情况展开了分析。有一种潜在的机制是:如

《危机中的影子银行:来自新冠肺炎疫情中金融科技机构的证据》导读

果金融科技公司的借款人更多是第一次拿到授信额度的客户,也就是说,在金融科技公司给他们授信之前,他们是不具备在传统商业银行拿到授信额度的资质的,这意味着金融科技公司覆盖了更多资质更差的借款人,所以它们的信贷质量下降了。作者也探究了这一机制,在将借款人分为首贷客户和已有信贷记录的客户两组之后,作者发现新冠肺炎疫情—金融科技公司—首贷用户(已有信贷记录客户)的三重差分结果并不存在差异。这就说明,首贷用户的比例并不是导致金融科技公司和传统商业银行信贷质量差异的主要原因。

作者在排除了疫情渠道和首贷渠道两种影响机制之后,构建了一个同时在商业银行和金融科技公司有信贷记录的子样本。这个子样本的优势在于,一旦控制了个体固定效应,借款人客观经济条件的因素就被控制住了,如果此时还存着差异,背后的影响因素只可能来自金融机构的差异或者是借款人的主观意愿。作者在这个子样本上继续使用贷款拖欠率作为信贷质量的代理变量。在控制了借款人特征和个体固定效应之后,作者发现两种金融机构的信贷质量依旧存在显著差异。具体而言,新冠肺炎疫情冲击后,相比于商业银行的借款人,金融科技公司的借款人的贷款拖欠概率会提高4%左右。作者随后对这种差异展开了更细致的分析。具体而言,作者引入了利率数据作为新的控制变量,因为信贷业务的基础逻辑是收益越高、风险越高,而利率是金融机构事前对借款人违约风险评估的结果。而贷款拖欠率正是事后借款人违约风险的体现。一般而言,信贷业务的利率和违约率有显著的正向关系,因为这分别是借款人违约风险的事前评估变量和事后实际变量,在金融机构的风控部门良好运转的情况下,这两个变量应该是高度正相关的。作者分别在疫情前后对两种金融机构做了检验。对于商业银行而言,无论疫情前后,利率对违约率都有显著的正向预测作用,这符合一般的商业规律。但对于金融科技公司的借款人而言,仅在疫情前利率对违约率有良好的正向预测作用。在新冠肺炎疫情发生后,利率不再对违约率有预测作用,这也就是说,对于金融科技公司的借款人而言,他们的违约概率与利率水平无关。

综上所述,作者并没有明确指出金融科技公司和商业银行在新冠肺炎疫情发生后信贷质量差异的具体原因。但作者帮助我们排除了一些潜在的影响机制,包括疫情严重程度对借款人违约风险的影响机制和首贷用户比例对信贷质量的影响机制。并且作者通过构建子样本,采用利率作为新的控制变量,帮助我们把影响机制大致锁定在了借款人的主观意愿方面,而非借款人的客观经济条件。

五、 总结与展望

文章发现,在新冠肺炎疫情发生后,金融科技公司扩大了信贷数量,并且相比于商业银行,更有可能为低收入群体和失业群体提供信贷,更具普惠性。而商业银行的信贷数量在新冠肺炎疫情前后并没有太明显的变化。

在信贷质量方面,在新冠肺炎疫情发生后,传统商业银行的信贷质量并没有太显著的变化。而金融科技公司借款人的贷款拖欠率上升了三倍,说明金融科技公司在提供更多信贷服务时,并没有控制好信贷的质量。

更进一步,作者研究了新冠肺炎疫情冲击后,两种金融机构的信贷质量变化背后的机制。在对借款人所处城市的疫情严重程度和借款人是否为首贷用户分别加以控制后,即排除了疫情和首贷用户比例两种影响渠道,作者发现两种金融机构的信贷质量差异依旧显著。除此之外,作者还构建了一个由在两种金融机构均有借贷记录的借款人组成的子样本。在控制个体固定效应之后,作者发现,哪怕是同时拿到商业银行和金融科技公司授信额度的借款人,他们在两种金融机构的违约概率也有显著的差异。

作者对两种金融机构信贷服务的探究说明,尽管金融科技公司在新冠肺炎疫情冲击下更有可能给借款人提供贷款服务,但它们的坏账率却大幅上升,这种信贷数量上的增加可能是不可持续的。

文章还留给了后来研究者一定的拓展空间。

受限于数据,文章的样本期只有一年,主要探究了疫情初期冲击的短期效果。从长期来看,在疫情冲击后,金融科技公司与商业银行的业务模式会日渐相似还是渐行渐远,同样是学者和政策制定者都高度关注的问题。除此之外,由于金融科技公司的风控模型大多由人工智能完成,其风控模式本来就具有反应剧烈而迅速的特点。如果在几个月之后,金融科技公司的信贷违约率有了大幅的回落,这说明这种风控模式带来的波动是短期的,不会产生较大的金融风险。但如果金融科技公司的信贷违约率持续处于高位,那是否蕴含着更大的金融风险?这种金融风险是否会在不同类别的金融机构之间传播?这将

《危机中的影子银行:来自新冠肺炎疫情中金融科技机构的证据》导读

成为监管的重点。

文章对新冠肺炎疫情冲击下,两种金融机构不同表现背后的影响机制的探究也给后续研究者留下了遐想空间。既然在控制了借款人受到疫情感染风险和借款人的经济条件后,这种差异依旧存在并且稳健,甚至这种差异对利率都是不敏感的,那这种差异背后更有可能的原因便来自借款人的主观意愿。巧合的是,在作者的样本期后续的几个月内,部分金融科技公司的信贷业务逐步接入了央行征信系统。在有数据支持的情况下,探究接入央行征信系统这一因素对借款人信贷违约率的影响,可能会在一定程度上解释这两种机构的信贷质量的差异。

论文评价

文章是第一篇分析中国的金融科技公司和商业银行在疫情初期冲击下的信贷服务状况的文章,及时地为学者、政策制定者和市场参与者提供了参考。通过对两种金融机构的优势和劣势的分析,作者指出,商业银行在新冠肺炎疫情冲击下表现相对稳健,而金融科技公司有利于缓解疫情期间急需资金的借款人的燃眉之急,并且其授信范围具有一定的普惠性,但其抗风险能力较差,业务模式难以持续。

文章立足中国实际,为政策制定提供了参考。对于传统商业银行,它们的风险控制能力值得其他金融机构借鉴学习,但它们对于疫情冲击中急需资金的借款人更难发挥雪中送炭的作用。对于金融科技公司而言,它们在普惠金融方面有一定的成绩,但对于监管者而言,防范金融风险的发生,特别是防范违约风险在金融机构之间传导后的系统性金融风险的发生也是重中之重。

文章的机制分析也为学术研究者提供了一种新的思路。当研究者受限于数据,没有合适的代理变量来分析金融现象背后的作用机制时,通过现有数据对一些学术研究中常见的作用机制进行检验也是一种值得学习的研究方法。

在金融科技高速发展的今天,文章的研究还具有重要的现实意义。风险与收益并存,当人们关注金融科技给普惠金融带来边际改进的同时,同样不能忽视这种新的金融机构对金融体系的改变。尽管很难对商业银行和金融科技公司的业务模式作出高下之分,但意识到他们对我国金融体系的贡献也至关重要,扬长避短才能最大化金融体系对实体经济的支持力度。

原作者简介

包郑扬(Z. Bao)是莫纳什大学经济学博士,于2021年加盟厦门大学经济学科,担任经济学院金融系与王亚南经济研究院(WISE)助理教授。主要研究领域为行为经济(金融)学,目前主要关注市场规制、政策分析和犯罪打击。此前已在 *Journal of Economic Behavior & Organization* 上发表关于中国股市涨跌停和T+1机制的政策评估文章。

黄棣芳(D. Huang)是目前在莫纳什大学攻读博士学位,主要研究领域为大数据分析和金融科技。

《面对金融科技的自制力培养:基于数字消费金融场景下的借贷者行为》导读[①]

原文详见 Bu D, Hanspal T, Liao Y, et al., 2022. Cultivating self-control in FinTech: Evidence from a field experiment on online consumer borrowing[J]. Journal of Financial and Quantitative Analysis, 57(6):2208–2250。

一、研究背景

随着技术的发展,消费信贷在中国的使用变得越来越普遍,银行发放的消费贷款余额自2016年到2020年第一季度已经翻了一番多,达到40万亿元人民币(6.1万亿美元),线上消费信贷自2014年以来增长了400倍,达到了近8万亿元人民币(Shen, Woo and Leng, 2020)。中国电子商务平台上的消费信贷的快速增长不仅是因为服务的便捷性,还因为这类服务针对的人群往往信用历史有限,难以获得信贷(Xie, 2019)。与需要信用评分、就业证明和固定收入的传统信贷服务不同,电子商务平台(如阿里巴巴和京东等)多依靠个人的购物记录和账户数据来审核信贷资格。因此,大量的大学生成为线上信贷服务的客户群体。在这篇文章的调研中,近50%的调查参与者近期使用过网上信贷,超过20%的人表示,这些借贷成为持续的压力来源。

在现有文献中,有大量关于金融素养和技能(如计算能力、对通货膨胀和风险分散概念与原理的理解),以及这些技能如何转化为储蓄和借贷决策(如股票市场参与、退休计划和信用卡的使用)的研究(Lusardi and Mitchell, 2014;

[①] 本文作者:董英伟,北京大学国家发展研究院博士研究生。

Fernandes, Lynch and Netemeyer, 2014; Kaiser et al., 2022; Gomes, Haliassos and Ramadorai, 2021)。近年来,一些研究开始关注自我效能和自我控制等非认知技能如何影响人们在金融和财务方面的行为(Meier and Sprenger, 2010; Lown, 2011; Gathergood, 2012; Cadena and Keys, 2013; Farrell, Tim and Risse, 2016; Kuhnen and Melzer, 2018; Parise and Peijnenburg, 2019; Kuchler and Pagel, 2021),但关于这些技能是否可以被训练和控制,以及是否能够影响后续的金融行为,仍然存在争议,对于这些技能与金融科技和新的信贷模式之间的关系更是知之甚少。在新的技术使得(潜在的)有风险的借款人获得资金的速度、规模和便利性都增加的背景下,检验金融素养和技能对金融行为的影响具有重要的意义。

二、研究假设

文章的研究假设是,在金融科技时代,缺乏自制力和预算管理能力是线上消费和借贷行为的重要决定因素。作者认为,如果消费者在线上平台使用消费信贷服务仅仅是因为金融知识的欠缺,或者是由于个人对于金融服务和产品的理解被误导,那么通过金融教育来增加用户的金融知识和素养可能会影响随后的金融行为。然而,如果用户使用线上借贷服务是由信息或基本素养以外的其他因素驱动的,则对于自制力和预算管理能力方面的培训可能对改善借贷行为更有帮助。

三、研究方法

在研究方法上,文章对中国五所大学的学生进行了纵向干预,干预及后续跟踪调查的时间为2016年11月至2019年2月。在试验设计上,研究将参与的大学生随机分为了金融素养干预组、自我控制干预组和零措施对照组。研究人员首先在2016年9月到11月做了一个基线问卷调查,随后进行分组,并在2017年3月、6月和10月分别对两个干预组进行了3次自我控制能力或金融知识的培训,最后在2019年2月对所有参与者进行了一次追踪问卷调查。

基线问卷的内容主要包括个人基本信息、开支和消费信息、借贷行为,以

《面对金融科技的自制力培养:基于数字消费金融场景下的借贷者行为》导读

及金融素养。基线问卷调查参与者的筛选方式如下:首先,研究者在武汉选择了5所大学,它们的综合排名不同,分属不同层次,以保证大学的代表性。然后,研究者在选中的学校里随机抽取了650间学生宿舍,并逐一上门做问卷调查。如果敲门没有人应答或学生拒绝参与,则继续重新抽取宿舍,直到完成650间宿舍的调查为止。

最终研究者在基线调查中以宿舍为单位,访问了1972名学生(每间宿舍平均2.76名学生)。在得到最终参与的宿舍和学生后,研究者开始对学生进行分组。对于干预组,研究者区分了两类干预,一是培养自制力,二是讲授金融知识。在分组的过程中,研究者在每间宿舍里随机抽取一名同学进入干预组,并要求这名同学承诺参与此后的每次培训课程,如果抽取的学生表示不能保证时间,研究者则随机在宿舍里继续抽取其他同学[1],宿舍内其余同学为对照组。对于进入干预组的650名同学,研究者随机进行了分配,对一半同学进行自制力的培训,另一半做金融素养的培训。每个干预组又被分为10个团体,所以共有20个干预团体。

为了完成干预组的培训,研究者招募了10名武汉科技大学金融学院二年级的研究生作为干预组的"导师"。这10位导师由文章的研究团队统一进行培训,每位导师在后续对大学生的干预培训中同时负责一个自制力团体和一个金融素养团体,两类干预组都在2017年组织了3次培训课程。

对于自制力干预组的培训,第一次培训课的内容是教大家使用一个个人财务管理的App(应用软件),这个App可以记录个人的开支,并且能把多个支付平台(如支付宝、微信支付、学生的银行卡甚至校园卡)上所有的消费记录都同步和整合。所有自制力干预组的同学被要求在接下来记录所有开支,并在第二次上课时提交消费记录。由于这次培训课程只讲授了如何使用财务管理的App,没有其他干预,因此研究团队把这段时间的消费记录作为每个学生的消费在干预前的基准水平。在第二次培训课上,导师会要参与的同学提供月度收入情况、月度支出情况和月度储蓄或超支情况,并针对支出进行一对一的讨论,包括哪一些是大额的开支、哪一些是之前没有计划的开支,以及在总

---

[1] 对于若继续在同一个宿舍内抽取干预组的做法对样本的随机性存在破坏的可能性,作者在文中指出,只有很少的学生存在此类情况,因此认为样本干预组的构造符合随机的原则。

结这些开支情况时学生有什么感受。在一对一交流结束后,导师会让同学设置每月在各类支出上的目标或预算。每位学生被要求在接下来的4个月内继续记录消费开支,并在每个月的月末提交支出的记录。第三次培训课在10月份开课,与第二次课程类似,所有参与者需要提供月度收入情况、月度支出情况和月度储蓄或超支情况,并对比实际开支与第二次课设定的目标。

对于金融素养干预组的培训,三次课程的开课时间与自制力干预组接近,但内容都是知识性的。第一次课程讲授资金的时间价值和复利,第二次课程讲授风险分散原理和收益与风险的权衡,第三次课介绍市场上主要线上消费信贷产品及其费率和利息。

在干预组完成所有培训的15个月之后,研究团队在2019年2—4月对基线问卷的参与者又进行了一次追踪问卷调查。这次追踪问卷的完成率约为94%,可以认为样本流失率较低。

在实证分析方面,文章主要采用了双重差分法来分析两种干预对线上借贷行为的影响。回归模型设定如下:

$$Y_{i,t} = \beta_0 + \beta_1 X_{i,t} + \beta_2 C_j \times \varphi_t + \varepsilon_{i,j,t}$$

其中,$Y_{i,t}$是过去12个月是否在线上借贷过的指示变量,$X_{i,t}$是控制变量,C_j指示个体i被分配到的干预组,φ_t用于刻画追踪调查中的时间趋势。

四、研究结果

在分析干预对线上借贷行为的影响前,文章的作者使用两次问卷数据的回归,分析了线上借贷行为的影响因素,发现男生(相对于女生)、月均支出更高的学生、计算能力更强的学生更可能使用消费信贷,而商科相关专业的学生和财务管理能力自我评价更高的学生更可能不使用消费信贷。金融素养测试得分和父母教育水平的影响则不显著。

关于干预对线上借贷行为的影响,作者首先比较了自制力干预组、金融素养干预组和对照组在两次问卷中借贷行为[1]差异上的组间差,发现对照组在第二次问卷中使用线上信贷的学生占比相比第一次问卷时的占比有所提高,

---

[1] 过去12个月是否使用过线上借贷,是一个虚拟变量。

《面对金融科技的自制力培养:基于数字消费金融场景下的借贷者行为》导读

反映了随着时间推移线上信贷业务本身的增长;金融素养干预组使用线上借贷的学生的占比增长量小于对照组,而自制力干预组的增长则为负,即第二次问卷中使用线上借贷的学生占比相较于第一次变低。如果区分性别来看,男生的行为受到的影响更大。

从双重差分模型的回归结果来看,干预组作为一个总体和对照组比较时的交互项显著为负,说明干预可以显著降低线上借贷的概率。但如果区分两种干预,则金融素养干预组的交互项系数不显著而自制力干预组的交互项显著为负,说明针对自制力的干预对于减少线上借贷更为有效。

除分析干预对是否借贷的影响外,研究者也分析了对借贷数量和次数的影响,发现自制力干预对于减少借贷数量和借贷次数也有显著作用,而金融素养干预对于减少借贷数量的影响不显著,对于减少借贷次数的影响只有边际上的显著性。

关于自制力干预对借贷行为影响的动态效果,文章的作者通过个人财务管理 App 的数据进行了回归分析,发现与第一次培训至第二次培训之间的基准消费相比,从参与第二次培训开始一直到这个课程结束后的几个月,都有显著的效果,但到了第二年效果开始不再显著。因此作者认为从整体来看干预效果可能是短期的,对应的政策含义是,如果想要得到比较好的金融教育的效果,对于学生群体需要有一个常规性的教育计划。

研究者们接下来尝试对自制力干预为何可以有效影响线上借贷行为进行分析。首先是关于金融素养的影响。作者比较了两个干预组和对照组基线问卷和追踪问卷金融素养测试得分的变化,发现三个组金融素养测试得分的平均值均有所上升,但金融素养干预组的增加幅度远大于其余两组。双重差分模型的回归结果也表明,金融素养干预对于提高测试得分有显著作用,但自制力干预对于提高测试得分没有显著影响,说明虽然自制力的培训可以提高大学生个人财务和预算管理方面的能力,但对金融知识的增加并没有显著的作用,因此对借贷行为的影响并不是由金融知识的增加带来的。

其次,文章分析了个人财务管理 App 使用的影响。作者把自制力干预组的参与学生按照 App 使用频率的中位数和 25% 分位数进行了划分。按照中位数划分,使用频率更高的组比使用频率更低的组有借贷行为的比例下降更大,但在回归分析中,使用频率大于中位数和大于 25% 分位数的虚拟变量与 φ_t

的交互项均不显著。

此外,文章还分析了借贷行为的减少主要来自哪类消费的变化。问卷中包含借贷是为了哪种类型的消费,作者把消费类别分为了娱乐相关消费(包括聚餐、购买手机、游戏、衣服等)和其他消费。通过回归分析发现,娱乐相关消费的借贷行为的系数绝对值比其他消费更大且显著性更强,因而认为自制力培训主要是通过降低大学生在娱乐方面的开支来减少借贷行为。

文章也对干预效果的异质性进行了分析。从学生群体特征来看,在是否借贷方面,自制力干预对男生的作用更显著,对商科专业的学生作用更显著;在借贷数额方面,对女生和商科专业的学生作用更显著。从消费结构来看,自制力干预对于娱乐消费占比更高的学生作用更明显。从流动性约束的角度看,对有流动性约束的学生的作用更大。

最后,因为干预组是从每个宿舍里抽取一位同学,作者也讨论了干预的溢出效应。作者比较了对照组中与自制力干预组同宿舍和与金融素养干预组同宿舍的学生之间的差异,发现在是否借贷方面,回归模型交互项的系数不显著,但以借贷金额和借贷频率为因变量时系数显著为负,说明与金融素养干预相比,自制力干预可能存在一定的正外部性,这一外部性更多的是在集约边际上,而不是在是否借贷的决定上。

五、总结与展望

文章研究了金融素养和自制力干预对大学生线上借贷行为的短期和中期影响,发现虽然金融素养干预能够提高学生的测试分数,但对于改变电子商务平台上的借贷行为只有边际上的影响。自制力训练对于改善线上借贷行为更为有效,这可能是因为课程培训主要针对个人财务和预算管理技能。

中国政府和大学每年都在金融教育方面,尤其是针对年轻人和大学生的金融教育上,投入大量的资金和人力。这类教育通常聚焦借贷和负债行为,内容主要包括基本金融知识的术语和主题。文章介绍的研究通过自制力训练的设计,拓展了传统金融教育的培训项目,且至少在该研究的设计中,自制力培训的成本并不高于金融知识培训。文章的作者发现自控力干预有短期效果,并认为反复的指导和更多的及时的课程可能有额外的收益。未来相关研究可以关注基于人工智能的指导如何影响借贷和消费行为。

此外,作者认为,用于自制力训练的 App 并不一定是开展金融教育所必需的。虽然 App 更易于扩展(Gargano and Rossi, 2020),并且可能是一种提供培训的方式,但由参与者自己汇报消费情况也可以发挥作用(Oaten and Cheng, 2007)。尽管最近的研究表明,个人在信贷市场更加重视隐私(Tang, 2020),但作者认为,App 的数据收集不会对参与者的行为产生有害影响,因为它只是训练环节的一个次要细节,而不是重点。

论文评价

在中国线上消费信贷快速发展的大背景下,金融产品和服务领域的消费者保护问题越来越重要,文章介绍的研究在选题上具有很强的现实意义,对于未来政府部门或相关机构、高校开展金融教育,尤其是针对年轻人和大学生群体的金融教育,有重要的政策意义和启示。在学术价值方面,研究金融素养的经典文献一般关注金融素养水平与金融行为的相关性以及提高金融素养水平是否能影响后续的金融行为。这篇文章通过设计试验,把金融知识提升和个人财务管理与自制力培养对行为的影响进行了区分,发现有针对性的能力培训对于行为改善更为有效,颇有亮点。在实证分析方面,文章从多个角度进行了探讨,包括是否借贷和借贷程度、短期和中期的动态效果等,并对影响机制和异质性都进行了讨论。试验设计和实证分析的框架总体来说都非常值得学习。

原作者简介

Di Bu 是澳大利亚麦考瑞大学应用金融系金融学高级讲师。他于 2015 年在昆士兰大学获得金融学博士学位,主要研究领域是数字金融、气候融资、家庭金融,研究成果发表在 *Management Science*、*Journal of Financial and Quantitative Analysis* 等期刊上。

Tobin Hanspal 是维也纳经济大学助理教授,主要研究领域是家庭金融和行为金融,研究成果发表在 *Journal of Financial Economics*、*The Review of Finan-*

cial Studies 等期刊上。

  Yin Liao 是澳大利亚麦考瑞大学应用金融系助理教授，主要研究领域为金融计量经济学、家庭金融、金融科技、可持续金融和信用风险，研究成果发表在 *Management Science*、*Journal of Financial and Quantitative Analysis*、*Journal of Banking & Finance* 等期刊上。

  Yong Liu 是武汉科技大学马克思主义学院教授，湖北意识形态建设研究院执行副院长、兼职研究员，马克思主义理论系副主任，湖北省委讲师团成员。主持国家社会科学基金、教育部人文社会科学基金、博士后基金、省社会科学基金、教育厅人文社会科学重大项目等省部级以上课题十余项；研究成果发表在 *Journal of Banking & Finance* 等期刊上。

学术用语翻译表

原文	翻译
1 sd rainfall shock	1个标准差度量的降雨冲击
Absolute Order Imbalance	绝对订单不平衡程度
AI	人工智能
Alternative Data	另类数据
AUC	曲线下面积（机器学习领域用以评估模型的一项指标）
bank franchise	银行牌照
BigTech firms	大科技公司
Bitcoin hack	比特币洗钱
blockchain	区块链
blockchain disruption	区块链革新
Call Reports	银行业绩报告
CBDC(Central Bank Digital Currency)	央行数字货币
charged off	坏账
cohort	团体
collusive equilibria	合谋均衡
conforming loan	常规贷款
consensus	共识
control group	对照组
conversion	转换
credit amount	授信额度
credit rating	信用评级
cross-section	横截面
cross-selling	交叉销售
Crowd Wisdom	群体智慧
Crowdsource Financial Advice	众包金融建议
cryptocurrency	加密货币
cryptocurrency network factors	加密货币网络因素
cryptocurrency production factors	加密货币生产要素
cryptocurrency valuation ratios	加密货币估值比率

(续表)

原文	翻译
cybersecurity	网络安全
data mining	数据挖掘
debt consolidation	债务合并
debt-to-income ratio(DTI)	债务收入比
decentralized	去中心化
default	违约
detection-controlled estimation	检测—控制估计
digital banking	数字银行
digital footprint	数字足迹
digital lending	数字信贷
digital loans	数字贷款
distributed ledger technology	分布式账本技术
double-spending	双重消费
economies of scale	规模经济
economies of scope	范围经济
eponymous effect	同名效应
Equity Prices	股价
ETF	交易基金
Fannie Mae	房利美
Freddie Mac	房地美
Federal Deposit Insurance Corporation(FDIC)	美国联邦存款保险公司
Financial Accounting Standards Board(FASB)	美国财务会计准则委员会
financial literacy	金融素养
FinTech	金融科技
FinTech lending	大科技信贷
Fuzzy regression discontinuity	模糊断点
government-sponsored enterprises	政府扶持企业
Gradient Boosting Trees	梯度增强树
hard information	硬信息
Herfindahl–Hirschman index(HHI)	赫芬达尔—赫希曼指数
high future total addressable market	未来总可用市场
Home Mortgage Disclosure Act	住房抵押贷款披露法
hot wallet	热钱包
household finance	家户金融
ICO	代币发行
Information Efficiency	信息效率

(续表)

原文	翻译
initial coin offerings	初始代币发行
instructor	导师
Insurtech	保险科技
intensive margin	集约边际
internet of things	物联网
investor attention	投资者关注
IOR(Interest on Reserves)	存款准备金利率
LCR(Liquidity Coverage Ratio)	流动性覆盖率
lending expansion	信贷扩张
lending threshold	贷款门槛
loan delinquency rate	贷款拖欠率
loan maturity	贷款期限
logistic regression	逻辑回归
machine learning	机器学习
merchant banks	商人银行
microfinance institutions	小额信贷机构
ML(Machine Learning)	机器学习
mobile money	移动货币
mobile platforms	移动平台
mobile transactions	移动支付
mobile-based investors	使用移动设备的投资者
Mobile On PC	移动电脑组
momentum effect	惯性效应
mortgage servicing rights	抵押贷款服务权
neo banks	新兴银行
network cluster analysis	网络聚类分析
Neutral Network	神经网络
not sold	未出售
Office of the Comptroller of the Currency	美国货币监理署
Office of Thrift Supervision	储蓄监管办公室
OLG(overlapping general) models	世代交叠模型
Online Broker	网络券商
Optimal bandwidth	最优带宽
originate-to-distribute	贷款并证券化
paid off in full	偿清
payday loans	发薪日贷

(续表)

原文	翻译
PC-based investors	使用电脑的投资者
peer-to-peer payment	点对点支付
Price Informativeness	价格信息含量
Price Nonsynchronicity	股价非同步性
rainfall shock	降雨冲击
Random Forest	随机森林
randomized controlled experiment	随机控制实验
record keeper	记录保存者
retail investing	个人投资
robo-advising	智能投顾
rotating savings and credit associations, ROSCAs	循环储蓄和信贷协会
salience	突出显示
savings and credit cooperatives, SACCOs	储蓄和信用合作社
scorable consumer	可进行征信评分的消费者
search cost	搜寻成本
SEC	美国证券交易委员会
self-control	自制力
self-reported shock	自报冲击
shadow bank	影子银行
Silk Road	丝绸之路
smart contracts	智能合约
social capital	社会资本
spillover households	溢出家庭
summary of deposits	存款汇总
tamper-proof	防篡改
text preprocessing	文本预处理
text-based filtering	基于文本的过滤
the first point of contact	第一接触点
treated market	处理组市场
treatment group	干预组
Trusting	普遍信任
Trustworthiness	可信度
Tumbling	翻滚
unscorable consumer	无法进行征信评分的消费者
US Department of Housing and Urban Development	美国住房和城市发展部
Wash trades	洗售

参 考 文 献

Acemoglu D, Johnson S, 2007. Disease and development: The effect of life expectancy on economic growth[J]. Journal of Political Economy, 115(6):925-985.

Acharya V V, Richardson M, Van Nieuwerburgh S, et al., 2011. Guaranteed to fail: Fannie Mae, Freddie Mac, and the debacle of mortgage finance[M]. Princeton: Princeton University Press.

Acharya V V, Schnabl P, Suarez G, 2013. Securitization without risk transfer[J]. Journal of Financial Economics,107: 515-536.

Admati A R, DeMarzo P M, Hellwig M F, et al., 2018. The leverage ratchet effect[J]. Journal of Finance, 73(1):145-198.

Adner R, 2012. The wide lens: A new strategy for innovation[M]. London: Penguin.

Adrian T, Ashcraft A B, 2016. Shadow banking: a review of the literature[M]. //Banking crises: Perspectives from the new palgrave dictionary, Berlin: Springer, 282-315.

Agarwal S, Amromin G, Ben-David I, et al., 2017. Policy intervention in debt renegotiation: Evidence from the home affordable modification program[J]. Journal of Political Economy, 125(3):654-712.

Agarwal S, Amromin G, Chomsisengphet S, et al., 2023. Mortgage refinancing, consumer spending, and competition: Evidence from the home affordable refinance program[J]. Review of Economic Studies, 90(2): 499-537.

Agarwal S, Lucca D, Seru A, et al., 2014. Inconsistent regulators: Evidence from banking [J]. Quarterly Journal of Economics, 129(2):889-938.

Aggarwal R, Erel I, Starks L, 2016. Influence of public opinion on investor voting and proxy advisors[J]. Ohio State University Working Paper.

Aghion P, Griffith R, 2005. Competition and growth: Reconciling theory and evidence[M]. Cambridge: MIT Press.

Aghion P, Harris C, Howitt P, et al., 2001. Competition, imitation and growth with step-by innovation[J]. Review of Economic Studies, 68: 467-492.

Alderman H, Paxson C, 1994. Do the poor insure? A synthesis of the literature on risk and consumption in developing countries[M]. //Bacha E L. Economics in a changing world, Berlin: Springer, 48-78.

Allen F, Gale D, 1997. Financial markets, intermediaries, and intertemporal smoothing[J]. Journal of Political Economy, 105(3): 523-546.

Altman E I, Sabato G, Wilson N, 2010. The value of non-financial information in small and medium-sized enterprise risk management[J]. Journal of Credit Risk, 6: 1-33.

Ambrus A, Field E, Gonzalez R, 2020. Loss in the time of cholera: Long-run impact of a disease epidemic on the urban landscape[J]. American Economic Review, 110(2):475-525.

Amihud Y, 2002. Illiquidity and stock returns: cross-section and time-series effects[J]. Journal of financial markets, 5(1):31-56.

Andolfatto D, 2021. Assessing the impact of central bank digital currency on private banks[J]. The Economic Journal, 131634: 525-540.

Andolfatto D, Berentsen A, Martin F, 2020. Money, banking and financial markets[J]. Review of Economic Studies, 875: 2019-2086.

Andolfatto D, Martin F, 2018. Monetary policy and liquid government debt[J]. Journal of Economic Dynamics and Control, 89: 183-199.

Ang J, Cheng Y, Wu C, 2015. Trust, investment, and business contracting[J]. Journal of Financial and Quantitative Analysis, 50: 569-595.

Antweiler W, Frank M Z, 2004. Is all that talk just noise? The information content of Internet Stock Message Boards[J]. Journal of Finance, 59: 1259-1294.

Arrow K J, 1973. Information and Economic Behavior[M]. Washington DC: Defense Technical Information Center.

Athey S, Imbens G W, 2019. Machine learning methods that economists should know about[J]. Annual Review of Economics, 11: 685-725.

Athey S, Parashkevov I, Sarukkai V, et al., 2016. Bitcoin pricing, adoption, and usage: Theory and evidence[C]. Stanford University Working Paper.

Athey S, Tibshirani J, Wager S, 2018. Generalized random forests[J/OL]. The Annals of Statist, 47 (2): 1148-1178 [2023-06-26]. https://arxiv.org/abs/1610.01271.

Athey S, Wager S, 2018. Estimation and inference of heterogeneous treatment effects using random forests[J]. Journal of the American Statistical Association, 113: 1128-1142.

Austin D, 1993. An event-study approach to measuring innovative output: The case of biotechnology[J]. American Economic Review, 83: 253-258.

Baker M, Stein J C, Wurgler J, 2003. When does the market matter? Stock prices and the investment of equity-dependent firms[J]. Quarterly Journal of Economics, 118(3): 969-1005.

Baker S R, Farrokhnia R A, Meyer S, et al., 2020. How does household spending respond to an epidemic? Consumption during the 2020 COVID-19 Pandemic[J]. Review of Asset Pricing Studies, 10(4):834-862.

Banerjee A, Duflo E, Glennerster R, et al., 2015. The miracle of microfinance Evidence from a randomized evaluation[J]. American Economic Review, 7(1): 22-53.

Banerjee A, Karlan D, Zinman J, 2015. Six randomized evaluations of microcredit: introduction and further steps[J]. American Economic Review, 7(1): 1-21.

Bank of America Merrill Lynch, 2016. The "big data race" current trends[R]. New York: Bank of American Merrill Lynch.

Bao Z, Huang D, 2021. Shadow banking in a crisis: Evidence from FinTech during COVID-19[J]. Journal of Financial and Quantitative Analysis, 56(7): 2320-2355.

Barrdear J, Kumhof M, 2022. The macroeconomics of central bank issued digital currencies[J]. Journal of Economic Dynamic & Control, 142: 104148.

Bartlett R, Morse A, Stanton R, et al., 2022. Consumer-lending discrimination in the era of FinTech[J]. Journal of Financial Economics, 143(1):30-56.

Bastian G, Bianchi I, Goldstein M, et al., 2018. Short-term impacts of improved access to mobile savings, with and without business training: Experimental evidence from Tanzania[M]. Washington, DC: Center for Global Development.

Beck T, Degryse H, De Haas R, et al., 2018. When arm's length is too far: Relationship banking over the credit cycle[J]. Journal of Financial Economics, 127(1): 174-196.

Belenzon S, Chatterji A K, Daley B, 2017. Eponymous entrepreneurs[J]. American Economic Review, 107(6):1638-1655.

Bellstam G, Bhagat S, Cookson A, 2021. A text-based analysis of corporate innovation[J]. Management Science, 67 (7): 4004-4031.

Berger A, Miller N, Petersen M, et al., 2005. Does function follow organizational form? Evidence from the lending practices of large and small banks[J]. Journal of Financial Economics, 76(2):237-269.

Berg T, Burg V, Gombovic´ A, Puri M, 2020. On the rise of FinTechs: Credit scoring using digital footprints[J]. The Review of Financial Studies, 33(7): 2845-2897.

Berndt A, Gupta A, 2009. Moral hazard and adverse selection in the originate-to-distribute model of bank credit[J]. Journal of Monetary Economics, 56(5): 725-743.

Bertrand M, Kamenica E, 2018. Coming apart? Lives of the rich and poor over time in the United States[R]. National Bureau of Economic Research Working Paper.

Bertrand M, Morse A, 2011. Information disclosure, cognitive biases, and payday borrowing [J]. Journal of Finance, 66(6): 1865-1893.

Bertrand M, Mullainathan S, 2003. Enjoying the quiet life? Corporate governance and managerial preferences[J]. Journal of Political Economy, 111(5): 1043-1075.

Besley, T, 1995. Nonmarket Institutions for Credit and Risk Sharing in Low-Income Countries[J]. Journal of Economic Perspectives, 9(3): 115-127.

Biais B, Bisière C, Bouvard M, et al., 2023. Equilibrium Bitcoin pricing[J]. Journal of Finance (New York), 78 (2): 967-1014.

Biddle G C, Hilary G, 2006. Accounting quality and firm-level capital investment[J]. The Accounting Review, 81(5): 963-982.

Bjorkegren D, Grissen D, 2018. The potential of digital credit to bank the poor[J]. AEA Papers and Proceedings, 108: 68-71.

Blankespoor E, deHaan E, Zhu C, 2018. Capital market effects of media synthesis and dissemination: Evidence from robo-journalism[J]. Review of Accounting Studies, 23(1): 1-36.

Bleakley H, 2007. Disease and development: Evidence from hookworm eradication in the American south[J]. Quarterly Journal of Economics, 122(1):73-117.

Bloom D E, Mahal A S, 1997. Does the AIDS epidemic threaten economic growth[J]. Journal of Econometrics, 77(1):105-124.

Bolton P, Freixas X, Gambacorta L, et al., 2016. Relationship and transaction lending in a crisis[J]. The Review of Financial Studies, 29(10): 2643-2676.

Boot A, Hoffmann P, Laeven L, et al., 2021. FinTech: What's old, what's new? [J]. Journal of Financial Stability, 53: 100836.

Boot A W, Greenbaum S I, Thakor A V, 1993. Reputation and discretion in financial contracting[J]. American Economic Review, 83(5): 1165-1183.

Boot A W, Ratnovski L, 2016. Banking and trading [J]. Review of Finance, 20 (6): 2219-2246.

Boot A W, 2000. Relationship banking: what do we know [J]. Journal of Financial Intermediation, 9: 7-25.

Boot A W, Thakor A V, 2000. Can relationship banking survive competition? [J]. Journal of Finance, 55(2): 679-713.

Bord V, Santos J A, 2012. The rise of the originate-to-distribute model and the role of banks in financial intermediation[J]. Economic Policy Review, 18(2):21-34.

Borri N, 2019. Conditional tail-risk in cryptocurrency markets[J]. Journal of Empirical Finance, 50: 1-19.

Brandenburger A, Polak B, 1996. When managers cover their posteriors: Making the decisions the market wants to see[J]. The RAND Journal of Economics, 27(3): 523-541.

Brav A, Jiang W, Ma S, et al., 2018. How does hedge fund activism reshape corporate innovation [J]. Journal of Financial Economics, 130: 237-264.

Broadbent B, 2016. Central banks and digital currencies[EB/OL]. (2016-03-02)[2023-08-04]. https://www.bankofengland.co.uk/speech/2016/central-banks-and-digital-currencies.

Brogaard J, Hendershott T, Riordan R, 2014. High-frequency trading and price discovery [J]. The Review of Financial Studies, 27(8): 2267-2306.

Brunnermeier M, Niepelt D, 2019. On the equivalence of private and public money[J]. Journal of Monetary Economics, 106: 27-41.

Bryant J, 2005. Fiat money and coordination: A "perverse" coexistence of private notes and fiat money[J]. Eastern Economic Journal, 313: 377-381.

Buchak G, Matvos G, Piskorski T, et al., 2018. FinTech, regulatory arbitrage, and the rise of shadow banks[J]. Journal of financial economics, 130(3): 453-483.

Bu D, Hanspal T, Liao Y, et al., 2022. Cultivating self-control in FinTech: Evidence from a field experiment on online consumer borrowing [J]. Journal of Financial and Quantitative Analysis, 57(6):2208-2250.

Bushman R M, Piotroski J D, Smith A J, 2011. Capital allocation and timely accounting recognition of economic losses[J]. Journal of Business Finance & Accounting, 38(1-2): 1-33.

Burns P, Myers A, Bailey A, 1993. Cultural stereotypes and barriers to the single market [C]. Working Paper, Cranfield European Enterprise Centre, Cranfield School of Management.

Cadena B C, Keys B J, 2013. Can self-control explain avoiding free money? Evidence from interest-free student loans[J]. Review of Economics and Statistics, 95: 1117-1129.

Cai J, Garner J, Walkling R, 2009. Electing directors [J]. Journal of Finance, 64 (5): 2389-2421.

Carlson S, 2017. Dynamic incentives in credit markets: An exploration of repayment decisions on digital credit in Africa[C]. MIT Working Paper.

Carmichael D, 2014. Modeling default for peer-to-peer loans[J/OL]. SSRN Electronic Journal, [2023-08-04]. https://papers.ssrn.com/sol3/papers.cfm?abstract_id=2529240.

Cecchetti S G, Schoenholtz K L, 2017. FinTech, central banking and digital currency[EB/OL]. (2017-06-11)[2020-04-22]. https://www.moneyandbanking.com/commentary/2017/6/11/fintech-central-banking-and-digital-currency.

Cecchetti S G, Schoenholtz K L, 2014. Reverse repo risks[EB/OL]. (2014-06-26)[2020-04-22]. https://www.moneyandbanking.com/commentary/2014/6/26/reverse-repo-risks.

Chen M A, Wu Q, Yang B, 2019. How valuable is FinTech innovation[J]. The Review of Financial Studies, 32(5): 2062-2106.

Chen T, Guestrin C, 2016. XGBoost: A Scalable Tree Boosting System[C]. KDD 16 Proceedings of the 22nd ACM SIGKDD International Conference on Knowledge Discovery and Data Mining: 785-794.

Chiu J, Davoodalhosseini S M, Jiang J H, et al., 2019. Central bank digital currency and banking[C]. Bank of Canada Staff Discussion Paper, 2019-2020.

Christensen C, 1997. The innovator's dilemma[M]. Cambridge, MA: Harvard University Press.

Cochrane J, 2015. On RRP pro and con [EB/OL]. [2020-04-22]. https://johnhcochrane.blogspot.com/2015/02/on-rrp-pro-and-con.html.

Colquitt J A, Scott B A, LePine J A, 2007. Trust, trustworthiness, and trust propensity: A meta-analytic test of their unique relationships with risk taking and job performance[J]. Journal of Applied Psychology, 92(4): 909-927.

Cong L M, Li Y, Wang N, 2021. Tokenomics: Dynamic adoption and valuation[J]. The Review of Financial Studies, 34(3): 1105-1155.

Cong L W, He Z, 2019. Blockchain disruption and smart contracts[J]. The Review of Financial Studies, 32(5): 1754-1797.

Cong L W, He Z, Li J. 2021. Decentralized mining in centralized pools[J]. The Review of Financial Studies, 34(3): 1191-1235.

Cookson A J, Niessner M, 2020. Why don't we agree? Evidence from a social network of investors[J]. Journal of Finance, 75: 173-228.

Cormen T H, Leiserson C E, Rivest R L, et al., 2001. Introduction to algorithms[M]. Cambridge: MIT Press.

Costa C, De Grauwe P, 2001. Monetary policy in a cashless society[C]. CEPR Discussion Paper No. 2696.

Croux C, Jagtiani J, Korivi T, et al., 2020. Important factors determining FinTech loan default: Evidence from a LendingClub consumer platform[J]. Journal of Economic Behavior & Organization, 173: 270-296.

Das S R, Chen M Y, 2007. Yahoo! for Amazon: Sentiment extraction from small talk on the web[J]. Management Science, 53: 1375-1388.

DeAngelo H, Stulz R M, 2015. Liquid-claim production, risk management, and bank capital structure: Why high leverage is optimal for banks[J]. Journal of Financial Economics, 116: 219-236.

Deaton A, 1989. Saving in developing countries: Theory and review[R]. Washington, D. C.: World Bank Group.

Dell'Ariccia G, Kadyrzhanova D, Minoiu C, et al., 2021. Bank lending in the knowledge economy[J]. The Review of Financial Studies, 34(10): 5036-5076.

Dercon S, 2002. Income risk, coping strategies, and safety nets[J]. The World Bank Research Observer, 17(2): 141-166.

Dermine J, 1986. Deposit rates, credit rates and bank capital[J]. Journal of Banking and Finance, 101: 99-114.

De Roure C, Pelizzon L, Thakor A, 2022. P2P lenders versus banks: Cream skimming or bottom fishing? [J]. Review of Corporate Finance Studies, 11(2): 213-262.

Diamond D W, Dybvig P H, 1983. Bank runs, deposit insurance, and liquidity[J], Journal of Political Economy, 913: 401-19.

Diamond D W, 1984. Financial intermediation and delegated monitoring[J]. Review of Economic Studies, 51(3): 393-414.

Diamond D W, Rajan R G, 2000. A theory of bank capital[J]. Journal of Finance, 55: 2431-2465.

Diamond D W, Verrecchia R E, 1981. Information aggregation in a noisy rational expectations economy[J]. Journal of Financial Economics, 9(3): 221-235.

Diamond P A, 1965. National debt in a neoclassical growth model[J]. American Economic Review, 555: 1126-50.

Dimitropoulos G, Hacker P, Lianos I, et al., 2019. Regulating blockchain: Techno-social and legal challenges[M]. Oxford, UK: Oxford University Press.

Djurovic A, 2017. Estimating probability of default on peer to peer market-survival analysis approach[J]. Journal of Central Banking Theory and Practice, 6(2): 149-167.

Dorfleitner G, Priberny C, Schuster S, et al., 2016. Description text related soft information in peer-to-peer lending: Evidence from two leading European platforms[J]. Journal of Banking & Finance, 64:169-187.

Dou Y, Ryan S, Xie B, 2017. The real effects of FAS 166/167 on banks' mortgage approval and sale decisions[J]. Journal of Accounting Research, 56(3): 843-882.

Dou Y, 2017. The spillover effects of consolidating securitization entities on small business lending[J/OL]. SSRN Electronic Journal, [2023-08-22]. https://papers.ssrn.com/sol3/papers.cfm?abstract_id=2727958.

Dugast J, Foucault T, 2018. Data abundance and asset price informativeness[J]. Journal of Financial Economics, 130: 367-391.

Egan M, Hortaçsu A, Matvos G, 2017. Deposit competition and financial fragility: Evidence from the U.S. banking sector[J]. American Economic Review, 107(1):169-216.

Emekter R, Tu Y, Jirasakuldech B, et al., 2015. Evaluating credit risk and loan performance in online peer-to-peer (P2P) lending[J]. Applied Economics, 47(1): 54-70.

Engert W, Fung B, Hendry S, 2018. Is a cashless society problematic? [C]. Bank of Canada Staff Discussion Paper, 2018-12.

Erel I, Stern L H, Tan C, et al., 2021. Selecting directors using machine learning[J]. The Review of Financial Studies, 34(7): 3226-3264.

Farrell L, Tim R L, Risse L, 2016. The significance of financial self-efficacy in explaining women's personal finance behavior[J]. Journal of Economic Psychology, 54: 85-99.

Fernandes D, Lynch J G, Netemeyer R G, 2014. Financial literacy, financial education, and downstream financial behaviors[J]. Management Science, 60: 1861-1883.

Financial Stability Board, 2017. Financial stability implications from FinTech [R/OL]. (2017-06-27)[2023-06-26]. https://www.fsb.org/wp-content/uploads/R270617.pdf.

Fischer P, Gramlich J, Miller B, et al., 2009. Investor perceptions of board performance: Evidence from uncontested director elections [J]. Journal of Accounting and Economics, 48:172-189.

Fishman M J, Hagerty K M, 1989. Disclosure decisions by firms and the competition for price efficiency[J]. Journal of Finance, 44(3): 633-646.

Fligstein N, Roehrkasse A F, 2016. The causes of fraud in the financial crisis of 2007 to

2009: Evidence from the mortgage-backed securities industry[J]. American Sociological Review, 81(4):617-643.

Foley S, Karlsen J R, Putniņš T J, 2019. Sex, drugs, and bitcoin: How much illegal activity is financed through cryptocurrencies? [J]. The Review of Financial Studies, 32(5): 1798-1853.

Fortson J G, 2011. Mortality risk and human capital investment: The impact of HIV/AIDS in Sub-Saharan Africa[J]. Review of Economics and Statistics, 93(1):1-15.

Froot K, Kang N, Ozik G, et al., 2017. What do measures of real-time corporate sales say about earnings surprises and post-announcement returns? [J]. Journal of Financial Economics, 125(1): 143-162.

Frost J, Gambacorta L, Huang Y, et al., 2019. Big Tech and the changing structure of financial intermediation[C]. Basel: Bank for International Settlements.

Fuster A, Goldsmith-Pinkham P, Ramadorai T, et al. 2018. Predictably unequal The Effects of Machine Learning on Credit Markets[J]. Journal of Finance (New York), 77(1): 5-47.

Fuster A, Lo S H, Willen P S, 2017. The time-varying price of financial intermediation in the mortgage market[R]. National Bureau of Economic Research.

Fuster A, Plosser M, Schnabl P, et al., 2019. The role of technology in mortgage lending [J]. The Review of Financial Studies, 32(5):1854-1899.

Gao Q, Lin M, Sias R, 2022. Words matter: The role of readability, tone, and deception cues in online credit markets[J]. Journal of Financial and Quantitative Analysis, 58(1):1-28.

Gargano A, Rossi A G, 2020. There's an App for that: Goal-setting and saving in the FinTech era[R]. SSRN Working Paper.

Gathergood J, 2012. Self-control, financial literacy and consumer over-indebtedness[J]. Journal of Economic Psychology, 33: 590-602.

Gertler P, Gruber J, 2002. Insuring consumption against illness[J]. American Economic Review, 92(1): 51-70.

Gilbert R, Newbery D, 1982. Preemptive patenting and the persistence of monopoly[J]. American Economic Review, 72: 514-526.

Glaeser E, Hillis A, Kominers S, et al., 2016. Predictive cities crowdsourcing city government: Using tournaments to improve inspection accuracy[J]. American Economic Review, 106: 114-118.

Glaeser E L, Gyourko J, 2005. Urban decline and durable housing[J]. Journal of Political Economy, 113(2):345-375.

Goldsteing I, Wei J, Karolyi A G, 2019. To FinTech and beyond[J]. The Review of Financial Studies, 32(5): 1647-1661.

Gomes F, Haliassos M, Ramadorai T, 2021. Household finance[J]. Journal of Economic Literature, 59(3): 919-1000.

Granja J, Matvos G, Seru A, 2017. Selling failed banks[J]. Journal of Finance, 72(4): 1723-1784.

Green E J, Porter R H, 1984. Noncooperative collusion under imperfect price information [J]. Econometrica: Journal of the Econometric Society, 52(1):87-100.

Greenwood R, Scharfstein D, 2013. The growth of finance [J]. Journal of Economic perspectives, 27(2): 3-28.

Grennan J, Michaely R, 2021. FinTechs and the market for financial analysis[J]. Journal of Financial and Quantitative Analysis, 56(6): 1877-1907.

Grey R, 2019. Banking under a digital fiat currency regime[M]// Regulating Blockchain: Techno-Social and Legal Challenges. Oxford: Oxford University Press.

Griffin J M, Shams A, 2020. Is bitcoin really un-tethered? [J]. Journal of Finance, 52: 57-87.

Griliches Z, Hall B, Pakes A, 1991. R&D, patents, and market value revisited: Is there a second (technological opportunity) factor? [J]. Economics of Innovation and New Technology, 1: 183202.

Grodecka-Messi A, 2019. Private bank money vs. central bank money: a historical lesson for CBDC introduction [C]. Department of Economics and Management, Lund University, Working Paper.

Grossman S J, Stiglitz J E, 1980. On the impossibility of informationally efficient markets [J]. American Economic Review, 70(3): 393-408.

Guerrieri V, Hartley D, Hurst E, 2013. Endogenous gentrification and housing price dynamics[J]. Journal of Public Economics, 100:45-60.

Guiso L, Sapienza P, Zingales L, 2009. Cultural biases in economic exchange [J]. Quarterly Journal of Economics, 124:1095-1131.

Guiso L, Sapienza P, Zingales L, 2008. Trusting the stock market[J]. Journal of Finance, 63(6): 2557-2600.

Hall B, Jaffe A, Trajtenberg M, 2005. The NBER Patent Citation Data File: Lessons, insights and methodological tools[C]. NBER Working Paper.

Hanson S G, Shleifer A, Stein J C, et al., 2015. Banks as patient fixed-income investors [J]. Journal of Financial Economics,117: 449-469.

Hasan I, He Q, Lu H, 2022. Social capital, trusting, and trustworthiness: Evidence from peer-to-peer lending[J]. Journal of Financial and Quantitative Analysis, 57(4): 1409-1453.

Haughwout A, Okah E, Tracy J, 2016. Second chances: Subprime mortgage modification and redefault[J]. Journal of money, credit and Banking, 48(4): 771-793.

Hau H, Huang Y, Shan H, et al., 2018. FinTech credit and entrepreneurial growth[M]. Mimeo: University of Geneva.

Hendershott T, Jones C M, Menkveld A J, 2011. Does algorithmic trading improve liquidity? [J]. Journal of Finance, 66(1): 1-33.

Hertzberg A, Liberman A, Paravisini D, 2016. Adverse selection on maturity: Evidence from online consumer credit? [M]. //Financial innovation: Online lending to households and small businesses, Washington DC: Federal Reserve Board: 1-66.

Hertzberg A, Liberman A, Paravisini D, 2018. Screening on loan terms: Evidence from maturity choice in consumer credit[J]. The Review of Financial Studies, 31(9):3532-3567.

Hildebrandt T, Puri M, Rocholl J, 2017. Adverse incentives in crowdfunding [J]. Management Science, 63(3): 587-608.

Holmstrom B, Tirole J, 1997. Financial intermediation, loanable funds, and the real sector [J]. Quarterly Journal of Economics, 112(3): 663-691.

Holmstrom B, Tirole J, 1993. Market liquidity and performance monitoring[J]. Journal of Political Economy, 101(4): 678-709.

Hope O K, Thomas W B, 2008. Managerial empire building and firm disclosure[J]. Journal of Accounting Research, 46(3): 591-626.

Hurst E, Keys B J, Seru A, et al., 2016. Regional redistribution through the US mortgage market[J]. American Economic Review, 106(10):2982-3028.

Iliev P, Lins K, Miller D, et al., 2015. Shareholder Voting and Corporate Governance Around the World[J]. The Review of Financial Studies, 28(8):2167-2202.

Iliev P, Lowry M, 2014. Are mutual funds active voters? [J]. The Review of Financial Studies,28:446-485.

Islam A, Pushkar M, 2012. Health shocks and consumption smoothing in rural households:

Does microcredit have a role to play? [J]. Journal of Development Economics, 97(2): 232-243.

Iyer R, Khwaja A, Luttmer E, et al., 2016. Screening peers softly: Inferring the quality of small borrowers[J]. Management Science, 62(6): 1554-1577.

Jack W, Suri T, 2014. Risk sharing and transactions costs: Evidence from Kenya's mobile money revolution[J]. American Economic Review, 104(1): 183-223.

James C, 1987. Some evidence on the uniqueness of bank loans[J]. Journal of Financial Economics, 19: 217-235.

Jegadeesh N, Wu D, 2013. Word power: A new approach for content analysis[J]. Journal of Financial Economics, 110: 712-729.

Jensen M C, 2005. Agency costs of overvalued equity[J]. Financial Management, 34(1): 5-19.

Jermann U J, 2021. Cryptocurrencies and Cagan's model of hyperinflation[J]. Journal of Macroeconomics, 69: 103340.

Kahneman D, Tversky A, 1979. Prospect theory: An analysis of decision under risk[J]. Econometrica, 47: 263-292.

Kaiser T, Lusardi A, Menkhoff L, et al., 2022. Financial education affects financial knowledge and downstream behaviors[J]. Journal of Financial Economics, 145(2): 255-272.

Karlan D, Jonathan Z, 2011. Microcredit in theory and practice: Using randomized credit scoring for impact evaluation[J]. Science, 332(6035): 1278-1284.

Kawai K, Onishi K, Uetake K, 2022. Signaling in online credit markets[J]. Journal of Political Economy, 130(6): 1585-1629.

Keister T, Sanches D, 2018. Managing aggregate liquidity: The role of a central bank digital currency[C]. Rutgers University Working Paper.

Ketterer J A, Andrade G, 2016. Digital central bank money and the unbundling of the banking function[C]. Inter-American Development Bank Discussion Paper IDB-DP-449.

Kleinberg J, Lakkaraju H, Leskovec J, et al., 2018. Human decisions and machine predictions[J]. Quarterly Journal of Economics, 133(1): 237-293.

Klein M A, 1971. A theory of the banking firm[J]. Journal of Money, Credit and Banking, 32: 205-218.

Knack S, Keefer P, 1997. Does social capital have an economic payoff? A cross-country investigation[J]. Quarterly Journal of Economics, 112(4): 1251-1288.

Kogan L, Papanikolaou D, Seru A, et al., 2017. Technological innovation, resource allocation, and growth[J]. Quarterly Journal of Economics, 132: 665-712.

Kortum S, Lerner J, 2000. Assessing the contribution of venture capital to innovation[J]. RAND Journal of Economics, 31: 674-692.

Kuchler T, Pagel M, 2021. Sticking to your plan: The role of present bias for credit card paydown[J]. Journal of Financial Economics, 139(2): 359-388.

Kuchler T, Stroebel J, 2021. Social finance[J]. Annual Review of Financial Economics, 13: 37-55.

Kuhnen C M, Melzer B T, 2018. Noncognitive abilities and financial delinquency: The role of self-efficacy in avoiding financial distress[J]. The Journal of Finance, 73(6): 2837-2869.

Kumhof M, Noone C, 2019. Central bank digital currencies: Design principles and balance sheet implications[C]. Staff Working Paper No. 725, Bank of England.

Laeven L, Levine R, 2007. Is there a diversification discount in financial conglomerates [J]. Journal of Financial Economics, 85: 331-367.

Laeven L, Ratnovski L, Tong H, 2016. Bank size, capital, and systemic risk: Some international evidence[J]. Journal of Banking and Finance, 69: S25-S34.

Lagos R, Wright R, 2005. A unified framework for monetary theory and policy analysis[J]. Journal of Political Economy, 1133: 463-484.

Lagos R, Zhang S, 2018. The limits of monetary economics: On money as a medium of exchange in near-cashless credit economies[C]. New York University Working Paper.

Lee J, Morduch J, Ravindran S, et al., 2021. Poverty and migration in the digital age: Experimental evidence on mobile banking in Bangladesh[J]. American Economic Journal: Applied Economics, 13(1): 38-71.

Lerner J, 2009. The empirical impact of intellectual property rights on innovation: Puzzles and clues[J]. American Economic Review, 99: 343-348.

Liao L, Wang Z, Xiang J, et al., 2021. User interface and firsthand experience in retail investing[J]. The Review of Financial Studies, 34(9): 4486-4523.

Liberti J M, Petersen M A, 2018. Information: Hard and soft[J]. Review of Corporate Finance Studies, 8(1):1-41.

Li C, Ongena S, 2015. Bank loan announcements and borrower stock returns before and during the recent financial crisis[J]. Journal of Financial Stability, 21: 1-12.

Lin M, Prabhala N, Viswanathan S, 2013. Judging borrowers by the company they keep:

Friendship networks and information asymmetry in online peer-to-peer lending[J]. Management Science, 59(1): 17-35.

Liu Y, Tsyvinski A, 2021. Risks and returns of cryptocurrency[J]. The Review of Financial Studies, 34(6): 2689-2727.

Lown J M, 2011. Development and validation of a financial self-efficacy scale[J]. Journal of Financial Counseling and Planning, 22: 54-63.

Lucas Jr R E, 1976. Econometric policy evaluation: A critique[C]. Carnegie-Rochester Conference Series on Public Policy, 1: 19-46.

Lusardi A, Mitchell O S, 2014. The economic importance of financial literacy: Theory and evidence[J]. Journal of Economic Literature, 52: 5-44.

Makarov I, Schoar A, 2020. Trading and arbitrage in cryptocurrency markets[J]. Journal of Financial Economics, 135: 293-319.

Malmendier U, Nagel S, 2011. Depression babies: Do macroeconomic experiences affect risk-taking? [J]. Quarterly Journal of Economics, 126: 373-416.

Malmendier U, Nagel S, 2016. Learning from inflation experiences[J]. Quarterly Journal of Economics, 131(1): 53-87.

Manela A, Moreira A, 2017. News implied volatility and disaster concerns[J]. Journal of Financial Economics, 123: 137-162.

Marenzi O, 2017. Alternative data: The new frontier in asset management[R]. Report, Optimas Research.

Martin A, McAndrews J, Skeie D, 2016. Bank lending in times of large bank reserves[J]. International Journal of Central Banking, 124: 193-222.

Masulis R, Mobbs S, 2014. Independent director incentives: Where do talented directors spend their limited time and energy[J]. Journal of Financial Economics, 111: 406-429.

Mayer C, Morrison E, Piskorski T, et al., 2014. Mortgage modification and strategic behavior: Evidence from a legal settlement with countrywide[J]. American Economic Review, 104(9): 2830-2857.

McDonald S, Roberts J, 2006. Aids and economic growth: A human capital approach[J]. Journal of Development Economics, 80(1): 228-250.

McNichols M, Trueman B, 1994. Public disclosure, private information collection, and short-term trading[J]. Journal of Accounting and Economics, 17(1-2): 69-94.

Meier S, Sprenger C, 2010. Present-biased preferences and credit card borrowing[J].

American Economic Journal: Applied Economics, 2: 193-210.

Meiklejohn S, Pomarole M, Jordan G, et al., 2013. A fistful of bitcoins: Characterizing payments among men with no names[C]. In 13th ACM Internet Measurement Conference.

Melzer B T, 2011. The real costs of credit access: Evidence from the payday lending market [J]. Quarterly Journal of Economics, 126(1): 517-555.

Mester L J, Nakamura L I, Renault M, 2007. Transaction accounts and loan monitoring [J]. The Review of Financial Studies, 20(3):529-556.

Minton B, Taboada A, Stulz R M, 2019. Are the largest banks valued more highly [J]. Review of Financial Studies, 32(12): 4604-4652.

Mitra S, Palmer M, Mont D, et al., 2015. Can households cope with health shocks in Vietnam? [J]. Health Economics, 25(7): 888-907.

Monti M, 1972. Deposit, credit and interest rate determination under alternative bank objective functions[M]. //Mathematical Methods in Investment and Finance, North-Holland, Amsterdam: Elsevier.

Morse A, 2011. Payday lenders: Heroes or villains? [J]. Journal of Financial Economics, 102(1): 28-44.

Nakamoto S, 2008. Bitcoin: A peer-to-peer electronic cash system[J]. Decentralized Business Review: 21260.

Navaretti G B, Calzolari G, Mansilla-Fernandez J M, et al., 2018. FinTech and banking: friends or foes [J/OL]. SSRN Electronic Journal,1:1-38 [2023-06-26]. https://sci-hub.se/10.2139/ssrn.3099337.

Nicholas T, 2008. Does innovation cause stock market runups? Evidence from the great crash[J]. American Economic Review, 98: 1370-1396.

Norden L, Weber M, 2010. Credit line usage, checking account activity, and default risk of bank borrowers[J]. The Review of Financial Studies, 23: 3665-3699

Oaten M, Cheng K, 2007. Improvements in self-control from financial monitoring[J]. Journal of Economic Psychology, 28: 487-501.

Pagano M, Jappelli T, 1993. Information sharing in credit markets[J]. Journal of Finance, 48(5): 1693-1718.

Pagnotta E, Buraschi A, 2018. An equilibrium valuation of bitcoin and decentralized network assets[C]. Imperial College Business School Working Paper.

Pakes A, 1985. On patents, R&D, and the stock market rate of return[J]. Journal of

Political Economy, 93: 390-409.

Parise G, Peijnenburg K, 2019. Noncognitive abilities and financial distress: Evidence from a representative household panel[J]. The Review of Financial Studies, 32(10): 3884-3919.

Petersen M A, Rajan RG, 1994. The benefits of lending relationships: Evidence from small business data[J]. Journal of Finance, 49(1): 3-37.

Philippon T, 2015. Has the US finance industry become less efficient? On the theory and measurement of financial intermediation[J]. American Economic Review, 105(4): 1408-1438.

Philippon T, 2020. On FinTech and financial inclusion[C]. BIS Working Papers, No 841.

Philippon T, 2016. The FinTech opportunity[R]. National Bureau of Economic Research.

Pierri N, Timmer Y, 2020. Tech in fin before FinTech: Blessing or curse for financial stability?[C]. IMF Working Paper, WP20/14.

Piotroski J D, Roulstone D T, 2005. Do insider trades reflect both contrarian beliefs and superior knowledge about future cash flow realizations?[J]. Journal of Accounting and Economics, 39(1): 55-81.

Piskorski T, Seru A, Vig V, 2010. Securitization and distressed loan renegotiation: Evidence from the subprime mortgage crisis[J]. Journal of Financial Economics, 97(3):369-397.

Piskorski T, Seru A, Witkin J, 2015. Asset quality misrepresentation by financial intermediaries: Evidence from the RMBS market[J]. Journal of Finance, 70(6):2635-2678.

Polk C, Sapienza P, 2008. The stock market and corporate investment: A test of catering theory[J]. The Review of Financial Studies, 22(1): 187-217.

Protivi, 2019. Modernizing legacy systems at financial institutions[R/OL].[2023-08-21]. https://www.protiviti.com/sites/default/files/2022-05/modernizing-legacy-systems-financial-institutions-protiviti.pdf.

Puri M, Rocholl J, Steffen S, 2017. What do a million observations have to say about loan defaults? Opening the black box of relationships[J]. Journal of Financial Intermediation, 31: 1-15.

Purnanandam A, 2011. Originate-to-distribute model and the subprime mortgage crisis[J]. The Review of Financial Studies, 24(6):1881-1915.

Putnam R D, 1995. Bowling alone: America's declining social capital[J]. Journal of Democracy, 6(1): 65-78.

Quinlan B, Kwan Y, Cheng H, 2017. Alternative alpha: Unlocking hidden value in the everyday[M]. Hong Kong: Quilan & Associates.

Rajan R, Zingales L, 1998. Financial Dependence and Growth[J]. American Economic Review, 88: 559-586.

Ramakrishnan R T, Thakor A V, 1984. Information reliability and a theory of financial intermediation[J]. Review of Economic Studies, 51(3): 415-432.

Ricks M, Crawford J, Menand L, 2018. A public option for bank accounts or central banking for all[C]. Research Paper 18-33, Vanderbilt School of Law.

Riley E, 2018. Mobile money and risk sharing against village shocks[J]. Journal of Development Economics, 135: 43-58.

Rogers J L, 2008. Disclosure quality and management trading incentives[J]. Journal of Accounting Research, 46(5): 1265-1296.

Ron D, Shamir A, 2013. Quantitative analysis of the full bitcoin transaction graph[A]. In 17th Financial Cryptography and Data Security International Conference.

Rooney K, Levy A, 2018. The most influential endowment manager just jumped into crypto with bets on two Silicon Valley funds[N]. CNBC, October 5.

Schilling L, Uhlig H, 2019. Some simple bitcoin economics[J]. Journal of Monetary Economics, 106: 16-26.

Schuster S S, Jaremski M, Perlman E R, 2016. An empirical history of the United States Postal Savings System[C]. NBER Working Paper No. 25812.

Serrano-Cinca C, Gutierrez-Nieto B, López-Palacios L, 2015. Determinants of default in P2P lending[J/OL]. PLOS One, 10(10): e0139427(2015-10-01)[2023-10-09]. https://journals.plos.org/plosone/article?id=10.1371/journal.pone.0139427.

Shen S, Woo R, Leng C, 2020. China's debt collectors flourish as consumers flounder in a COVID-Hit economy[EB/OL]. [2020-12-21]. https://uk.reuters.com/article/uk-china-lending-consumer-analysisidUKKCN258323.

Shiller B R, 2013. First degree price discrimination using big data[C]. Brandeis University Working Paper.

Shmueli G, 2010. To explain or to predict?[J]. Statistical Science, 25(3):289-310.

Shroff N, Verdi R S, Yu G, 2014. Information environment and the investment decisions of multinational corporations[J]. The Accounting Review, 89(2): 759-790.

Skiba P M, Tobacman J, 2011. Do payday loans cause bankruptcy?[J]. Vanderbilt Law and Economics Research Paper, No. 11-13.

Sockin M, Xiong W, 2023. A Model of Cryptocurrencies[J]. Management Science, 0

(0):1-48.

Stanton R, Walden J, Wallace N, 2018. Mortgage loan flow networks and financial norms[J]. The Review of Financial Studies, 31(9):3595-3642.

Stegman M A, 2007. Payday lending[J]. Journal of Economic Perspectives, 21(1): 169-190.

Stein J C, 2002. Information production and capital allocation: decentralized versus hierarchical firms[J]. Journal of Finance, 57(5): 1891-1921.

Stein R, 2007. Benchmarking default prediction models: pitfalls and remedies in model validation[J]. Journal of Risk Model Validation, 1(1): 77-113.

Stulz R M, 2019. FinTech, BigTech, and the future of banks[J]. Journal of Applied Corporate Finance, 31(4): 86-97.

Suri T, Bharadwaj P, Jack W, 2021. FinTech and household resilience to shocks: Evidence from digital loans in Kenya[J]. Journal of Development Economics, 153: 102697.

Suri T, Jack W, Stoker T, 2012. Documenting the birth of a financial economy[J]. Proceedings of the National Academy of Sciences, 109(26): 10257-10262.

Suri T, Jack W, 2016. The long-run poverty and gender impacts of mobile money[J]. Science, 354(6317): 1288-1292.

Suri T, 2017. Mobile money[J]. Annual Review of Economics, 9: 497-520.

Tang H, 2019. Peer-to-peer lenders versus banks: Substitutes or complements?[J]. The Review of Financial Studies, 32(5):1900-1938.

Tang H, 2020. The value of privacy: Evidence from online borrowers[R]. European Finance Association 2020 Working Paper.

Tarozzi A, Desai J, Johnson K, 2015. The impacts of microcredit: Evidence from Ethiopia[J]. American Economic Journal: Applied Economics, 7(1): 54-89.

Thakor R T, Merton R C, 2018. Trust in lending[C]. NBER Working Paper.

Tian X S, Zhang H, 2018. Impact of FAS 166/167 on credit card securitization[J/OL]. SSRN Electronic Journal, [2023-08-22]. https://www.semanticscholar.org/paper/Impact-of-FAS-166-167-on-Credit-Card-Securitization-Tian-Zhang/e07e78bbbd8c0118b4092aee52bd67455ae1c5da.

Tumarkin R, Whitelaw R F, 2001. News or noise? Internet postings and stock prices[J]. Financial Analysts Journal, 57: 41-51.

Verrecchia R E, 1982. Information acquisition in a noisy rational expectations economy[J]. Econometrica: Journal of the Econometric Society, 1415-1430.

Waltman L, Jan van Eck N, 2013. A smart local moving algorithm for large-scale modularity-based community detection[J]. European Physical Journal B, 86: 1-14.

Wheelock D, Wilson P, 2020. New estimates of the Lerner index of market power for U. S. banks[C]. Federal Reserve Bank of St. Louis Working Paper 2019-012D.

Williamson S, 2022. Central bank digital currency: Welfare and policy implications[J]. Journal of Political Economy, 130 (11): 2829-2861.

Wurgler J, 2000. Financial markets and the allocation of capital[J]. Journal of Financial Economics, 58(1-2): 187-214.

Xie S Y, 2019. A $7 credit limit: Jack Ma's Ant lures hundreds of millions of borrowers [EB/OL]. (2019-12-08)[2023-08-04]. https://www.wsj.com/articles/a-7-credit-limit-jack-mas-ant-lures-hundreds-of-millions-of-borrowers-11575811989.

Yermack D, 2017. Corporate governance and blockchains[J]. Review of Finance, 21(1): 7-31.

Young A, 2005. The gift of the dying: The tragedy of aids and the welfare of future African generations[J]. Quarterly Journal of Economics, 120(2):423-466.

Zhu C, 2019. Big data as a governance mechanism[J]. The Review of Financial Studies, 32(5): 2021-2061.

Zinman J, 2010. Restricting consumer credit access: Household survey evidence on effects around the oregon rate cap[J]. Journal of Banking & Finance, 34(3): 546-556.

Zhang W, Ke R, 2003. Trust in China: A cross-regional analysis[C]. Working Paper, William Davidson Institute.

中国银行业协会,2022. 2021年中国银行业服务报告[M].北京:中国金融出版社.